中國古代地理總志叢刊

太平寰宇記

七

〔宋〕樂　史撰
王文楚等　點校

中　華　書　局

太平寰宇記卷之一百五十

隴右道一

秦州　成州　儀州　太平監

秦　州

秦州，天水郡。舊理上邽縣，今理成紀縣。禹貢雍州之域，所謂「西傾、朱圉、鳥鼠至于太華」是也。周以前爲西戎之地，至孝王時，其地始爲秦邑。按秦本紀云：「造父之後有非子，好馬，善養息之。孝王召使主馬于汧、渭之閒，馬大蕃息。孝王曰：『昔柏翳爲舜主畜，畜多息，故有土，賜姓嬴。今其後亦爲朕息馬，朕其分土爲附庸。』邑之秦，使續嬴氏祀。」按徐廣云：「今天水隴西縣秦亭是也。」〔一〕至厲王時，西戎叛王室，殺非子之曾孫秦仲。其長子曰莊公，伐西戎，破之。宣王乃復秦仲後爲西垂大夫。及幽王爲西戎所殺，莊公子襄公將兵救周，有功。平王賜襄公岐、豐以西之地，故春秋爲秦國。始皇分天下爲三十六郡，此爲隴西郡。漢武帝分隴西置天水郡，爲六郡之一也。王莽末，隗囂據其地，初即據平襄，後即保冀縣，皆此地。建武中平之，後更名天水爲漢陽郡。故地道記云：「漢陽有大坂，名曰隴坻，亦曰隴山」是也。至靈帝中平五年分豲音桓。〔二〕道立南安郡。魏黄初中分隴右爲秦州，因秦初封也；兼立涼州，領郡國十，理于此，〔三〕以爲重鎮。明帝時，諸葛武侯引兵至，南安、漢陽皆應亮是也。西晉又分其城爲天水、略陽二郡之地。後魏亦爲略陽郡。至隋開皇初廢郡爲州。煬帝初廢州爲郡。唐武德二年平薛舉，改置秦州，仍立總管府，管秦、渭、岷、洮、疊、文、武、成、康、蘭、宕、扶等十二州，秦州領上邽、成紀、秦嶺、清水四縣；四年分清水置邽州；六年廢邽州，以清水來屬；八年廢文州，以隴城來屬；其年又廢伏州，以伏羌來屬；九年于伏羌廢城置鹽泉縣。貞觀元年改鹽泉爲夷賓，二年省夷賓縣，六年省長川縣，十四年督秦、成、渭、武四州，治上邽，十七年廢秦嶺縣。開元二十二年緣地震，移治所于成紀縣之敬親川。天寶元年改爲天水郡，依舊都督府，督天水、隴西、同谷三郡，其年復還治上邽。乾元元年復爲秦州。禄山反後，陷入吐蕃。大中三年八月，鳳翔節度使李玭收復。今理于成紀縣，成紀元在舊州南一百里。皇朝爲雄武軍節度使。

元領縣五。今六，并四寨。〔四〕成紀，隴城，清水，天水，新置。長道，成州割出。大潭。本良恭、大潭二鎮，合爲一縣。

二縣廢：上邽，廢爲鎮。伏羌。爲寨。

州境：東西四百二十里。〔五〕南北一百九十里。

四至八到：東至東京二千一百里。東至西京一千六百六十里。東至長安八百里。東至隴州三百里。西至渭州三百里。南至成州四百三十里。北至原州五百里。東南至鳳州五百三十里。西南至成州三百里。東北至原州四百七十五里。西北至會州五百一十里。

户：唐開元户二萬四千八百二十七。皇朝户主一萬九千一百四十四，客二萬四千一百七十七。

風俗：天水、隴西六郡良家子多以才力選焉。君子有勇而無義即爲亂，小人有勇而無義，即爲盜。故此隴右數郡，人俗質木，不恥寇盜。

姓氏：天水郡七姓：權、趙、尹、莊、龍、狄、姜。

人物：李廣，隴西成紀人。　李陵，　趙充國，　段會宗，　薛夏，　楊阜，諫明帝著繡帽，被縹綾半袖。　姜維，天水冀人。爲蜀大將軍。　唐狄仁傑，天水人。〔六〕相武后，追封梁公。　李適，字子至，隴西成紀人。〔七〕　權德輿，天水人。相憲宗。　李程，隴西人。　李逢吉，隴西人。　李石。隴西人。相文宗。

土產：麝香，龍鬚席，芎藭，馬，〔八〕石斛。

成紀縣，舊六鄉，今三鄉。本漢舊縣也，屬天水郡。續漢書郡國志成紀屬漢陽郡，漢陽即天水郡也。古帝庖犧氏所生之地。

瓦亭川水，源出縣東瓦亭山。水經注云：「西南流歷僵人峽。」

顯親故城，漢爲縣，廢城在縣東南。

羅谷水。從大岳山流來，今分流入于州，〔九〕卻入夕陽河。

隴城縣，東北一百二十六里。舊五鄉，今四鄉。本漢隴縣，即略陽道，〔一〇〕屬天水郡。後漢改天水曰漢陽。續漢書郡國志：略陽道屬漢陽郡，「有街泉亭」，是也。按十三州志：「略陽道在郡東六十里，即故冀城也。」魏黄初中改爲隴城。唐武德二年置文州，〔一一〕以縣隸之；八年廢文州，縣來屬。唐貞觀三年省長川縣併入。〔一二〕唐末廢。後唐長興三年于歸化鎮復置。

瓦亭山，在縣東北二百里。即漢末隗囂使將牛邯所守之地。其山亦入今平凉郡界。有水經成紀縣過。

大隴山，亦曰隴首山，在縣東一百里。

漢略陽道廢城，在今縣西北。

阿陽縣故城。漢置縣，亦在河之西北，故曰阿陽。〔一三〕

街泉亭，俗名漢街城，在縣東北六十里。漢立街泉縣，以屬天水郡。即三國時蜀將馬謖爲張郃所敗之處。

大陽山，在縣東北五十里。有銀冶務。

清水縣，東北一百二十五里。舊五鄉，今三鄉。本漢舊縣地，屬天水郡。晉太康地志云：「清水屬略陽郡。」按其地，即秦仲始所封爲附庸于此地。又周地圖記云：「成帝和平五年分略陽置清水郡，尋廢。至永安三年移于清水城。〔一四〕」唐武德四年置邽州于清水，六年廢邽州，以縣來屬。禄山亂，陷入吐蕃。至大中二年始收復，勑此縣緣郡城未置，權隸鳳翔府。後唐長興元年移置于上邽鎮，即今理所也。

小隴山，經邑界。隴山之事具在隴州。

箭幹谷，妯娌水出焉，去縣六十里。下合白沙川，入天河。

廢上邽縣，舊十六鄉。本邽戎地，秦伐邽戎而置縣，屬隴西郡，後屬漢陽郡。晉太康記屬天水郡。後魏以避太武諱，改爲上封。隋開皇初復爲上邽縣。〔一五〕唐天寶末陷入吐蕃。大中初收復爲鎮。今爲清水縣理所。

嶓冢山。山海經云：「嶓冢之山，漢水出焉，而東南流注于江。〔一六〕」經嘉陵，故有嘉陵江之稱。經閬中，故有閬中江之號。郭璞云：「嶓冢山，在武都氐道縣南。」梁州記云：「漢水發源隴西之氐道縣嶓冢山南。」漢志云西縣「禹貢嶓冢山，西漢水所出。」後漢志亦云「西縣有嶓冢山。」郡國志云：「上有異草花名骨容，〔一七〕若食之無子。」

渭水，西自伏羌縣界流入。水經注云：「渭水又東出岑峽，入新陽川，逕新陽下城南，溪谷、赤蒿二水，並出南山，東北入渭。渭水又東與新陽崖水合，即隴水也，東北出大隴山。〔一八〕」

段谷水，源出縣東南山下。蜀志：「姜維爲鄧艾所破于段谷，星散流離，死者甚衆。」即是谷也。

馬池水，源出縣西南嶓冢山。開山圖云：「隴西神馬山有淵池，龍馬所生。」水經注：「馬池水出上邽西南六十里，謂之龍淵水，言神馬出水，事同徐吾來淵之異，故有馬池之號。」昔刺史張彝得馬頭骨，長三尺，即此也。

始昌城，一名西城。按城即漢爲西縣城也。今廢，在縣西南。

天水縣，西七十里。三鄉。〔一九〕古縣也。秦州記：「郡前湖水，冬夏無增減，天水取此名縣。」唐末廢。後唐長興三年于南冶鎮置。〔二〇〕縣界無山，有水一派，北流入長道縣界。

長道縣，西一百二十七里。舊四鄉，今二鄉。本漢上禄縣地，後魏分上禄置長道縣，于縣置天水郡。隋開皇十八年改天水爲漢陽郡，又改漢陽爲長道縣，屬成州。按成州圖經：「舊有長道、漢陽、上禄等四縣，以吐蕃侵擾，百姓流移，并廢爲鎮。唐咸通十三年以成州奏人户歸復，土田漸闊，卻置長道縣。」今屬秦州。

祁山，在縣東十里。上有城，極嚴固。按開山圖云：「漢陽西南有祁山。九州之名阻，天下之奇峻。」蜀志「後主建興六年，諸葛武侯自率諸軍攻祁山」，即此也。山上有高樓、武涉二神，〔二一〕每歲郡邑祠之。

南岈北岈。二岈萬有餘家。諸葛武侯表言：「祁山縣去沮五百里，有人萬户，〔二二〕瞻其丘墟，信爲殷矣。」即謂此。周地圖記：「其城，漢時所築也。」

鹽官水，在縣北一里。自天水縣界流來。

石堡城，在縣南十八里。高一百丈，上有石城，中有一石井，深一丈，四時水湛然。故老傳云：「昔人避難于此，開其井，飲之不竭。敵人卻漏其水，左右穿鑿，不得其水脈。」

大潭縣，西一百二十八里。〔二三〕元二鄉。本良恭、大潭兩鎮，皇朝乾德元年合二鎮立大潭縣于上木竹谷，即今理。

仗兩山，在縣西南六十里，連成州界。

十八盤山，在縣南一百二十里。今有十八盤路在。

濁水，從長道縣界穿大潭舊鎮，〔二四〕入階州。

清水，在縣西南七十里。從蕃界流來，合濁水，入階州。

人頭崖，在良恭舊鎮東五里，去縣九十五里。其崖象人頭。

廢伏羌縣。本周冀戎之地，秦伐冀戎而置縣焉。漢書地理志云冀縣屬天水郡。西晉太始元年，〔二五〕分雍州隴西南安天水略陽武都、涼州之金城、梁州之陰平七郡立爲秦州于冀縣是。後魏移于上邽，改此爲當亭縣。隋大業二年改當亭縣爲冀城縣。〔二六〕唐武德初立爲伏州，仍于伏羌城置伏羌縣；八年罷伏州，以伏羌縣來屬。天寶元年復陷吐蕃。皇朝建隆三年，秦州上言吐蕃尚波于等進納伏羌縣地，因以舊城置寨。

朱圉山，在縣西。俗名白巖山。〔二七〕漢書地理志云：天水冀縣有朱圉山，「在縣南梧中聚。」十三州志云：「朱圉山有石鼓，不擊自鳴，鳴則有兵起。」

邽山，在縣東南。

落門谷水，在今縣西。

龍馬泉，源出縣西北平地，水下渥洼沙作龍馬之狀。故老相傳：「每春夜放牝馬，飲此泉水，〔二八〕自然懷孕生駒，初無毛，不能起，以氈裹之，經數月内生毛，不至三歲，〔二九〕與大宛馬略同。」

平襄城，漢縣也，屬漢陽郡，在今縣南一百三十里。故襄戎之邑也。

大像，在廢縣東一里。石崖上有大像一，軀長八尺。自山頂至山下一千二百三十丈，有閣道可登。

成州

成州，同谷郡。今理同谷縣。禹貢梁州之域。古西夷地。周省梁州，故入雍。至戰國，千畝，〔三〇〕戎、羌、氐居之，後爲白馬氐國。又按史記西南夷傳云：「自筰以東北，君長以什數，冉駹最大。在蜀之西，自冉駹以東北，君長以什數，白馬最大，皆氐類。」今州南八十里有山曰仇池，其地險固，即白馬氐之處。又按范曄後漢書曰：「河池，方百頃，左右悉白馬氐。」秦逐西戎，遂統有其地，昭王二十八年置隴西郡。〔三一〕晉孝武時，氐豪楊定擁衆仇池，稱藩于晉，求割天水之西縣、武都之上禄爲仇池郡，〔三二〕置于歷城，其地遂爲楊氏所據。至後魏廢帝元年改武都爲南秦州。〔三三〕西魏改爲成州。至隋末州廢，置漢陽郡。唐武德元年復置成州，領上禄、長道、潭水三縣。貞觀元年以潭水屬宕州，又割廢康州之同谷縣來屬。州理即楊難當所築建安城也。天寶元年改爲同谷郡。乾元元年復爲成州。自至德之後，爲吐蕃侵擾，百姓流散，諸縣並廢爲鎮。咸通十三年，人户漸復，卻置成州并縣，又割長道縣屬上祿。

秦州。梁開平初改爲汶州。後唐同光初復舊，仍于栗亭鎮置栗亭縣。今理同谷縣。

元領縣三。今二：同谷，栗亭。新置。一縣割出：長道。入秦州。一縣舊廢：

州境：東西九十里。南北一百四十里。

四至八到：東至東京二千二百八十里。東至西京一千八百六十里。東至長安一千里。東至鳳翔府驛路四百五十里。西南自良恭縣至宕州五百八十里。南至武州三百三十里。北至秦州四百三十二里。東南至興州三百四十七里。西南至武州三百四十五里。西南至渭州三百八十六里。〔三四〕東北至秦州三百里。

户：唐開元户四千七百二十七。皇朝户主三千七百六十，客五千八百八十。

風俗：與鳳州同。每耕耘之時，即鳴鼓唱歌以樂之。〔三五〕

人物：無。

土產：麝香，羚羊角，狨皮。

同谷縣，舊三鄉，今三鄉。本漢下辨道地，〔三六〕屬武都郡。後魏定仇池，正始中于此置廣業郡，領白石、栗亭二縣。恭帝後元元年改白石爲同谷縣。

鳳凰山。水經注云：廣業郡南「鳳凰溪，〔三七〕中有二石雙高，其形若闕，漢世有鳳凰棲其上，故謂之鳳凰臺。」其山蓋亦因以爲名。

同谷川，州理之地。

栗亭縣，東五十里。二鄉。本栗亭鎮地，後唐清泰三年六月於秦州奏置栗亭縣。

栗亭川，縣理之地。

廢上禄縣，本漢舊縣，屬武都郡。東晉屬仇池郡。宋分西山五羌爲十二部，由是郡邑成焉。隋初爲蒼泉縣，〔三八〕煬帝改蒼泉爲上禄，復漢舊名也。

仇池山。辛氏三秦記云：「仇池山上有百頃地，平如砥。〔三九〕其南北有山路，東西絶壁萬仞，上有數萬家，一人守道，萬夫莫向。山勢自然，有樓櫓卻敵之狀。東西二門，〔四〇〕盤道可七里，上有岡阜泉源。史記謂秦得百二之固也。西晉末，爲氐楊茂搜所據，立宮室囷倉，皆爲板屋，乃氐之所理于此。今謂之洛谷道是也。」

雷牛山。

泥公山。

五仙山，其三山歷邑界。

儀州

儀州，理華亭縣。本西戎之界，秦、隴之地，鳳翔之邊鎮，後魏普泰二年築城置鎮，以扼蕃戎之路。唐爲神策軍。後唐同光元年改爲義州。周顯德六年置華亭縣于州郭。皇朝乾德二年割秦、隴三鎮之地置安化縣。太平興國二年改爲儀州，〔四一〕避御名。

領縣二：華亭，安化。

州境：東西五十五里。南北七十五里。

四至八到：東至東京一千八百里。東至西京一千四百五十里。東至長安六百里。東至鳳翔府崇信縣九十里。西至馬硤鎮三十里，隴山蕃界。南至鳳翔崇信縣九十里。〔四二〕北至渭州九十里。東南至隴州九十里。西南至秦州約五百里，隔隴山，原無直路。東北至涇州一百四十里，内隔鳳翔崇信縣及官坂嶺。〔四三〕西北至長安鎮四十里，〔四四〕次至新置勝關城。

户：舊户無籍。

風俗：人以騎射爲事。

人物：無。

土産：弩弦，麻。〔四五〕地接隴山，節氣常晚，至仲夏，花木始開。不産絲蠶，惟與西戎博易爲利。

華亭縣，四鄉。〔四六〕周顯德六年置，以華亭鄉爲名。

隴山，在縣西二十五里。

望仙山，在縣西北二十里。

爛柯山，在縣北一十五里。

秦胡亥陵，在縣東南三十里乾湫原上。

秦長城，在州城内。下有蒙恬冢。

安化縣，西九十里。元五鄉。〔四七〕皇朝乾德二年割秦、隴三鎮之地置。西北至蕃界十里。

龍馬山，在縣東一十里。

隴山，在縣西十里。接蕃界，及連崆峒山。

太平監

太平監，秦州之境内，原有銀冶八務，皇朝太平興國三年升爲太平監，〔四八〕治大賈務。門外並不轄鄉里，無四至八到。分三務爲監臨官之治所。

元領務八，今領十九。

大賈務，監所治，都監官主之，管五務：大賈務，白石上務，白石下務，夾箭務，里谷務。

臨金務，北至監一百里。分監臨官一員主之，管八務：臨金務，寨南務，碎石務，黄蘖務，床谷務，子路務，青陽務，篚園子務。

小泉務，正南去鎮九十里，北至蕃界一里。分監臨官一員主之，管六務：小泉務，董城務，牛池務，西谷務，椀子堡務，隔瀍務。

户：皇朝管諸務郭内主客一千三百九十七。

課利：每年收錢銀共三萬二千八百四十八貫兩。

卷一百五十校勘記

〔一〕按徐廣云今天水隴西縣秦亭是也　按徐廣，晉人，晉無「隴西縣」，縣于隋改武陽縣置，所云當非。史記卷五秦本紀正義引括地志云：「秦州清水縣本名秦，嬴姓邑。十三州志云秦亭，秦谷是也。」秦之始封在此，李泰所説是。

〔二〕音桓　萬本、庫本皆無此二字。

〔三〕兼立涼州領郡國十理於此　同通典卷一七四州郡四。按資治通鑑卷七一魏明帝太和二年胡三省注，魏時涼州統金城、西平、武威、張掖、西郡、酒泉、敦煌、西海八郡，清吳增僅三國郡縣表附考證同。輿地廣記卷一七涼州姑藏縣序云：漢、魏、晉皆爲涼州刺史治，並與此異。

〔四〕并四寨　「寨」，底本作「塞」，據萬本、庫本及傳校。下「伏羌爲塞」，「塞」亦改爲「寨」。元豐九域志卷三秦州：「建隆二年置伏羌寨。」可證作「寨」是。

〔五〕東西四百二十里　「二」，萬本、中大本、庫本皆作「一」，傳校改同，當是。

〔六〕狄仁傑天水人　按舊唐書卷八九、新唐書卷一一五狄仁傑傳皆謂并州太原人，此恐誤。

〔七〕李適字子至隴西成紀人　按舊唐書卷一九〇中文苑傳中、新唐書卷二〇二文藝傳中皆謂李適京兆萬年人，此恐誤。

〔八〕馬　底本「馬」下有「□」，據萬本、庫本及嘉慶重修一統志卷二七五秦州引本書删。

〔九〕今分流入于州　「今」，庫本同，萬本及嘉慶重修一統志卷二七四秦州引本書皆無，蓋衍。

〔一〇〕本漢隴縣即略陽道　按漢書卷二八地理志下，天水郡領有略陽道、隴縣，則爲二縣，此當有誤。漢書地理志隴縣顔師古注曰：「今呼隴城縣也。」舊唐書卷四〇地理志三：「隴城，漢隴縣，屬天水郡。」又魏書卷一〇六地形志下隴城縣有隴城，是北魏隴城縣已遷置，非漢隴縣故治，則此「漢隴縣」應作「漢隴縣地」，脱「地」字，此「即略陽道」，誤。

〔一一〕唐武德二年置文州　此八字底本脱，萬本、庫本同，按本書下文云「以縣隸之」，其上當有脱文。

樂史於唐代政區多與舊唐書地理志合，今據舊唐志文補，亦與新唐書卷四〇地理志四記載同。

〔一二〕貞觀三年省長川縣併入　舊唐書地理志三同，新唐書地理志四隴城縣云「貞觀三年置長川縣，六年省入焉」，此疑有脱誤。

〔一三〕阿陽縣故城至故曰阿陽　二「阿」字底本作「河」，萬本、庫本同，嘉慶重修一統志卷二五九平涼府引本書作「阿」，傅校改同。按漢書地理志下天水郡領有阿陽縣，漢書卷六高后紀：六年，「匈奴寇狄道，攻阿陽。」顔師古注曰：「阿陽，天水之縣也。今流俗書或作河陽者，非也。」今據改。

〔一四〕永安三年移于清水城　「清水」，萬本同，庫本作「天水」，據本書所載乃指清水，作「天水」疑非。

〔一五〕隋開皇初復爲上邽縣　按隋書卷二九地理志上謂隋大業初改上封縣爲上邽縣，元和郡縣圖志卷三九秦州上邽縣序亦云「隋大業元年復爲上邽縣」，此恐誤。

〔一六〕而東南流注于江　「江」，山海經西山經作「沔」，按當作「沔」，此「江」字誤。

〔一七〕骨容　「容」，底本作「客」，據萬本、庫本及太平御覽卷四〇引河圖括地象改。山海經西山經作「胥蓉」。

〔一八〕大隴山　按水經渭水注作「隴山」，楊守敬水經注疏：「寰宇記清水縣下引此作大隴山，雖各本皆無大字，然與水經河水注云高平川水出『高平大隴山苦水谷』者相接，樂史蓋有見于此而加大字，以補水經注之闕也。」

〔一九〕三鄉　「三」，萬本、庫本皆作「七」。

〔二〇〕後唐長興三年于南治鎮置　「南治鎮」，底本作「南治縣界」，萬本作「南治縣鎮」，庫本作「南治縣鎮」，嘉慶重修一統志卷二七五秦州引本書作「南治鎮」。按唐宋時無「南治縣」，舊五代史卷一五〇郡縣志：後唐長興三年二月，秦州奏：「赤砂、染坊、夕陽、南治、鐵務五鎮就赤砂鎮復置舊天水縣。」謂以赤砂鎮置天水縣，與引異，然爲南治鎮則無疑，此「治」爲「冶」字之誤，「縣」爲「鎮」字之誤，「界」字衍，據改删。

〔二一〕山上有高樓武涉二神　按太平御覽卷四四引九州志作「山上有高樓、武陟二神祠」，此「涉」疑爲「陟」字之誤，「神」下疑脱「祠」字。

〔二二〕有人萬户　「人」，底本作「八」，萬本同，據中大本、庫本及資治通鑑卷六六漢獻帝建安十八年胡三省注改；水經漾水注作「民」。

〔二三〕西一百二十八里　「一百」，嘉慶重修一統志卷二七五秦州引本書作「二百」。按大潭縣即今甘肅禮縣南八十里大潭鎮，東北至秦州治成紀縣（即今天水市）二百二十里左右，此「一百」爲「二百」之誤。

〔二四〕從長道縣界穿大潭舊鎮　「穿」，萬本、庫本皆無，未知是否。

〔二五〕西晉太始五年　「五年」，底本作「元年」，萬本、庫本同，晉書卷三武帝紀、卷一四地理志上皆作

「五年」，此「元」爲「五」年之誤，據改。

〔二六〕隋大業二年改當亭縣爲冀城縣　按元和郡縣圖志秦州伏羌縣序云：「後魏以冀爲當亭，周爲黄瓜，隋大業二年改黄瓜爲冀城縣。」據魏書地形志下載，當亭縣、黄瓜縣並真君八年置。王仲犖北周地理志卷二謂黄瓜縣隋初仍存，當亭縣廢於北周末，則元和志之説是，此有脱誤。

〔二七〕俗名白巖山　「白」，底本作「曰」，庫本同，據萬本及通典州郡四改。

〔二八〕飲此泉水　「泉水」，底本作「水泉」，據萬本、庫本及嘉慶重修一統志卷二五五鞏昌府引本書乙正。

〔二九〕經數月内生毛不至三歲　「月」，萬本、庫本同，嘉慶重修一統志鞏昌府引本書作「日」。「三」，底本作「二」，據萬本、庫本及嘉慶重修一統志引本書改。

〔三〇〕千畝　「千畝」，文義不明，此處疑有誤脱。

〔三一〕昭王二十八年置隴西郡　「二」，底本作「三」，萬本、庫本同。按水經河水注：狄道，「漢隴西郡治，秦昭王二十八年置。」此「三」乃「二」字之誤，據改。

〔三二〕上禄　「禄」，底本作「縣」，萬本、庫本同。宋書卷九八氐胡傳作「禄」。舊唐書地理志三亦云：「上禄，漢縣，白馬氐所處。晉時，氐酋楊難當據仇池，「晉朝招慰，乃置仇池郡，以難當爲守。」今據改。

〔三三〕後魏廢帝元年改武都爲南秦州　「南秦州」，底本作「秦州」，據萬本、庫本及傳校補「南」字。按魏書地形志下載，真君七年置仇池鎮，太和十二年爲梁州，正始初置南秦州。周書卷三七張軌傳：魏廢帝二年，「賜姓宇文氏，行南秦州事。」周書卷二文帝紀下：魏廢帝三年正月，「改南秦爲成州。」隋書地理志上：漢陽郡，「後魏曰南秦州，西魏曰成州。」

〔三四〕西南至渭州三百八十六里　「西南」，通典卷一七六州郡六作「西北」。按成州治同谷縣，即今甘肅成縣，渭州治襄武縣，在今隴西縣東五里，位於成州西北，通典是也，此「南」爲「北」字之誤。

〔三五〕每耕耘之時即鳴鼓唱歌以樂之　庫本同，萬本無此十三字。

〔三六〕本漢下辨道地　底本「地」上衍「也」字，據萬本、庫本及元和郡縣圖志卷二二成州同谷縣序删。

〔三七〕鳳凰溪　按水經漾水注作「鳳溪」，此「凰」疑爲衍字。

〔三八〕隋初爲蒼泉縣　按魏書地形志下云「倉泉，太和四年置」，隋書地理志上亦云後魏置倉泉縣，「大業初改縣曰上禄」，元和郡縣圖志成州上禄縣序云後魏改上禄縣爲階陵縣，「周武帝改爲倉泉縣」，則倉泉縣置於北魏或北周，非隋也。

〔三九〕仇池山上有百頃地平如砥　「地」，底本作「池」，萬本、庫本同，據太平御覽卷四四引辛氏三秦記改。按後漢書卷八六西南夷傳：仇池，「方百頃，四面斗絶。」宋書卷九八氐胡傳：「仇池地方百頃，因以百頃爲號。」水經漾水注：「上有平田百頃，煑土成鹽，因以百頃爲號。」通典州郡六：仇池山，「其上地百頃。」可證作「地」是。

〔四〇〕東西二門　「門」，底本脱，萬本、庫本同，據中大本及太平御覽引辛氏三秦記補。

〔四一〕太平興國二年改爲儀州　「二年」，元豐九域志卷一〇省廢州軍同，宋會要方域五之四二作「元年」。

〔四二〕南至鳳翔崇信縣九十里　萬本、庫本皆無此文。按儀州治華亭縣，即今縣，崇信縣即今縣，在儀州之東，上文列「東至鳳翔府崇信縣九十里」，是也，此文誤，或衍文。

〔四三〕官坂嶺　「官」，萬本、庫本皆作「宫」。

〔四四〕西北至長安鎮四十里　「西北」，萬本、庫本皆作「北」，未知是否。

〔四五〕弩弦麻　萬本同，庫本「弩弦」上有「貢賦」二字，未知是否。

〔四六〕四鄉　「四」，萬本、庫本作「二」。按元豐九域志卷三渭州華亭縣有四鄉，與本書合。

〔四七〕元五鄉　萬本、中大本、庫本皆無「元」字，「五」作「四」。傅校删「元」字，此誤。

〔四八〕太平興國三年升爲太平監　「升」，底本作「外」，萬本同，據庫本及宋會要方域五之四三、元豐九域志卷三秦州改。

太平寰宇記卷之一百五十一

隴右道二

渭州　**鄯州**廢　**蘭州**廢〔一〕

渭州

渭州，隴西郡。舊理襄武縣，今理平涼縣。禹貢「導渭自鳥鼠同穴」，即此地也。鳥鼠同穴山，在今渭源縣，今謂之青雀山是也。土地所屬與成州同。洎春秋以來，爲羌戎雜居。史記云：「秦昭王伐義渠戎，始置隴西郡。」郡有大坂，名曰隴坻，郡處坻西，故曰隴西，即此地也。漢地理志隴西郡領狄道等十一縣，以屬涼州。漢末，隗囂所據。建武十年，囂降，隴右平，仍舊爲郡。靈帝分立南安郡。三國時，魏置鎮守在此。故鄧艾謀曰：「蜀師來而爲一，我分爲四。」謂狄道、隴西、南安、祁山四處，〔二〕以爲犄角。至嘉平五年，蜀將姜維圍南安、襄武，不克，是也，至晉不改南安、隴西二郡之名。洎後魏永安三年併爲隴西郡，又置渭州，因渭水爲名。後周武帝又立南安郡。〔三〕隋初廢郡立州，至煬帝州廢而復立郡。唐武德元年復爲渭州。天寶元年改爲隴西郡。乾元元年復爲渭州，其年鄯州都督郭英乂奏請以渭州、洮州爲都督府，後廢。廣德元年，西戎犯邊，洮、蘭、秦、渭盡爲虜境。元和三年，涇原節度使朱忠亮奏移行原州于臨涇縣，置行渭州于平涼縣。

元領縣四。今二：平涼，原州割到。潘原。涇州割到。舊四縣廢：襄武，隴西，鄣縣，渭源。

州境：東西五十五里。南北六十五里。

四至八到：東至東京一千八百里。東至西京一千四百里。東至長安六百四十里。東至涇州一百二十六里。西至安國鎮接連蕃界三十二里。南至儀州九十里。北至原州一百一十五里。東南至良原縣一百一十里。〔四〕西南至儀州界一百里。東北至原州六十五里。西北至耀武鎮四十里。

户：唐開元户六千四百二十五。皇朝管户主一千二百三十一，客一千二百九十二。

風俗：同秦州。

姓氏：隴西郡八姓：李、牛、彭、辛、聞、蹇、艾、蓋。

人物：無。

土産：青蟲，䴊鵡，龍鬚席，麝香。彼諺有曰：「郎樞女樞，十馬九駒，安陽大角，十牛九犢。」即謂其地宜于畜牧也。

平涼縣，依舊四鄉。本漢朝那縣地，〔五〕後魏爲長城縣地，〔六〕因秦長城爲名。後周建德元年割涇州朝那縣于今縣復置朝那縣。至隋大業二年改爲平涼縣。〔七〕唐元和四年以渭州陷蕃，權置行渭州于此。天福五年割屬渭州。

可藍山，一名都盧山，皆涇水源，與汧頭山相連亘。赫連定勝光二年畋于涼州，登可藍山望統萬城，泣曰：「先帝若以朕承大業，豈有今日乎？」在平涼縣，接百泉界。又云定據平涼，登此山，有羣狐遶之而鳴，射之竟不得一。定乃嘆曰：「咄咄，此亦怪事也。」

涇陽故城，漢爲縣，廢城在今縣南。

馬屯山，在縣西南。姚萇與苻登戰于高平，登敗，奔于馬屯山，即此也。

會盟壇，在縣西北五里。唐貞元三年五月，渾瑊與吐蕃會盟處。

右甲積谷，在州東南二十里。

大殺谷、小殺谷，二谷在州東南一十里。

雕窠峽，在州南三十里，與華亭縣連接。

涇水，從原州彈箏峽口過入州北一里。

白巖河，從華亭縣來，經望家山峽口，過州西十里。

潘原縣，東三十六里。舊一十鄉，今三鄉。漢陰槃縣地，地理志云屬安定郡。後漢末移縣，屬京兆郡。郭緣生述征記云：「陰槃縣舊屬安定郡，遇亂徙于新豐。」帝王紀云：「赫連定以勝光二年又自京兆移此，屬平涼郡也。後魏于此兼置平涼郡。天寶元年八月改爲潘原縣，以縣東有潘口谷爲名。舊縣城在涇水北。廣德元年陷于蕃。至貞元十年置行縣于彰信堡。周顯德五年廢新武州入。

銅城山，在縣西南三十五里。水經云：「潘原縣有銅城山，水出歷白石城。」

涇川水，在縣南一里。從平涼縣界流入。

閣川水，在縣東南四十五里，西從義州華亭縣流入。漢志云烏水出西北都盧山，有西烏水，〔八〕又東北經烏氏縣，東注于涇，謂之閣川水。然涇水閒有石巖，東會兩川水也。

潘谷水，在縣東三十里，從平涼縣流入。

秦太子扶蘇陵，在縣東五里。

廢武州，舊理蕭關縣。按其地，即漢朝那縣古蕭關之地，漢文帝時，匈奴入蕭關，即此也。今界內瓦亭關，是後漢隗囂使將牛邯所守之處。在隋以來爲鎮，以戍邊防。又按蕭關鎮自武德以來，尤爲邊陲重鎮，後因禄山亂，陷入蕃界。大中三年七月，邠州節度使張君緒奏，今月十三日收復蕭關。至大中五年七月十四日勑宜賜名武州，仍爲中州，屬邠寧道。又蕭關鎮，其地所宜六畜，貞觀時常置監牧，使百姓免諸征役。在原州西北一百八十里。蕭關一縣，周顯德五年六月廢入潘原縣，屬渭州。

唐廣德已前渭州舊縣，今並廢：

襄武縣，四鄉。本漢舊縣也，屬隴西郡。西不遠一百里，即先零遺種居之。有五谿聚，〔九〕即楊盛分羌爲部以五谿，每谿爲一聚，于是有五谿之名。六泉。十六國春秋：「乞伏國仁建義三年率騎兵三萬襲鮮卑大人密貴、裕苟、提倫等三部于六泉。」即此水也。錦鏡峽。隴西記云：「襄武有錦鏡峽，即黑水所經。其峽四望，花木明媚，照影其中，因以稱之。」

隴西縣，東南六十里。元四鄉。本漢豲道縣，豲音桓。後漢末于此置南安郡。後魏改南安爲南陽郡，屬渭州。隋開皇十八年改爲武陽，尋爲隴西縣。〔一〇〕

落門水，出縣東南。

鄣縣，西南六十里。今五鄉。縣本後漢立，屬隴西郡。自永嘉南徙之後，縣遂廢焉。後魏景明三年分武陽復置鄣縣，因水名焉。

鄣水。水經注云：「出西南溪下，東北至鄣縣南。萬年川水出南山，東北流注之。」

渭源縣，西微北九十里。四鄉。本漢首陽縣地，屬隴西郡。後魏大統十七年分隴西置渭源郡，因渭水以爲名，又改首陽爲渭源縣。唐上元二年改爲首陽縣，仍于渭源故城分置渭源縣。儀鳳二年廢首陽入渭源縣也。〔一〕

鳥鼠山，山有鳥與鼠同穴。隋煬帝時獻之，吏部尚書牛弘曰：「爾雅謂其鳥爲鵌，音徒。其鼠爲鼵。音突。渭水源出此山也。」今謂之青雀山是也。

渭水，源出鳥鼠山，入關爲八水之一。

鄯　州廢

鄯州，西平郡。今理湟水縣。禹貢雍州之域。古西戎地。按後漢西羌傳曰：「無弋爰劍者，爲秦所執，〔二〕後亡藏于巖穴中。秦國人焚之，有景象如虎，爲其蔽火，得免。遂亡入三河閒。諸羌以爲神，共畏事之，推以爲豪。至爰劍曾孫忍季父卬畏秦之威，〔三〕後遂將其附落而南，出賜支河曲西數千里，與衆羌絶遠，不復交通。子孫分別，各自爲種。忍及弟舞獨留湟中。忍生九種，舞生十七種。羌之興，從此起矣。湟中月氏胡，其先大月氏之別也。及霍去病破匈奴，取西河地，開湟中，〔一四〕築令居塞，以其地屬金城郡，于是月氏來降，與漢人錯居。」後漢建安中置西平郡，晉因之。自永嘉之後，南涼禿髮烏孤以後魏天興元年自稱武威王，徙居于此。烏孤卒，弟利鹿孤嗣位，復都此爲西平王，即從此又遷于姑臧。〔一五〕後魏爲鎮，孝昌二年改鎮爲鄯州。後周又爲樂都郡。隋初郡廢，置鄯州。煬帝初州廢，置西平郡。唐武德二年平薛舉，又置鄯州，理故樂都城。貞觀中置都督府。天寶元年改爲西平郡。乾元元年復爲鄯州。上元二年爲吐蕃所陷，遂廢。所管鄯城等三縣，入河州管。

元領縣三：〔一六〕湟水，龍支，鄯城。

州境：東西三百五里。南北二百一十五里。

四至八到：東南至東京三千一百六十九里。東南至西京二千七百四十九里。東至長安一千九百九十三里。東至蘭州廣武縣一百一十三里。南至廓州一百八十里。西至綏戎峽舊吐谷渾界一十里。西至青海三百七十里。北至涼州昌松縣南界一百四十三里。〔一七〕東至河州鳳林縣故城二百八十里。西南至廓州廣威縣故承風吐谷渾界一百九十五里。東北至蘭州廣武縣故長城界二百一十七里。

户：唐天寶户五千三百八十九。

風俗：深入羌胡習俗，全是吐谷渾可汗子孫，其先是狼種，今旌旗皆有狼形，備衛，人亦稱附離，即彼謂狼也。夷言謂左衽，射袴不開襠，爲寒故也。

人物：無。

土産：牸犀、羱羊、駝、馬。

湟水縣，三鄉。本漢破羌縣地，屬金城郡。漢破匈奴，取西河地，開湟中，處月氏，即此。湟水，俗呼湟河，又名樂都水。南涼秃髮烏孤始都此。後魏于此置鄯州，改破羌爲西都縣。隋改爲湟水縣。

四望山，有水出其陽，一名湟河，亦謂樂都水，西自吐谷渾界入。漢書地理志臨羌縣：「西北至塞外，有西王母石室、仙海、鹽池。北則湟水所出，東至允吾入河。」謂此水也。

土樓山，無石而高，在縣南。

養女嶺，彼羌多禱而祈女。〔一八〕

牛心堆，在湟水源，山名也。

雞田，在州西。涉千里無草木，其中爲突厥藪澤。

浩亹水，在縣西北，亦謂之閤門水。西自吐谷渾界流入。漢書地理志云：「浩亹水出西塞外，東至允吾入湟水。」

破羌故城，漢爲縣，故城在今縣西。〔一九〕

龍支縣，南一百三十五里。五鄉。本漢允吾縣之地，屬金城郡。後漢爲龍耆縣。後魏武帝改爲金城縣。〔二〇〕至廢帝二年又改爲龍支縣，取縣西龍支堆爲名。

積石山，在縣南。尚書謂「導河積石」，謂此山也。

唐述窟，在縣西龍支谷。彼人亦罕有至者，其窟有物若似今書卷，因謂之精巖。〔二一〕巖内有時見神人往還，蓋古仙所居耳。羌胡懼而莫敢近。又謂鬼爲唐述，故指此爲唐述窟。窟高四十丈。

鄯城縣，西一百二十里。元四鄉。本漢西平郡之地，後漢末陷羌，故此郡廢。儀鳳二年奄有河湟之地，〔二二〕因立鄯城縣，取郡以名邑。

西平故城，漢爲郡所，故城在今縣西一百三十二里是也。

蘭州 廢

蘭州，金城郡。今理五泉縣。禹貢雍州之域。古西羌地。秦併天下，爲隴西郡地。後漢書西羌傳曰：「羌無弋爰劍曾孫忍及忍子研，最豪健，故羌中號其後曰研種。秦始皇時，務并六國，兵不西行，故種人得繁息。及秦既并天下，築長城以界之，衆羌不復南渡。至漢興，匈奴冒頓兵强，破東胡，走月氏，臣伏諸羌。景帝時，研種留何率種人求守隴西塞，于是徙留何等于狄道、安故城。」今州西南有狄道、安故城，即其地也。漢屬隴西郡。平帝元始四年，金城塞外羌獻魚鹽之地，乞内屬。漢遂得西王母石室，以爲西海郡。後漢光武省金城入隴西郡。魏、晉因之，以爲重鎮。故蜀姜維以兵攻狄道不克，即此也。前涼張寔置爲廣武郡，至張駿又分立武始郡。西秦乞伏乾歸自苑川徙都焉，十六國南涼秃髮烏孤都廣武，皆此也。後魏、後周並爲武始郡。隋開皇九年廢武始郡，立爲蘭州，蓋取臯蘭山以爲名。煬帝初州廢，置金城郡。隋末，陷于薛舉。唐武德二年平賊，復置蘭州；八年，置都督府，督蘭、河、鄯、廓四州。貞觀六年又督西鹽州，十二年又督涼州。後督蘭、鄯、儒、淳四州，〔三三〕蘭州領金城、廣武、狄道三縣。顯慶元年罷都督府。天寶元年改爲金城郡，二載割狄道縣置狄道郡。乾元元年復爲蘭州。

元領縣三：〔三四〕五泉，廣武，狄道。

州境：東西二百一十七里，南北六百一十里。

四至八到：東南至東京二千四百四十里。東南至西京二千二十里。東南至長安一千四百六十里。東至會州四百二十里。南至渭州四百里。西至鄯州四百九十里。〔三五〕北至涼州五百七十里。東南至渭州四百五里。〔三六〕西至河州三百里。西北至涼州五百四十里。東北至會州四百二十里。

户：唐天寶户五千三百八十九。

風俗：同秦、渭二州。

人物：無。

土産：麩金、香子。

五泉縣，七鄉。本漢金城縣地，屬金城郡，昭帝始元元年置。隋置五泉縣。唐咸亨二年復爲金城。天寶元年復爲五泉縣。

嵻峎山，亦名可狼山，俗名熱薄汗山，在縣南一百四十里。即西秦乞伏乾歸太子熾磐招結諸部兵民二萬七千，〔三七〕築城于嵻峎山以據之，即此山也。

金城關，在郡西南，〔三八〕臨河。

苑川城，在郡西。即乞伏國仁所都，後至乞伏慕末爲赫連定所滅。

狄道、安故城，在縣西南。昔研羌留何所聚之處。

長城，亦經此郡之南。

漢榆中縣故城，在今縣東。後漢時羣羌亂，隃麋相曹鳳上言：「西羌爲害，自建武以來，居大、小榆谷，〔二九〕實以土地肥美，又近塞内，北阻大河，因以爲固。緣山濱水，以廣田畜，故能强大，常雄諸種。」是謂此也。

廣武縣，北微西二百二十里。五鄉。本漢枝陽縣地，前凉張駿三年分晉興于此置廣武郡。又爲南凉秃髪烏孤所都，至傉檀，爲乞伏熾磐所滅于此。隋開皇三年罷郡置廣武縣，屬蘭州。

琵琶山，在縣西。峻嶮曲折，有似琵琶首。

浩亹故城，浩音閤，亹音門。漢縣，廢城在今縣西南。有河所經，今俗呼此水爲閤門河，蓋疾言而音類耳。縣因水以爲名。

允吾故城，允音沿，吾音牙。亦漢時爲縣，廢城在縣西南也。

狄道縣，南一百九十里。今四鄉。本秦舊縣也。其地故西戎别種所居，秦取以爲縣。漢書地理志狄道屬隴西。惠帝時改爲武始郡，以狄道爲降狄道。十三州志云：「降狄道，今曰武始。」按唐貞元十道録云：「自武德已後，此邑爲臨州，管狄道、安樂二縣。後安樂尋廢，州額亦停。」

白石山，有梁泉。昔梁暉者，後周之將，爲羣羌所圍，無水。暉以所執鞭卓地，而飛泉湧出，兵士由此而濟。今號梁泉，其上榆木成林。〔三〇〕

卷一百五十一校勘記

〔一〕蘭州廢　「廢」，底本脱，據萬本、中大本、庫本補。元和郡縣圖志卷三九蘭州總序云「寶應元年陷於西蕃」，元豐九域志卷三蘭州：「唐蘭州，後廢，皇朝元豐四年收復，仍舊置。」

〔二〕祁山　「祁」，底本作「岐」，萬本、庫本同，按三國志卷二八魏書鄧艾傳、通典卷一七四州郡四、資治通鑑卷七七魏甘露元年皆作「祁山」，是也，此誤，據改。

〔三〕後周武帝又立南安郡　萬本、庫本皆作「後周建德元年復爲南安郡」，此「武帝」蓋脱「建德元年」四字。

〔四〕良原縣　「原」，底本作「源」，萬本、庫本同，據通典卷一七三州郡三、元和郡縣圖志卷三、舊唐書卷三八地理志一、新唐書卷三七地理志一及本書卷三二涇州改。

〔五〕本漢朝那縣地　原校：「按縣境有可藍山，一名都盧山，與幵頭山連亘。據漢地理志，都盧山在烏氏，幵頭山在涇陽，又漢涇陽縣故城亦在今平涼境，則平涼縣蓋雜有漢涇陽、烏氏之境，今但云漢朝那縣，未詳其説。」按元和郡縣圖志卷三原州平涼縣序云「本漢涇陽縣地」，輿地廣記卷一六渭州平涼縣序云「漢朝那、涇陽縣地」，則平涼縣雜有漢涇陽縣地無疑。

〔六〕後魏爲長城縣地　原校：「按後魏地形志，長城縣屬中部郡。隋書地理志：『三川縣舊名長城，西魏改焉。』今記鄜州洛交縣序亦云：『本漢雕陰縣，苻堅時爲長城，後魏及周爲三川縣，隋文帝分三川、洛川以置此額。秦長城在縣東四十里。漢書匈奴南侵至朝那、膚施，謂此地也。』詳此，則魏長城縣乃今洛交、三川之地，朝那在焉，今又以平涼爲漢朝那、魏長城縣地，未詳其說。」按元和郡縣圖志平涼縣序亦謂「後魏爲長城郡長城縣之地」，當有所據。

〔七〕後周建德元年割涇州朝那縣于今縣復置朝那縣至隋大業二年改爲平涼縣　原校：「按後魏及隋安定郡皆有朝那縣，至唐不見廢入何縣，而通典臨涇縣有後魏朝那故城，疑朝那消入臨涇也。隋志平涼縣，乃後周所置，與朝那各異郡。今記與史志殊不合。按元和郡縣圖志：『周武帝建德元年割涇州平涼郡於今理置平涼縣，屬長城郡。』今記豈誤以平涼縣爲涇州，平涼縣爲朝那，故又謂大業改平涼乎！大抵西河五郡漢縣，視今爲多，後乃省入鄰邑，故古今地名多雜錯其間，而平原尤爲舛互。」按隋書卷二九地理志上、輿地廣記平涼縣序皆謂後周置平涼縣，與元和郡縣志合。蓋平涼縣本漢朝那縣地，故本書有此附會也。

〔八〕漢志云烏水出西北都盧山有西烏水　按漢書卷二八地理志下烏氏：「烏水出西，北入河。都盧山在西。」此當有誤脱，傅校據漢志於「北」下補「入河」二字，「有」改爲「在」，删「烏水」二字。

〔九〕有五谿聚　「有」，底本脱，據萬本、庫本補。續漢書郡國志隴西郡襄武縣「有五雞聚」，即此。讀史方輿紀要卷五九引隴西記：「襄武有武谿，楊盛分羌爲五部，錯居谿旁，每谿爲五聚，于是有五谿之號」是也。

〔一〇〕隋開皇十八年改爲武陽尋爲隴西縣　按隋書地理志上云開皇初改内陶爲武陽，十年改名隴西縣。元和郡縣圖志卷三九渭州隴西縣序云隋開皇元年移武陽縣名於郡理，八年改爲隴西縣。皆與此異。

〔一一〕儀鳳二年　「二年」，舊唐書卷四〇地理志三、新唐書卷四〇地理志四皆作「三年」，疑此誤。

〔一二〕爲秦所執　底本「爲」下衍「强」字，據萬本、庫本及後漢書卷八七西羌傳删。

〔一三〕卬　底本作「邛」，萬本、庫本同，據後漢書西羌傳改。

〔一四〕開湟中　底本「湟中」下衍「縣」字，萬本、庫本同，據後漢書西羌傳删。

〔一五〕即從此又遷于姑臧　按晉書卷一二六禿髮利鹿孤載記載，禿髮利鹿孤卒，弟禿髮傉檀嗣。同書禿髮傉檀載記載，傉檀遷于姑藏。元和郡縣圖志卷三九鄯州總序亦謂禿髮烏孤「弟傉檀遷于姑藏」，非利鹿孤遷。

〔一六〕元領縣三　「元」，底本無，據萬本、庫本及傳校補。

〔一七〕北至涼州昌松縣南界一百四十三里　「三」，萬本、中大本、庫本皆作「二」。

〔一八〕多禱而祈女　「祈」，底本作「生」，據萬本、庫本、嘉慶重修一統志卷二六九西寧府引本書改。

〔一九〕故城在今縣西　後漢書卷二四馬援傳李賢注：破羌故城「在今鄯州湟水縣西。」同此。據水經河水注，湟水先逕樂都，後逕破羌。隋書地理志上云：「舊曰西都，後周置樂都郡，開皇初郡廢，十八年改縣曰湟水。」則樂都即湟水，破羌在湟水之東。嘉慶重修一統志卷二七〇西寧府引府志云「在碾伯縣(即古樂都)東五十里」，正與水經注合。

〔二〇〕後魏武帝改爲金城縣　按隋書地理志上云「後魏曰北金城」，與此異。

〔二一〕精巖　萬本同，庫本作「讀書巖」。按水經河水注作「讀書巖」，太平御覽卷五五引州圖經曰唐術窟「内有物，若似今書卷，因謂之精巖。」

〔二二〕儀鳳二年　「二年」，元和郡縣圖志鄯州同，舊唐書地理志三、新唐書地理志四皆作「三年」。

〔二三〕後督蘭鄯儒淳四州　「四」，底本作「六」，萬本、庫本同。按本文所載實爲四州，舊唐書地理志三作「四」，是也，據改。

〔二四〕元領縣　「元」，底本無，據萬本、庫本及傅校補。

〔二五〕西至鄯州四百九十里　「九十」，萬本、庫本皆作「五」。按元和郡縣圖志卷三九蘭州：「西北至鄯州四百里。」此誤。

〔二六〕東南至渭州四百五里　萬本、庫本皆作「四百」，無「五」字。

〔二七〕西秦　「秦」，底本作「城」，萬本、庫本同，據傅校及元和郡縣圖志卷三九蘭州改。

〔二八〕在郡西南　「郡」，萬本、庫本皆作「縣」。

〔二九〕大小榆谷　「谷」，底本作「中」，萬本、庫本同，據嘉慶重修一統志卷二五三蘭州府引本書及後漢書西羌傳改。

〔三〇〕昔梁暉者後周之將至其上榆木成林　按水經河水注：「耆舊言：梁暉，字始娥，漢大將軍梁冀後，冀誅，入羌。後其祖父爲羌所推爲渠帥，而居此城。土荒民亂，暉將移居枹罕，出頓此山，爲羣羌圍迫，無水。暉以所執榆鞭豎地，以青羊祈山，神泉湧山，榆木成林。」則此云梁暉後周之將，誠可疑，然後漢書卷三四梁冀傳載：「諸梁及孫氏中外宗親送詔獄，無長少皆棄市。」梁冀無後，水經注云暉爲冀後亦不可信。此乃傳聞之事。

太平寰宇記卷之一百五十二

隴右道三

涼州　甘州廢　肅州廢

涼州

涼州，武威郡。今理姑臧縣。古雍州之域。即西戎之地。禹貢謂：「析支、渠搜，西戎即敘。」析支在大宛之北，即今郡也。六國至秦爲月氏居焉。秦併天下，西北雄有隴西、北地二郡。漢初爲匈奴右地，以屬涼州部。至武帝開西邊，始置天水、武都、武威、張掖、酒泉、安定、燉煌七郡，多以關中報冤悖逆無賴之人徙于彼以實之。改雍州曰涼州，而三輔悉屬司隸。昭帝更置金城郡。按釋名云：「西方寒涼，或謂河西土田亦薄，〔一〕故曰涼。」亦云武帝以其地爲昆邪王五屬國，至宣帝以張掖、酒泉、燉煌、武威、金城謂之河西五郡，以斷匈奴右臂。故地理志云：燉煌廣至縣，〔二〕「宜禾都尉理崑崙障」。按崑崙障，即古謂崑崙戎地也。又西羌者，自賜支以西，賓河首左右，居今河關西，可千餘里，有河曲羌，〔三〕謂之賜支，即古析支也。又漢書，〔四〕涼州之天水曰漢陽。涼州部，「郡國十二，縣、道、候官九十八」，刺史理漢陽之隴縣。至獻帝，以此地數有亂，河西五郡去州隔遠，自求立州。興平元年分涼州河西四郡爲雍州，所謂建安十八年正月復禹貢九州是也。又云自建武初大擾，而河西獨安，姑臧稱爲富邑，以通羌胡故也。晉惠帝末，張軌求爲涼州刺史，于是大城此地，爲一會府以據之，號前涼。後苻秦末，呂光破涼州刺史梁熙，復爲後涼，都于此郡。北涼沮渠蒙遜亦都于此，至茂虔爲後魏所滅，後魏立爲武威郡。隋初爲州，煬帝初復爲郡。唐武德二年平李軌，復置涼州總管府，管涼、甘、瓜、肅四州，涼州領姑臧、昌松、番和三縣；〔五〕三年又置神烏縣；七年又改爲都督府，督涼、肅、甘、沙、瓜、伊、芳、文八州。貞觀元年廢神烏縣。總章元年復置。咸亨元年升爲大都督府，督涼、甘、肅、伊、瓜、沙、雄七州。上元二年爲中都督府。景雲二年，賀拔延嗣除涼州都督，〔六〕充河西節度使，自此上郡有節度之號。天寶元年改爲武威郡，督涼、甘、肅三州。乾元元年復爲涼州。按劉昞燉煌實録云：「晉安帝隆安元年五月，涼州牧李暠微服出城，逢一虎在道邊，因化爲人，遥呼暠爲西涼君。暠因彎弧待之，又遥呼暠曰：『汝無疑也。』暠知其異，乃投弓于地。虎又仍前謂暠曰：『燉煌空虚，不是福地，君之子孫，王于西涼，不如遷徙酒泉。』言訖乃失。未幾，暠乃移都酒泉，建國號曰西涼，王七級城，即郡城也。内有沮渠蒙遜所造七級木浮圖，故城因是而名之。」

元領縣六：〔七〕姑臧，神烏，昌松，番和，武威，嘉麟。

州境：東西四百里。南北八百三十里。

四至八到：東南至東京三千二百九十里。東南至西京二千八百七十里。東南至長安取秦州關路一千八百里。東南至會州烏蘭關四百里，從關東南至州一百二十里。〔八〕南至鄯州浩亹河二百六十里。西至甘州五百里。北至突厥界安蓋泉五百八十里。東南至蘭州五百四十里。〔九〕正南微西至鄯州五百八十里。西南至甘州張掖縣界陳北烽三百七十里。東北至會州烏蘭縣界白鹿烽三百五十里。西北至甘州六十里。〔一〇〕

户：唐天寶户三萬二千四百六十二。〔一一〕

風俗：州之分野，上應白虎之宿，金氣堅剛，人事慷慨。

姓氏：平西郡二姓：申屠、曹。武陵郡六姓：〔一二〕賈、陰、索、安、曹、石。

人物：賈詡。字文和，姑臧人，詡有良、平之奇謀，魏爲大中大夫。

土産：野馬皮，龍鬚席，毬，芎藭。

姑臧縣，元十鄉。本漢舊縣也。地理志云：屬武威郡，「南山，谷水所出，北至武威入海，行七百九十里。」王隱晉書云：「此城匈奴所築。」舊名蓋臧城，後人語訛爲姑臧城。

第五山。夏函霜雪，有清泉茂林，懸崖修竹。自古多爲隱士所居，尤多窟室。

姑臧南山，一名雪山。無冬夏，皆積雪，〔一三〕故曰雪山。

青巖山。下有湫甚廣，人觸之立有風雹暴至，如代州之五臺龍池之驗耳。

白亭海。白亭水色潔白，因以爲名，又東有達狄迴海。

五澗谷水，自番和縣界北流入白海。

野豬澤，在今縣北，即書謂「至于豬野」。

靈泉池，在縣南城中。十六國春秋云：張玄靚五年，「有大鳥青白色，舒翼二丈餘，集于靈泉池。」後涼吕光太安三年，宴羣寮于靈泉池，酒酣，語及政理。時刑法峻重，參軍段業進曰：「嚴刑重憲，非明王之義也。」光曰：「商鞅之法至峻，而兼諸侯；吳起之術無親，而荆蠻以霸，何也？」業曰：「秦用苛法，禄祚不永。吳起任酷政，取滅會稽。大王受天明命，方君臨四海，景行堯舜，猶懼有弊，奈何欲以申、商之末法，臨道義之神州，豈此州士女所望于大王哉！」光改容謝之。

七里澗，在縣東七里。

卧龍城，即城異名也。其城檀道濟築土以成之，〔一四〕有若盤龍，城形四方，有頭尾兩翅，一名烏城，一名翅城。

龍夷城，在縣西。即漢戊己校尉所理之地，言在内以統御四方。王莽時，以其城爲西海郡，即此城也。一名宴然城。

休屠城，休音朽，屠音除。即漢休屠王所理之地，漢亦爲縣。

鸇陰城，在縣東。鸇，水名。俗名正陰城，是漢鸇陰縣，〔一五〕今廢城存。

祖厲城，一名馬城。漢立祖厲縣焉。祖音置，厲音賴。

神烏縣，十七鄉。本漢鸞鳥縣地，屬武威郡。後魏平涼中改爲神烏縣。〔一六〕周證聖元年改爲武威縣，〔一七〕取廢武威之額以名之。唐神龍元年復舊爲神烏縣，仍于漢鸞鳥古城置。

昌松縣，東南二百二十里。〔一八〕元六鄉。本漢蒼松縣，屬武威郡。十六國春秋云：「後涼呂光麟嘉四年以郭黁音香。〔一九〕言讖改爲昌松，兼于此立東張掖郡。」至後周廢郡，縣仍舊隸涼州。

金山，在縣南，麗水出焉。

白嶺山，在縣西南。山頂冬夏積雪，望之皓然，乃謂之白嶺山。寒氣異于餘處，深冬人絶行路，鳥飛不下。

烏逆水，一名逆水，今名麗水。源出縣南金山。漢書地理志云：金城郡允吾縣，「烏亭逆水出參街谷，東流至枝陽入湟」。是此水也。

鸞鳥城。前涼張軌時有五色鳥集于此，遂築城以美之。後魏武帝改爲神烏城。〔二〇〕

金吕城，〔二一〕晉將馬隆所築。依于金吕山築之，城因山以立名。其山有鳥，形似雀，見人即以嘴啄石，自圖其形以示人。

魏安城，在縣東。漢撲劗音還。〔二二〕縣，後爲魏安，隋省。

允允音沿。〔二三〕街故城，漢縣，今廢城在今縣東南。城臨麗水，一名麗水城。按其城地勢極險，即沮渠蒙遜增築，以爲防戍之所，迄今尚堅完如新。

番和縣，西一百八十里。元五鄉。漢舊縣，屬張掖郡。番音盤。後魏立張掖郡于此，尋廢。唐咸亨元年于縣置雄州。調露元年廢雄州。天寶三年三月以界内天寶山出醴泉并石花，民取以爲麪，貧者賴之，遂改爲天寶縣，至長慶中仍舊爲番和縣。

南山，一名天山，一名雪山。山闊千餘里，其高稱是，連亘數郡界。美水豐草，尤宜畜牧。故葱嶺以東，無高于此山。亦出赤鹿，足短而形大如牛，肉千斤。

土彌干川，即古今匈奴爲放牧之地。〔二四〕鮮卑語髓爲吐彌干，言此川土肥美如髓，故以名之。

青澗水。周地圖記云「青澗源與五澗水合流」是也。〔二五〕

武威縣，漢縣，地理志屬武威郡。在番和縣西北三百里。〔二六〕後魏以來廢之，唐世時，或立之，廢置不定。

嘉麟縣，西北七十里。今五鄉。唐神龍二年于漢鸞鳥古城置。景龍二年廢。先天二年復置。

甘州 廢

甘州，張掖郡。今理張掖縣。禹貢雍州之域。書謂「導弱水至于合黎。餘波入于流沙」，是此也。六國至秦爲月氏居焉。漢初爲匈奴右地。又西域傳：「月氏本居祁連、燉煌間。」按霍去病傳曰：「濟居延，遂臻小月氏，攻祁連。」即路從此也。故武帝開之，因置張掖郡。後至魏、晉，隸涼州。至沮渠蒙遜始都于此，號爲北涼也。後魏太武平涼，以爲張掖軍，至太和十一年改軍爲郡。大統十二年分涼州，以居張掖之地爲西涼州。廢帝二年更名甘州，〔二七〕因東甘峻山以爲名也。後周又爲張掖郡。隋因之。唐武德二年平李軌，置甘州。天寶元年改爲張掖郡。乾元元年復爲甘州。

元領縣二：張掖，删丹。

州境：東西四百一十六里。南北一千三百七里。

四至八到：東南至東京三千七百八十里。東南至西京三千三百六十里。東南至長安二千五百里。東至涼州五百里。南至大雪山以南吐谷渾分界三百三十里。西至肅州四百二十里。北至張掖河屈曲過同城鎮，至峽口烽總三千七十八里。東南至涼州六百里。西南至肅州福禄縣界赤柳澗三百三十里。西北至肅州福禄縣咸池烽張掖三百五里。東北至涼州番和縣石峽烽三百七十里。

户：唐天寶户六千二百八十四。

風俗：同涼州。

人物：金日磾，字翁叔，匈奴休屠王太子。魏龐淯，字子異，〔二八〕酒泉人。爲西海太守。唐趙彦昭。甘州張掖人也。相中宗。

土産：香子，駞褐，野馬皮，布。

張掖縣，十四鄉。本漢觻音鹿。〔二九〕得縣，屬張掖郡。西河舊事云：「此地本匈奴觻得王所居，因以名縣。」隋置爲張掖縣。

祁連山，在縣西南二百里。東西二百里，南北一百餘里。漢書：「霍去病攻祁連山，得胡首虜三萬餘級。」西河舊事云：「祁連山在張掖、酒泉二郡界之上，有松柏五木，美水茂草。山中冬温夏涼，宜放牧，牛羊充肥，乳酪醲好，夏瀉酪不用器物，刈草著其上不解

散，作酥特好，一斛酪得酥斗餘。又有仙樹，〔三〇〕人行山中，饑渴者食之即飽，不得持去，平居時亦不可見。〔三一〕

臨松山，一名青松山，又名馬蹄山，又云丹嶺山，在縣南一百二十八里。十六國春秋：「晉元嘉元年，張掖臨松山有石如『張掖』字，後『掖』字漸滅，而『張』字分明。又有文曰：『初祚天下，四方安萬年。』後魏太和中置臨松郡，故城在此山下。」吐蕃贊普，即其郡丞異稱也。

故望山。有神，每祀之時，但聞音聲，不覩其形。

甘峻山，一名紺峻山。水經注云：「弱水歷紺峻山南，與張掖河合，即鮮水也。」

合黎水，一名羌谷，鮮水，一名覆袁水，今名副投河，〔三二〕亦名張掖河，南自吐谷渾界流入。禹貢：「導弱水，至于合黎。」孔安國注云：「合黎，水名。在流沙東」，即謂此也。在今州西北二百九十里。禮記王制「自西河至流沙，千里而遥」，即此也。

居延海，在縣東北一千六百里，即古之流沙澤也。

鹽池，周百步許。多少隨人力以自增減。

黑水，出縣界雞山，亦名懸圃。〔三三〕昔娀氏女簡狄浴于玄丘之水，即黑水也。

弱水，東自刪丹縣界流入，在州北二十三里。

大柳谷水。〔三四〕魏氏春秋：「明帝青龍三年，張掖郡刪丹縣金山有玄川溢涌，寶石出焉，〔三五〕有石馬，魏爲晉代之符也。」

袁氏故城，〔三六〕漢縣，廢城在今縣西北。或謂昭武城。

張掖郡城，亦在今縣西北四十里。漢爲郡之所。

遮虜障，漢將路博德之所築。李陵敗，與士衆期至遮虜，即此也。

居延城，漢爲縣，廢城在今縣東北。即本匈奴中地名也，亦曰居延塞。

騂馬戍。傳云：「昔有騂馬二匹，爲匈奴掠去。數載自還。」以其地爲邊防，因此以立戍名也。

千秋城、萬歲城，皆光武將竇融所築，以扼邊夷。

刪丹縣，東一百二十里。〔三七〕元二鄉。本漢舊縣也，屬張掖郡。後漢興平二年分置西郡，以刪丹縣屬焉。晉分刪丹置蘭池、萬歲、仙提三縣。隋煬帝併三縣之地復改立刪丹縣焉。

焉支山，一名刪丹山，東西百餘里，南北二十里。西河舊事云：「焉支山東西百餘里，南北二十里。亦有松柏五木。其水草美茂，宜畜牧，與祁連山同。匈奴失祁連、焉支二山，歌曰：『亡我祁連山，使我六畜不繁息。失我焉支山，使我婦女無顏色。』」

日勒城，漢時爲日勒縣，故城在今縣東南。

肅州 廢

肅州，酒泉郡。今理酒泉縣。禹貢雍州之域，與甘州同。昔月氏之地，爲匈奴所滅，匈奴令休屠、昆邪王守之。漢武時，昆邪以衆來降，以其地爲武威、酒泉郡。酒泉者，蓋城下金泉，味美如醴，故以名之。按郡即羌胡通譯之路，入月氏、大夏，皆由此也。漢以公主妻烏孫王，以分匈奴西方之援。後漢至晉，亦因之不改。前涼張軌、西涼李暠、北涼沮渠蒙遜，並都之。後魏太武平沮渠茂虔，乃以酒泉改爲軍，隸燉煌，後改鎮爲瓜州，復立郡于此。大統十年以酒泉郡屬甘州。隋仁壽二年分甘州福禄縣置肅州，以隸涼州總管府。煬帝初州廢，以其地入張掖郡。唐武德二年分張掖郡復置肅州，八年置都督府，督肅、瓜、沙三州。貞觀元年罷都督府，尋廢玉門縣。天寶元年改爲酒泉郡。乾元元年復爲肅州。河西舊事云：「福禄城，因謝艾所築，城下有金泉，味如酒，故名曰酒泉。」

元領縣三：酒泉，福禄，玉門。

州境：東西五百六十四里。南北五百四十里。

四至八到：東南至東京四千一百八十里。東南至西京三千七百六十里。東南至長安二千九百里。東南至甘州四百二十里。南至吐蕃界二百里。南至雪嶺二百五十里。西至瓜州五百二十六里。北至迴紇界伏谷泉三百里，又至葭蘆泉五百里。東南至甘州界赤柳澗二百里。〔三八〕西南至瓜州界安樂烽三百四十里。西南至瓜州三百四十里。東北至甘州張掖縣鹹池烽二百三十二里。〔三九〕

户：唐天寶户二千二百三十。

風俗：同涼州。

人物：馬訪，酒泉人。爲右將軍。　祈嘉。〔四〇〕字孔賓，酒泉人。夜忽聞窗中有聲呼云：「祈孔賓，隱去來。」

土産：野馬皮，肉蓯蓉，柏脈根。

酒泉縣，六鄉。本漢之福禄縣地，〔四一〕地理志屬酒泉郡。隋仁壽二年又置酒泉縣，〔四二〕以隸郡郭焉。

崑崙山，在縣西南八十里。十六國春秋云：「後魏昭成帝建國十七年，前涼張駿酒泉太守馬岌上言：〔四三〕『酒泉南山，即崑崙之體也。昔周穆王見西王母，〔四四〕樂而忘歸，即謂此山。有石室玉堂，〔四五〕珠璣鏤飾，焕若神宫。删丹西河名曰弱水，禹貢崑崙在臨羌之西，即此明矣。〔四六〕宜立西王母祠，以裨朝廷無疆之福。』駿從之。」

九隴山，在縣南百里。周地圖記云：「昔有神人，坐張掖西方山上，西射酒泉郡西金山之白神，射得九籌，畫此山上，遂成九隴，因以爲名。」

石漆。延壽城中有山，出泉注地，其水肥如牛汁，燃之如油，極明，但不可食。此方人謂「石漆」，得水則愈熾也。

鴻鷺山。穆天子傳云：「天子循黑水，至于璧玉之山。〔四七〕」謂此也。今爲鴻鷺所棲得名。

獨登山。巖石之間出石鹽，其味尤美于海鹽也。

呼蠶水，一名潛水，亦名羌谷水，俗又謂福禄河。西南自吐谷渾界流入。漢書地理志云「呼蠶水出南羌中，東北至會水入羌谷」是也。

會水，一名白亭海，在縣東北三十里。〔四八〕十三州志云：「衆羌之水所會，故曰會水。北有白亭，俗因謂之白亭海也。」

故長城，漢書謂之遮虜障，在縣北。

金城塞。漢平帝時，金城塞外羌獻魚鹽之地，遂得西王母石室，以爲西海郡，路由此塞通也，後爲吐谷渾之國。隋破吐谷渾，又于其地置西海郡。按漢帝嘗置郡，在今州直北一千二百里地是也。

劉師祠，在縣南。師姓劉，字薩訶。沮渠時，西求仙，回至此，死骨化爲珠，血化爲丹，門人因立廟于此。至今人誠心者謁之，往往獲珠丹焉。

福禄縣，東一百里。三鄉。漢福禄縣，屬酒泉郡。今縣即漢樂涫音官。〔四九〕縣地，屬酒泉郡。唐武德二年于樂涫古城置福禄縣，復漢舊名。

崆峒山，在縣東南六十里。史記五帝本紀云「黄帝披山通道，未嘗寧居。東至于海，登丸山，及岱宗，西至于崆峒山」是也。按九州要記云：「涼州，古武威郡有天山，黄帝授金液神丹于此。山近崆峒山，頂有魏太祖埒焉。」〔五〇〕

玉門縣，西二百里。一鄉。本漢舊縣也，屬酒泉郡。十三州志云：「玉門縣置長三百里，〔五一〕石門周匝山間，纔經二十里，衆泉北流入延興海。〔五二〕漢罷玉門關屯，徙其人于此。故曰玉門縣。」唐貞觀中廢。

金山。九州要記云：「山有赤彈木，堪爲漆用。」

玉石障。按十三州志云：「延壽縣在郡西，金山在其東，至玉石障，亦是漢遮虜障也。」

卷一百五十二校勘記

〔一〕或謂河西土田亦薄　底本脱「西」字，「土」作「上」，萬本、庫本同，皆據太平御覽卷一六五引釋名補改。

〔二〕廣至縣　「至」，底本作「置」，萬本同，據庫本及漢書卷二八地理志下、續漢書郡國志五改。

〔三〕河曲羌　「曲」，底本作「西」，據萬本、中大本、庫本及太平御覽卷一六五引續漢書改。

〔四〕漢書　按本書下文「涼州之天水曰漢陽」云云，漢書地理志無，載於續漢書郡國志，故傅校改爲「後漢書」，此脱「後」或「續」字。

〔五〕番和　「和」，漢書地理志下、續漢書郡國志五、晉書卷一四地理志上、隋書卷二九地理志上同，元和郡縣圖志卷四〇、通典卷一七四州郡四、舊唐書卷四〇地理志三、新唐書卷四〇地理志四涼州皆作「禾」。

〔六〕賀拔延嗣除涼州都督　「拔延」，底本作「牧」，萬本、庫本作「枚」，中大本作「拔」。按新唐書卷五〇兵志：「景雲二年以賀拔延嗣爲涼州都督、河西節度使。」此「牧」爲「拔延」之誤脱，據改補。

〔七〕元領縣六　「元」，底本無，據萬本、庫本及傅校補。後甘州、肅州同。

〔八〕從關東南至州一百二十里　「二」，萬本、中大本、庫本皆作「三」，傅校改同，此「二」蓋爲「三」字之誤。

〔九〕東南至蘭州五百四十里　「東」，底本脱，據萬本、庫本、傅校及通典州郡四補。

〔一〇〕西北至甘州六十里　按通典州郡四：武威郡（涼州）「西北到張掖郡（甘州）六百里。」此「十」爲

「百」字之誤。

〔一一〕唐天寶户三萬二千四百六十二　按舊唐書地理志三、新唐書地理志四皆作「二萬二千四百六十二」，此「三萬」蓋爲「二萬」之誤。

〔一二〕武陵郡　按西漢武陵郡治義陵縣，在今湖南溆浦縣南，東漢移治臨沅縣，即今湖南常德市；隋大業、唐天寶至德時武陵郡治即今常德市，皆與此無關，此記涼州武威郡事，疑「武陵」爲「武威」之誤。

〔一三〕皆積雪　「皆」，萬本、庫本皆作「多」，傅校改同。

〔一四〕其城檀道濟築土以成之　按檀道濟爲南朝宋將領，焉能至此築城？晉書卷八六張軌傳：「姑藏城本匈奴築也，「地有龍形，故名卧龍城。」此疑誤。

〔一五〕漢鸇陰縣　「鸇」，萬本、庫本皆作「鶉」。按漢書地理志下作「鶉」，續漢書郡國志五作「鸇」。

〔一六〕後魏平涼中改爲神烏縣　按元和郡縣圖志涼州神烏縣序云：「武德三年又於城内置神烏縣，與姑臧分理，神烏理西，姑臧理東。」新唐書地理志四亦云「武德三年置」，此説恐非。

〔一七〕周證聖元年改爲武威縣　唐會要卷七一州縣改置下同，舊唐書地理志三云「總章元年復於漢武威城置武威縣」，新唐書地理志四亦云「總章元年復置，曰武威」，皆與此異。

〔一八〕東南二百二十里　「二百」，元和郡縣圖志涼州昌松縣作「一百」，蓋此「二」爲「一」字之誤。

〔一九〕音香　萬本、庫本皆無此二字，傅校删，蓋非樂史原文。

〔二〇〕鸞鳥城至後魏武帝改爲神鳥城　按元和郡縣圖志、新唐書地理志四涼州皆載唐武德三年置神烏縣，嘉慶重修一統志卷二六七涼州府云：「寰宇記謂張軌置鸞鳥，後魏改神烏，亦非。」

〔二一〕金呂城　萬本此下有「一名金昌城」五字。按資治通鑑卷一〇四東晉太元元年：前秦符堅遣將苟萇、梁熙伐涼，「張天錫自將餘衆五萬，軍于金昌城。」胡三省注：「金昌城在赤岸西北。」此「呂」蓋爲「昌」字之訛。

〔二二〕音還　、庫本同，萬本於「撲剽」下注「音蒲環」。傅校删「音還」二字。

〔二三〕允音沿　底本錯於下文麗水城下，庫本同，據萬本乙正。

〔二四〕即古今匈奴爲放牧之地　按嘉慶重修一統志涼州府引本書無「今」字，傅校改「今」爲「爲」，恐亦非是，此「今」當屬衍字。

〔二五〕周地圖記云青澗源與五澗水合流是也　按水經注禹貢山水澤地所在：「河水又東北，清澗水入焉，俗亦謂之爲五澗水也。水出姑臧城東，而西北流注馬城河。」此分清澗、五澗爲二水，誤。

〔二六〕在番和縣西北三百里　按水經注禹貢山水澤地所在：武威縣「在姑臧城北三百里」。此云誤。

〔二七〕廢帝二年更名甘州　按周書卷二文帝紀下：廢帝三年正月，「改西涼爲甘州。」則此「二年」應作「三年」。

〔二八〕子異　「異」，底本作「冀」，萬本同，據庫本、傅校及三國志卷一八魏書龐淯傳改。

〔二九〕音鹿　「鹿」，底本作「禄」，據萬本及漢書地理志下顏師古注引孟康曰改。庫本無此二字。

〔三〇〕仙樹　按太平御覽卷五〇引涼州記作「仙人樹」，此疑脱「人」字。

〔三一〕平居時亦不可見　「可」，底本作「能」，據萬本、庫本及太平御覽卷五〇引涼州記改。

〔三二〕覆袁水副授河　「袁」、「授」，史記卷二夏本紀正義引括地志作「表」、「投」。

〔三三〕亦名懸圃　「懸」，太平御覽卷六五引張掖記作「玄」。

〔三四〕大柳谷水　「柳」，底本作「樹」，庫本同，據萬本及太平御覽卷六五引魏氏春秋改。三國志卷三魏書明帝紀裴松之注引漢晉春秋作「大柳谷口」，資治通鑑卷七三魏明帝青龍三年謂「張掖柳谷口水溢涌」。

〔三五〕寶石出焉　「出」，底本脱，庫本同，據太平御覽引魏氏春秋補。萬本作「寶石負圖，立於川西」，按三國志魏書明帝紀裴松之注引魏氏春秋曰：「是歲張掖郡删丹縣金山玄川溢涌，寶石負圖，狀象靈龜，廣一丈六尺，長一丈七尺一寸，圍五丈八寸，立于川西。」蓋據以簡略。

〔三六〕袁氏故城　按漢無「袁氏縣」，漢書地理志下酒泉郡領有表是縣，續漢書郡國志五酒泉郡之表氏縣，即是，續漢書五行志四：光和三年，「酒泉表氏地八十餘動。」三國志卷一八魏書龐淯傳：「酒泉表氏人也。」晉書卷一四地理志上酒泉郡統有表氏縣，皆即此，「袁」爲「表」字之訛。

〔三七〕東一百三十里　「東」，底本作「東北」，「一百」，底本脱，萬本、中大本、庫本同；「三」，萬本、中大本、庫本皆作「二」，傅校改同。按元和郡縣圖志卷四〇甘州删丹縣：「西至州一百二十里。」甘州治張掖縣，即今甘肅張掖市，删丹縣即今山丹縣，在張掖市東一百二十里，此「北」字衍，脱「一百」二字，「三」爲「二」字之誤，據以删補改。

〔三八〕東南至甘州界赤柳澗二百里　「二」，底本作「三」，萬本、庫本皆作「二」，傅校改同，按通典卷一七四州郡四亦作「二」，此「三」蓋爲「二」字之誤，據改。

〔三九〕鹹池烽　「鹹」，底本作「鹽」，據萬本、中大本、庫本及通典州郡四改。

〔四〇〕祈嘉　「祈」，底本作「祁」，萬本、庫本同，據晉書卷九四隱逸傳祈嘉改。下同。

〔四一〕本漢之福禄縣地　「福禄」，漢書地理志下作「禄福」，續漢書郡國志五作「福禄」。三國志卷一八魏書龐淯傳亦作「禄福」。後同。

〔四二〕隋仁壽二年又置酒泉縣　按元和郡縣圖志卷四〇、舊唐書地理志三肅州皆謂義寧元年置酒泉縣，與此異。

〔四三〕馬岌上言　「言」，底本作「書」，據萬本、庫本、傅校及太平御覽卷三八引十六國春秋、晉書卷八六張駿傳改。

〔四四〕昔周穆王見西王母　「見」，底本作「謁」，據萬本、庫本、傅校及太平御覽引十六國春秋、晉書張駿傳改。

〔四五〕有石室玉堂　太平御覽引十六國春秋、晉書張駿傳「有」上皆有「山」字，是。又「玉堂」，晉書張駿傳同，太平御覽引十六國春秋作「王母堂」。

〔四六〕删丹西河名曰弱水禹貢崑崙在臨羌之西即此明矣　按太平御覽引十六國春秋、晉書張駿傳皆無此二十一字。

〔四七〕璧玉之山　「璧」，底本作「碧」，據萬本、庫本、嘉慶重修一統志卷二七八肅州引本書、傳校及太平御覽卷五〇引穆天子傳改。

〔四八〕在縣東北三十里　按元和郡縣圖志肅州載：「白亭海，在酒泉縣東北一百四十里。」此里數恐誤。

〔四九〕音官　萬本、庫本皆無此二字。

〔五〇〕頂有魏太祖埒焉　「埒」，太平御覽卷五〇引九州要記作「馬埒」。此疑脱「馬」字。

〔五一〕玉門縣置長三百里　按嘉慶重修一統志卷二七九安西州引本書無「置」字。

〔五二〕衆泉北流入延興海　「北」、「海」，底本脱，萬本、庫本同，據嘉慶重修一統志安西州引本書補。傳校亦補「北」字。

太平寰宇記卷之一百五十三

隴右道四

沙州　瓜州　伊州

沙州

沙州，燉煌郡。今理燉煌縣。禹貢雍州之域。亦西戎所居，古流沙之地，黑水所經。書所謂「舜竄三苗于三危」，「三危既宅」，即此地。其後子孫爲羌戎，代有其地。左氏傳謂「允姓之戎」是也。昔范宣子數戎子駒支曰：「昔秦人迫逐乃祖吾離于瓜州，蒙荆棘以來歸我先君，我先君惠公有不腆之田，與汝剖分而食之。」即此地也。按十三州志云：「瓜州之戎爲月氏所逐，秦并六國，築長城，西不過臨洮，則秦未有此地。漢武帝後元六年分酒泉之地置燉煌郡，〔一〕徙邊人以實之。」應劭云：「燉，大也；煌，盛也。」故以名之。後魏天興三年，涼武昭王立于燉煌，以子讓爲之郡守。分燉煌之涼興烏澤、晉昌之宜禾三縣置涼興郡焉。昭王五年自燉煌遷于酒泉，後爲北涼所并，其地屬沮渠蒙遜。後魏平北涼，燉煌仍舊不改。〔二〕隋初廢郡，置瓜州。煬帝初廢州，後爲燉煌郡。唐武德三年置瓜州，〔三〕五年改爲西沙州。貞觀七年去「西」字，只爲沙州。天寶元年改爲燉煌郡。乾元元年復爲沙州。自天寶末陷于西戎，至大中五年七月，刺史張義潮遣兄義澤將本道圖經户籍來獻州歸順；〔四〕其年十一月，制除義潮爲檢校吏部尚書，兼金吾大將軍，充歸義軍節度使，河、沙、甘、肅、伊、西等十一州管内觀察處置等使，仍許于京中置邸舍，地當乾位，華夷所交，實一都會之府也。周顯德二年，甘州可汗、沙州節度觀察留後曹元忠，各遣使進方物；其外瓜州團練使仍舊隷沙州，以歸義軍節度觀察留後曹元忠爲節度使，以知瓜州軍事曹元恭爲瓜州團練使，仍各鑄印以賜之，皆旌其來王之意也。

元領縣二：〔五〕燉煌，壽昌。

州境：東西。缺。南北。缺。

四至八到：東南至東京五千二十九里。東南至西京四千六百九里。東南至長安三千八百五十九里。東至瓜州二百八十里。東南至瓜州界三百五十里。南至壽昌廢縣中界五十里，以破石亭爲界去鄯善國一千五百里。南至故南口烽三百五十里，〔六〕烽以南即吐谷渾界。北至故鹹泉戍三百三十六里，與伊州分界。西南至郡廢壽昌縣界二百九十里。〔七〕西北至河倉烽二百四十二里，〔八〕與廢壽昌縣分界。東北至伊州界三百八十六里。

户：唐天寶户四千二百六十。

風俗：與甘、肅州同。人民尤繁昌。

人物：索靖，字幼安，燉煌人，累葉官族，草書絶人，號得張芝肉。爲尚書郎。郭瑀。字元瑜，燉煌人。少有超俗之志，好談論。

土產：黄礬，碁子，名馬，麝香。

燉煌縣，十二鄉。本漢舊縣，屬燉煌郡。後周保定三年改燉煌爲鳴沙縣，以縣界鳴沙山爲名。隋初復爲燉煌縣。

三危山，其山有三峯，故曰三危。俗亦名曰昇雨山。在縣東南二十里。書「竄三苗于三危」，是此山。又云：「導黑水，至于三危，入于南海。」蓋黑水自北而南，經三危，過梁州，入南海。山海經云：「三危之山，青鳥居之。」三青鳥主爲西王母取食者，别自棲息于此山也。又按段國沙州記云：「山有鳥鼠同穴者，鳥如家雀而小白，鼠小黄而無尾。凡同穴之地皆肥沃，壤盡軟熟如人耕，多生黄花紫草。」

鳴沙山，一名沙角山，亦名神沙山，在縣南七里。辛氏三秦記云：「河西有沙角山，峯崿危峻，逾于石山，其沙粒粗黄，〔九〕有如乾糒。音憊。〔一〇〕又山之陽有一泉，名曰沙井，綿歷今古，沙不填之。人欲登峯，必步下入穴，即有鼓角之音，震動人足。」又河西舊事云：「沙州天氣晴朗，即沙鳴，聞于城内。」又云：「人遊沙山，結侶少，或未曾遊，即生怖懼，莫敢前。其沙或隨人足自頓下，經宿却自還山上。」

羊膊山。〔一一〕多巖石，少樹木，甚似魯國南鄒山。山北行三十里，遠眺顧瞻百里，〔一二〕但見山嶺巉巖，無尺木把草。

王母樗蒲山，〔一三〕山有鹽池，在縣西南。

懸泉水，一名神泉，在縣東一百三十里。〔一四〕出龍勒山腹。按涼州異物志云：「漢貳師將軍李廣利伐大宛還，士衆渴乏。廣利乃引佩刀刺山，飛泉湧出，三軍賴此以獲濟。」今有祠甚嚴，郡侯歲謁。

渥洼水。漢元鼎中，南陽新野人暴利長遭刑，屯田于此水邊。見羣野馬來飲，中有奇者，乃作土人持勒靽立，後馬因玩久之。〔一五〕利長乃用人代土人，收得馬以獻。帝異之，云從水中出，遂作天馬歌。故漢書謂大宛出名馬，亦相近也。

雌黄洲。其土出雌黄、丹砂極妙，因産物以爲名也。

壽昌縣，西南一百五十里。三鄉。本漢龍勒縣地，地理志屬燉煌郡，以縣東南有龍勒山以名縣。後魏正光三年改爲壽昌縣，〔一六〕取縣界壽昌澤爲名。

三隴。河西舊事云：「流沙磧，在玉門關外。有三斷石極大，俗謂三隴。」

白龍堆。按皇甫謐郡國志云：〔一七〕「燉煌正西關外，有白龍堆。」

北塞山。河西舊事云：「漢武帝遣貳師將軍伐大宛，得天馬。馬感西風思歸，遂頓覊絆，〔一八〕驤首而馳，晨發京城，食時至燉煌北塞山下，嘶鳴而去。因名此處爲候馬亭。」今晉昌及大武馬蹄谷石上有馬蹄踐之跡猶存。

玉門故關，〔一九〕在縣西北一百一十八里。昔匈奴冒頓質于月氏亡歸，乃射殺其父頭曼，舉兵西擊走月氏。後爲霍去病所破，因開玉門關，通西道七十餘國。漢地理志云：「龍勒縣有玉門關，都尉治。」西域傳云：「東則接漢，阨以玉門、陽關。」又後漢班超上書：「願生入玉門關。」是此處。

壽昌澤，在邑界，因名之。

陽關，在縣西六里。以居玉門關南，故曰陽關。關之西三百餘里，有蒲昌海，一名鹽澤，廣袤三百餘里，即葱嶺、于闐兩河之所注。

瓜州

瓜州，晉昌郡。今理晉昌縣。禹貢雍州之域。古西戎地。戰國時爲烏孫、月氏居焉。漢初爲匈奴右地，武帝拓開邊封，立爲燉煌郡，後又爲武威、酒泉二郡之地。歷漢至魏亦然。晉惠帝始分置晉昌郡，領冥安等八縣。至苻堅時，徙江漢流人萬餘户于燉煌，又徙中州不闢田疇民七千餘户于此。至涼武昭王遂以南人置會稽郡，以中州人置廣夏郡。至後周初併之，復爲晉昌郡。至武帝改晉昌爲永興郡。隋初罷郡，立瓜州。煬帝初廢之，以其地并入燉煌。至唐武德五年復立爲瓜州，按其地出美瓜，故曰瓜州。今猶有大瓜，長者，狐入其中，食之，不見首尾。仍置總管府，管西沙、肅三州，〔二〇〕八年罷都督府。貞觀中復爲都督府。天寶元年改爲晉昌郡。乾元元年復爲瓜州。

元領縣二：晉昌，常樂。

州境：東西三百九十三里。南北六百八十四里。

四至八到：東南至東京四千七百二十六里。東南至西京四千三百六十里。東南至長安三千三百八十四里。東南至肅州界三百四十里。東北至酒泉郡界三百四十里。南至新鄉鎮一百八十里。南至大雪山二百三十里。西至沙州二百八十里。西南至沙州界一百六

十里。北至豹門守捉四百五十里。西至伊州界吐蕃魯兒山四百五十里。西北至伊州九百里。〔二一〕

户：唐天寶户四百七十七，至長慶一千二百。

風俗：同涼州。

人物：張煥。字然明，燉煌人。

土產：野馬皮，草鼓子。

晉昌縣，二鄉。本漢冥安縣，地理志屬燉煌郡。冥，水名也。晉置晉昌郡及冥安縣。隋初改爲常樂縣。唐武德四年又改爲晉昌縣。〔二二〕

籍端水，一名冥水。地理志云冥安縣，「南籍端水出南羌中，西北入冥澤」是也。

白水，有崑崙障在其陽。

宜禾故城，漢宜禾都尉所居，城在縣西北界。乃後魏明帝正光元年僑立會稽郡于此。

伊吾故城，今在縣北。

常樂縣，西百十五里。〔二三〕二鄉。本漢廣至縣地，屬燉煌郡。魏分廣至置宜禾縣。十六國春秋云：「涼武昭王元年分燉煌之涼興烏澤、晉昌之宜禾三縣置涼興郡。」隋廢，于三危山東置常樂鎮。唐武德五年改鎮爲常樂縣也。

漢廣至故城，在縣西北。恒以大石棧之，稍開即有風暴至傷人。〔二四〕

伊州

伊州，伊吾郡。今理伊吾縣。本漢伊吾盧地，漢書謂鐵勒國也，在燉煌之北，大磧之外，非九州之域。西域傳云：〔二五〕「伊吾盧者，蓋夷狄舊號，秦亦未有其地。至漢宣帝時，鄭吉爲都護南、北道，居烏壘城，即此也。至元帝置戊己校尉。〔二六〕雖不立州郡，其地蓋統屬焉。永平十六年，明帝將北征，取此地，置宜禾都尉以屯田。建初二年復罷屯田，匈奴遂遣兵守此地。至永元元年，大將軍竇憲大破匈奴；〔二七〕三年，班超遂定西域。及孝和晏駕，西域又叛。延光二年以班勇爲西域長史。順帝永建六年以伊吾舊膏腴之地，〔二八〕傍近西域，匈奴資之，以爲抄暴，復令開設屯田如永元故事，置伊吾司馬一人。」後魏及周爲鄯善人居之。隋遣兵鎮焉，遂于舊城東築城，立爲伊吾郡。隋末，亡入西域，爲雜胡居之。唐貞觀四年，慕化納款，因置西伊州；六年除去「西」字，爲伊州。天寶元年改爲伊吾郡。乾元元年復爲伊州。

元領縣三：〔二九〕伊吾，納職，柔遠。

州境：東西一千一十五里。南北四百九十里。

四至八到：東南至東京五千五百七十里。東南至西京五千一百五十里。東南至長安三千三百里。東南至沙州沙磧，無行路馬道，至瓜州郡界不知遠近。西南入沙州沙磧，無道路。正南微東取稍竿館路至沙州七百里。西南至西州七百五十里。東北至折羅漫山三百四十里，〔三〇〕其山北有大川入回紇界，馬行三十日無里數。西北至折羅漫山一百四十六里，其山北有大川連大磧，入金山歌羅禄住處。北至伊吾軍三百里即北戎界。

户：唐天寶户三千四百六十七。〔三一〕

風俗：同甘、肅州。

人物：無。

土産：胡桐律，陰牙角。

伊吾縣，四鄉。後漢置伊吾屯，至後魏改爲縣。隋末爲戎所據。唐貞觀四年歸款，立州于此，復置縣。

烏壘城，東去陽關二千七百三十里。

伊吾盧，南去玉門關八百里，即匈奴地名。

交河城，漢武帝時築。

天山，一名白山，今名折羅漫山，在縣北一百二十里。西河舊事云：「天山最高，冬夏長雪，〔三二〕故曰白山。山中有好木鐵。匈奴謂之天山，過之皆下馬拜。在蒲類海東一百里，即漢貳師擊右賢王處。」山海經曰：「天山多金玉，有青雄黄。英水出焉，而西南流注于湯谷。有神鳥，狀如黄囊，赤如丹火，六足四翼，渾沌無面目，是識歌舞，實惟帝江。」

納職縣，西南一百二十里。元三鄉。唐貞觀四年置縣，城即舊鄯胡所築，〔三三〕因置納職縣。

俱密山，在縣西南。〔三四〕

伊吾故城。後漢書云：「破匈奴呼衍王，取其地置屯田，爲宜禾都尉理所。」在今納職縣界伊吾故城也。

柔遠縣，東南二百四十里。元十鄉。唐貞觀四年置，因縣東有隋柔遠故鎮，以名焉。

柳谷水，南流入莫賀延磧。

沙磧。自縣之西皆沙磧，磧内時聞笑語歌哭之聲，審之即不見人物，蓋鬼類也。

卷一百五十三校勘記

〔一〕漢武帝後元六年分酒泉之地置燉煌郡　按後元僅二年，無「六年」。漢書卷二八地理志下：敦煌郡，「武帝後元年分酒泉置。」謂在後元元年置。漢書卷六武帝紀：元鼎六年，「分武威、酒泉地置張掖、敦煌郡。」沙州都督府圖經引漢書曰：「武帝元鼎六年，將軍趙破奴出令居，析酒泉置敦煌郡。」則敦煌郡置於元鼎六年，漢志及此云皆誤。

〔二〕燉煌仍舊不改　「燉煌」，底本脱，據萬本、庫本補。隋書卷二九地理志上：敦煌郡敦煌縣，舊置敦煌郡，「開皇初郡廢」是也。

〔三〕唐武德三年置瓜州　「三年」，元和郡縣圖志卷四〇、舊唐書卷四〇地理志三沙州總序皆作「二年」。

〔四〕義澤　「澤」，底本作「譚」，庫本同，萬本作「渭」，據舊唐書卷一八下宣宗紀、資治通鑑卷二四九唐大中五年及胡三省注改。

〔五〕元領縣二　「元」，底本無，據萬本、庫本及傅校補。後瓜州同。

〔六〕南至故南口烽三百五十里　「三」，通典卷一七四州郡四作「二」。

〔七〕西南至郡廢壽昌縣界二百九十里　「二」，通典州郡四作「三」。

〔八〕河倉烽　「倉」，萬本、庫本作「蒼」，同通典州郡四。按「倉」、「蒼」字通。

〔九〕其沙粒粗黃　底本脱「粒」字，「粗」下衍「麗色」二字，據萬本、庫本、嘉慶重修一統志卷二七九安西州引本書補改。太平御覽卷五〇引三秦記作「其沙粒粗」。

〔一〇〕音憊　萬本、庫本、嘉慶重修一統志安西州引本書皆無此二字，蓋非樂史原文。

〔一一〕羊膊山　原校：「按太平御覽載段國沙州記作『羊鶻山』，未知孰是。」

〔一二〕山北行三十里遠眺顧瞻百里　「山」，太平御覽卷五〇引段國沙州記作「傍山」，疑此脱「傍」字。「顧」，底本作「觀」，據萬本、庫本、傅校及太平御覽引段國沙州記改。

〔一三〕王母樗蒲山　按太平御覽卷五〇作「西王母樗蒲山」，引十六國春秋、段國沙州記同，疑此脱「西」字。

〔一四〕在縣東一百三十里　「東」，底本脱，據萬本、庫本及元和郡縣圖志沙州補。

〔一五〕後馬因玩久之　傅校「玩」下補「習」字，同史記卷二四樂書集解、漢書卷六武帝紀顔師古注引李斐説。

〔一六〕後魏正光三年改爲壽昌縣　舊唐書地理志三亦云「後魏改爲壽昌縣」。考隋書卷二九地理志上載，後周併龍勒等六縣爲鳴沙縣，元和郡縣圖志沙州壽昌縣序云「周武帝省龍勒縣入鳴沙縣，隋大業十一年於城内置龍勒府，武德二年改置壽昌。」則漢龍勒縣，北魏未曾改爲壽昌縣。輿地廣記卷一七沙州云北魏於龍勒縣「立壽昌郡，後周郡縣皆廢入敦煌」，則北魏非改縣名，此「縣」乃「郡」字之訛。

〔一七〕郡國志　「志」，萬本、庫本皆作「記」，傅校改同。

〔一八〕得天馬馬感西風思歸遂頓羈絆　萬本「天馬」下有「三匹」二字，庫本作「三二」；萬本、庫本「頓」下皆有「裂」字，此蓋皆脱。

〔一九〕玉門故關　「故」，底本脱，據萬本、庫本、傅校及通典州郡四、元和郡縣圖志沙州補。

〔二〇〕管西沙肅三州　按新舊唐書合鈔卷五九地理志「管」下有「瓜」字，此蓋脱。

〔二一〕西北至伊州九百里　「九」，通典州郡四作「五」。

〔二二〕唐武德四年又改爲晉昌縣　「四年」，新唐書卷四〇地理志四同，元和郡縣圖志卷四〇、舊唐書卷四〇地理志三瓜州皆作「七年」。

〔二三〕西百十五里　「西」，底本脱，萬本、庫本同，按元和郡縣圖志瓜州常樂縣：「東至州一百一十五里。」本書記縣位址以在州的某方而言，此當脱「西」字，據補。

〔二四〕稍開即有風暴至傷人　底本「風暴」下衍「便」字，據萬本、庫本、嘉慶重修一統志安西州引本書删。

〔二五〕西域傳　按下文「伊吾盧者，蓋夷狄舊號，秦亦未有其地」，「雖不立州郡，其地蓋統屬焉」云云，皆不載於漢書西域傳、後漢書西域傳，蓋樂史雜取它書，或以己見言之耳。

〔二六〕至元帝置戊己校尉　「元帝」，底本作「九年」，萬本同，據庫本及漢書卷九六西域傳上改。後漢書卷八八西域傳亦云「元帝又置戊己二校尉」。

〔二七〕竇憲　「憲」，底本作「嬰」，萬本、庫本同，據後漢書西域傳、後漢書卷二三竇憲傳改。

〔二八〕順帝永建六年　「永建」，底本作「建元」，萬本、庫本同。按東漢順帝無「建元」年號，據後漢書西域傳改。

〔二九〕元領縣三　「元」，底本無，據萬本、庫本補。

〔三〇〕折羅漫山　「折」，底本作「時」，萬本、庫本同，據通典州郡四、元和郡縣圖志卷四〇、輿地廣記卷一七伊州及本書後文改。下同。

〔三一〕唐天寶户三千四百六十七　「三」，舊唐書地理志三、新唐書地理志四皆作「二」。

〔三二〕冬夏長雪　「長」，底本作「常」，據萬本、庫本及太平御覽卷五〇引西河舊事改。

〔三三〕鄯胡　舊唐書地理志三作「鄯善胡」，宜有「善」字。

〔三四〕在縣西南　按元和郡縣圖志伊州謂在「納職縣北一百四十里」，與此異。

太平寰宇記卷之一百五十四

隴右道五

河州　階州　洮州

河州

河州，安鄉郡。〔一〕今理枹罕縣。亦雍州之域。古西羌地。禹貢「導河積石」，山在金城西南之所經，秦爲隴西郡地。漢武帝分隴西置天水、張掖二郡。昭帝立金城郡，今州即金城郡之枹罕縣也。元屬涼州部，至漢靈帝時，隴西宋建據此，自稱河首平漢王，聚衆枹罕，改元，置百官，三十餘年。魏夏侯淵討平之。晉元康中立枹罕護軍，秩二千石，居之狄道縣。張駿二十一年以州界遼遠，分晉興等六郡置河州，即今州是也。西秦乞伏乾歸又據于此。後魏亦爲河州。後周置枹罕郡。隋文帝廢郡，復爲河州。至煬帝廢州，又爲郡。唐武德二年平李軌，置河州，領枹罕、大夏二縣。貞觀元年廢大夏；五年復置；十年省米州，置米川縣，來屬；十一年廢烏州，以其城置安鄉縣，來屬。天寶元年改爲安鄉郡。乾元元年復爲河州。

元領縣三：〔二〕枹罕，大夏，鳳林。

州境：東西二百二十八里。南北三百七里。

四至八到：東南至東京二千七百四十里。〔三〕東南至西京二千三百二十里。東南至長安一千四百六十里。東南至蘭州狄道縣一百四十八里。東至蘭州三百里。東北至蘭州三百里。南至洮州三百一十七里。西至廓州三百九十里。西南至洮州三百一十七里。〔四〕北至鄯州三百里。〔五〕西北至鄯州龍支縣一百八十六里。

户：唐天寶户五千七百八十二。

風俗：同洮州。

人物：無。

土産：同洮州。

枹罕縣，八鄉。本漢舊縣，屬金城郡。按周地記云：「枹罕，即故罕羌侯邑也。枹音浮。」後魏至唐，州皆治于此。

積石山，一名唐述山，〔六〕今名小積石山，在縣西北七十里。禹貢曰：「浮于積石，至于龍門西河。」西域傳曰：「河東注蒲昌海。潛行地下，南出于積石，爲中國河。」續漢書郡國志：隴西河關縣，「積石山西南，〔七〕河水出焉。」

大河源。西河舊事云：「葱嶺在燉煌西八千里，其山高大，上悉生葱，故名葱嶺。河潛發其嶺，分爲二水。」涼州異物志云：「葱嶺水分東西，西入大海，東爲河源。」張騫使大宛而窮河源，謂極于此，不達崑崙也。

灘水。漢書地理志云：金城白石縣，「灘水出西塞外，東至枹罕入河。」

榆城溪、烏頭川，皆在郡東。〔八〕

大夏縣，東南七十里。元四鄉。本漢舊縣，屬隴西郡。十六國春秋：「張駿十八年分武始、晉興、廣武置大夏郡及縣，取縣西大夏水爲名。」

金劍山，在縣西二十里。亦有金劍故城，一號金柳城，即前涼曾爲金劍縣于其中。

大夏水，一名白水，出縣西南大谷中。〔九〕

鳳林縣，西南八十里。元九鄉。本漢白石縣地，屬金城郡，前涼張駿八年改白石爲永固縣。〔一〇〕唐貞觀十年分河州于此置烏州，〔一一〕十一年廢烏州，置安鄉縣，屬河州。天寶元年改爲鳳林縣。

鳳林關，在黄河側。

石門山。酈道元注水經云：「灕水又東北逕石門口，山高險絶，對崖如門，峽故得名，〔二〕疑即臯蘭山門也。」漢武元狩三年，驃騎將軍霍去病出隴西，至臯蘭。今是山去河不遠，應謂此。

階州

階州，武都郡。舊理將利縣，今理福津縣。土地所屬與成州同，亦白馬氐之地。漢書西南夷傳曰：「漢誅且蘭、邛君，并殺莋侯，冉駹皆震恐，請臣置吏。以廣漢西白馬爲武都郡。」後漢因之。魏黄初中徙武都于美陽，在今京兆好畤界武都故城是也，其時以故地爲武都西部都尉理。蜀建興七年，諸葛武侯遣陳戒攻武都、陰平二郡，〔三〕始入蜀。後屬晉，復爲郡。至愍帝末，劉曜入長安，氐羌相率降伏。其後有氐豪茂搜、勇健爲羣氐所推，王于武都之地。自茂搜之玄孫盛立，乃分諸氐羌爲二十部護軍，各爲鎮戍，不置郡縣。至子難當，爲宋所滅。其後楊氏苗裔復擁衆據武都之仇池山。至後魏又平之，因築城于仙陵山東置武都鎮。後入西魏，始改置武州。後周又爲武都郡。隋初廢郡，大業初復爲郡。唐武德元年置武州，領將利、建威、覆津、盤堤四縣。貞觀元年省建威入將利。天寶元年改爲武都郡。乾元元年復爲武州。大曆二年亦同秦州陷入吐蕃。至大中三年收蕭關，至五年七月復立武州，即今州是也。景福元年改爲階州。後唐長興三年移就故武州爲理。晉末，契丹猾夏，秦、成、階三州叛入蜀，周顯德二年，階州歸順。

元領縣三。今二：福津，將利。一縣廢：盤堤。陷吐蕃。

州境：東西四百八十里。南北三百二十里。

四至八到：東北至東京二千四百八十里。東北至西京二千六十里。〔一四〕東北至長安一千二百里。東至成州三百里。南至文州二百四十里。西至蕃界二百里。東南至興州四百三十里。北至秦州五百六十里。西南至符州蕃界三百五十里。東北亦連接秦州、成州界三百里。西北亦連至蕃界一百八十里。

户：唐天寶户二千九百二十三。皇朝户主一千六十九，〔一五〕客四千六百二十。

風俗：文王爲西伯，理化西羌。文王薨後，羌人感文王之化，婦人爲孝髽角，至今不泯。

人物：無。

土産：蜜，舊貢。麝香，馬，今貢。出花椒，大黄，巴戟，石鹽，水銀，碌礬，狨皮。

福津縣，舊四鄉，今三鄉。本漢河池縣地，在後魏爲武階郡。按魏志：「大統五年于今縣東北三十里故萬郡城置覆津縣，屬武階郡。」隋廢武階郡，縣屬武都郡。自唐景福元年再置縣，改爲福字。〔一六〕後唐長興三年移州于此。

白江水。從西蕃界東流到州，流入文州，合嘉陵江。

將利縣，東二百十里。元六鄉。本漢之氐、羌地，〔一七〕漢置武都郡并縣。後魏平仇池羌屬，因改武都爲石門縣。周閔帝元年改爲將利縣。舊爲州理，今爲外邑。

沮水。按郡國志云「武都沮水之西，有角弩谷」，即蜀將姜維勦五部氐、羌之所。

天池大澤，在郡西。〔一八〕

紫水。隴右記云：「武都紫水有泥，其色赤紫，而粘貢之封璽書，故詔誥有紫泥之美。」

廢盤堤縣，在州南一百三十五里，亦漢河池縣地，〔一九〕後魏廢帝前二年于此置武陽郡，領盤堤縣。後恭帝元年于今縣東南一百四十二里移盤堤縣于故城以置縣，〔二〇〕因山名也。自武州陷後廢。

盤堤山，在縣西。

洮州

洮州，臨洮郡。今理臨潭縣。禹貢雍州之域，謂「西傾、朱圉、鳥鼠」。山在今州西南吐谷渾之界内。

秦、漢及魏、晉，皆諸羌所居，後又爲吐谷渾侵據其地。後周明帝元年逐吐谷渾，始得其地，因置洮陽防，武帝保定初立爲洮州。其郡城本名洮陽城，在洮水之北，乃吐谷渾所築。南臨洮水，極險。今謂之洪和城是也。〔二〕隋初州如故，至煬帝廢州爲郡。唐武德二年置洮州。貞觀四年移州治于洪和城，〔三〕後復移還洮陽城，今州治也。永徽元年置都督府。開元十七年廢併入岷州，臨潭縣置臨州，二十七年又改爲洮州。天寶元年改爲臨洮郡，管密恭縣，党項部落也，寄治州界。乾元元年復爲洮州。後唐長興四年升爲保順軍節度使。

元領縣二：臨潭，美相。

州境：東西五百五十里，南北二百二十里。

四至八到：東至東京二千八百一十六里。東至西京二千三百九十六里。東至長安一千五百六里。東至岷州一百七十六里。南至疊州一百七十九里。西至黄河六百里。北至河州三百一十七里。西至野，更無郡縣。東南至吐谷渾界。西北至千旭戍界一百八十里。東北至河州三百一十七里。

户：按十道録云：「開元已前未計户口，長慶户二千八百，口一萬五千。」

風俗：同岷州。

人物：董卓，隴西臨洮人。唐李晟。隴右臨洮人。〔二三〕封西平郡王。德宗朝以隴右未復，請附貫萬年縣。

土産：同岷州。

臨潭縣，七鄉。本吐谷渾之鎮，謂之洪和城。後周改爲美相縣，屬洮州。唐貞觀四年移洮州理于此；五年置臨潭縣，屬旭州；八年廢旭州，縣來屬；其年復移還洮陽城，今州治也。仍于舊洪和城置美相縣，隸洮州。天寶中廢美相併入。

崆峒山，亦經郡界。爾雅謂「崆峒之人武」。

洮水，源出西傾山，亦曰强臺山，在縣西南三百三十六里，〔二四〕即吐谷渾界。漢書地理志云：「洮水出西羌中，北至枹罕東入河。」又沙州記云：「洮水與墊江水俱出强臺山，山南即墊江源，山東則洮水源也。」

柏水，亦是吐谷渾界流經是邑。〔二五〕

秦長城。史記云：「東至碣石。〔二六〕西至臨洮」是也。

嗚鶴城、鎮念城、三足城，皆吐谷渾昔有此地時所築，今屬郡地。

美相縣，東七十里。一鄉。本後周之洪和郡也。周明帝武成元年置洪和郡并當夷縣，以郡屬岷州。武帝時，郡省，以縣屬同和郡。

卷一百五十四校勘記

〔一〕河州安鄉郡　底本上列卷目河州下有「廢」字，下稱「廢河州」，萬本、庫本均無二「廢」字，宋版目録同，據删。又「安鄉郡」，萬本、中大本、庫本皆作「安樂郡」。按通典卷一七四州郡四、舊唐書卷四〇地理志三作「安鄉郡」，元和郡縣圖志卷三九河州作「安樂」，新唐書卷四〇地理志四作「安昌郡」，諸書各異。

〔二〕元領縣三　「元」，底本無，據萬本、庫本及傅校補。後洮州同。

〔三〕東南至東京二千七百四十里　「七」、「四」，萬本、庫本皆作「四」、「七」。

〔四〕西南至洮州三百一十七里　萬本、庫本皆無此文。按河州治枹罕縣，即今臨夏市，洮州治臨潭縣，即今臨潭縣，位于河州之南，本書上文載：「南至洮州三百一十七里」，是也，此一七字蓋衍。

〔五〕北至鄯州三百里　萬本、庫本皆無此文。按鄯州治湟水縣，即今樂都縣，位于河州西北，元和郡縣圖志河州：「西北至鄯州三百里。」此「北」上脱「西」字。

〔六〕唐述山　「述」，底本作「石」，庫本同，據萬本及水經河水注、元和郡縣圖志河州改。

〔七〕積石山西南　按續漢書郡國志五河關縣云「積石山在西南」，宜有「在」字。

〔八〕皆在郡東　萬本、庫本皆作「皆在邑界」，與此異。

〔九〕出縣西南大谷中　「大」，庫本同，萬本、嘉慶重修一統志卷二五二蘭州府引本書皆作「山」。

〔一〇〕前涼張駿八年改白石爲永固縣　按晉書卷一四地理志上云：永寧中，張軌爲涼州刺史，分西平置晉興郡，統晉興、枹罕、永固等縣。則早在張軌時已有永固縣，非張駿改置也。

〔一一〕唐貞觀十年分河州于此置烏州　按舊唐書地理志三云：「貞觀七年廢永固縣，置烏州。」新唐書地理志四亦云貞觀七年置烏州，輿地廣記卷一六河州同，此「十年」疑爲「七年」之誤。

〔一二〕對崖如門峽故得名　按水經河水注作「對岸若門，故峽得厥名矣」，此「崖」宜作「岸」，「峽故」疑爲「故峽」之倒誤。

〔一三〕陳戒　資治通鑑卷七一魏太和三年同，三國志卷三三蜀書後主傳作「陳式」。

〔一四〕東北至西京二千六十里　「十」，萬本、庫本皆作「百」。

〔一五〕皇朝户主一千六十九　「六十九」，萬本、庫本皆作「六百九十」。

〔一六〕唐景福元年再置縣改爲福字　「景」，底本作「天」，萬本同，庫本作「景」。按唐無「天福」年號，新唐書地理志四福津縣：「本覆津，景福元年更名。」輿地廣記卷一六階州同，此「天」爲「景」字之誤，據改。

〔一七〕本漢之氐羌地　「氐」，底本脱，據萬本、庫本補。本書階州總序云：「亦白馬氐之地」，是也。

〔一八〕在郡西　底本「在」上衍「皆」字，據萬本、庫本删無。按漢書卷二八地理志下武都郡武都縣：

「天池大澤在縣西。」是也。

〔一九〕亦漢河池縣地　底本「漢」上衍「後」字，「河池」下脱「縣」，據萬本、庫本删補，漢書地理志下武都郡領有河池縣是也。

〔二〇〕後恭帝元年于今縣東南一百四十二里移盤堤縣于故城以置縣　「城」，萬本、庫本同，嘉慶重修一統志卷二七七階州引本書作「郡」。按本書上文云「廢帝前二年于此置武陽郡」，所謂「故郡」，即指武陽郡，則作「郡」是。

〔二一〕其郡城本名洮陽城至今謂之洪和城是也　按水經河水注：「洮水又東北流，逕洮陽曾城北。沙州記曰：强城東北三百里有曾城，城臨洮水者也。……洮水又東逕洪和山南，城在四山中。」通典州郡四臨洮郡洮州：「郡城本名洮陽，城臨洮水。」則洮陽、洪和爲二城，洮州城本是洮陽城，此誤二城爲一城。

〔二二〕貞觀四年　「四年」，萬本、中大本、庫本作「五年」，傅校改同。按元和郡縣圖志卷三九、新唐書地理志四洮州作「四年」，舊唐書地理志三作「五年」。

〔二三〕隴右臨洮人　舊唐書卷一三三李晟傳同，新唐書卷一五四李晟傳作「洮州臨潭人」。

〔二四〕在縣西南三百三十六里　「三百」，底本作「二百」，萬本、庫本同，據傅校及史記卷二夏本紀正義引括地志改。元和郡縣圖志洮州亦云洮水出臨潭縣西南三百里强臺山。

〔二五〕亦是吐谷渾界流經是邑　「亦是」，萬本、中大本、庫本皆作「亦自」，當是。「是邑」，萬本、庫本皆作「邑內」。

〔二六〕東至碣石　底本「東」下衍「南」字，據萬本、庫本删。

太平寰宇記卷之一百五十五

隴右道六

岷州　廓州　疊州　宕州已上皆廢

岷州

岷州，和政郡。〔一〕今理溢樂縣。禹貢雍州之域。六國時爲秦地，至始皇初置三十六郡，此即隴西郡之臨洮縣地。按秦築長城起臨洮郡，〔二〕長城今州西二十里，起崆峒山，自山傍洮水而東，是知秦之臨洮在此矣。秦末至漢、魏、晉並爲隴西郡地，至後魏大統十年于此置同和郡及岷州，〔三〕以南有岷山，因以爲名。隋文帝初廢郡，復爲州。至煬帝初州廢，併其地入臨洮郡。唐武德初復爲岷州，置總管府，管岷、宕、洮、疊、旭五州，七年加督芳州，九年又督文、武、扶三州。貞觀元年督岷、宕、洮、旭四州，六年督橋、意二州，十二年廢都督府。神龍元年廢當夷縣。天寶元年改爲和政郡。乾元元年復爲岷州。

元領縣四：〔四〕溢樂，祐川，和政，當夷。

州境：東西一百六十三里。南北三百六十七里。

四至八到：東北至東京二千六百四十里。東北至西京二千二百二十里。東北至長安一千三百七十八里。東北至渭州二百五十四里。南至宕州良恭縣一百一十三里。〔五〕東至渭州三百里。南至宕州二百五十里。西至洮州一百七十六里。西南至洮州一百七十六里。西北至河州大夏縣三百六十三里。北至蘭州狄道縣五百三十四里。

户：唐天寶户四千三百二十五。

風俗：貴于婦人。

人物：無。

土產：麝香、龍鬚席。

溢樂縣，六鄉。本秦之臨洮縣，漢地理志云屬隴西郡，後魏大統中置同和郡，仍改臨洮縣爲溢樂縣。隋復改爲臨洮。唐武德初改名溢樂，〔六〕神龍元年廢當夷縣入。

岷山，在縣南一里。山黑無樹木，其西有天女神，洮水經其下。即夏禹見長人受黑玉書處。

崆峒山，在縣西二十里。

步和川，羌人謂之天泉。

長城，在縣南一里，蒙恬所築。

祐川縣，東北七十里。元四鄉。本後周基城縣，明帝武成元年置，屬洮城郡。〔七〕唐先天元年改爲祐川縣，避玄宗諱也。

和政縣，東北三十里。〔八〕元四鄉。本後周之洮城郡，保定元年置和政縣。隋初廢郡，縣屬岷州。

金通山，在縣南一里。

索西故城。後漢明帝時，金城、隴西羌反于臨洮，道險，車騎不得方軌，車騎將軍馬防設奇兵破之，因築此城以屯戍軍士。今在縣東，亦名臨洮東城，亦謂之赤城。

當夷縣，周武成元年更修置金通戍，其城即吐谷渾所築。唐貞觀二年置當夷縣于此，縣額尋廢。

廓州

廓州，寧塞郡。今理廣威縣。禹貢雍州之域。自春秋至漢初，亦西羌地。漢宣帝時，諸羌數背叛，使後將軍趙充國屯隴西羈縻之，諸羌不敢動。按後漢段熲傳：「延熹二年，燒當、燒何、當煎、勒姐等八種羌寇隴西、金城塞，熲追討南渡河，大破之。至永康元年，諸羌復反，熲又追擊大破之，西羌于是弭定。」建安中分金城置西平郡，此地即西平南界。前涼以其地爲湟河郡，後又爲羌所陷。按周地圖記云：「湟河郡，後魏太平真君十六年置洮河郡，屬鄯州。」至後周建德五年，西逐吐谷渾，又得河南地，置廓州，取廓清之義爲名。隋開皇初廢郡爲州，至煬帝廢州，以其地屬澆河郡。唐武德二年置廓州。天寶元年改爲寧塞郡。乾元元年復爲廓州。

元領縣三：廣威，達化，米川。

州境：東西三百九十四里。南北四百九十里。

四至八到：東南至東京四千三百二十里。東南至西京三千九百里。東南至長安二千四百一十里。東南至河州鳳林縣二百八十里。東至鄯州龍支縣二百九十里。東北至鄯州龍支縣三百九十里。東至宣威守捉使二百九里。〔九〕西至積石軍一百八十里。西南至積石軍一百六十里。北至鄯州一百八十里。西北至鄯州鄯城縣二百八十里。

户：唐天寶領縣三，户二千二百六十一。〔一〇〕

風俗：同鄯州。

人物：無。

土産：麩金。

廣威縣，二鄉。本後魏之石城縣地，周地圖云：「後魏景明三年置石城縣。廢帝二年因縣内化隆谷改爲化隆縣，屬澆河郡。」唐先天元年改爲化成，避諱故也。天寶初改爲廣威縣。

拔延山。隋大業五年，煬帝西伐吐谷渾經此山校獵，改名搏獸山。

達化縣，西三十里。三鄉。〔二〕本後周之達化郡，建德五年于此置達化郡并達化縣以屬焉。後郡廢縣屬廓州。

連雲山、賀蘭山，皆邑界之山也。

黄河，經邑界。

澆河城，亦謂之故廓州，在縣西一百二十里。古老傳云趙充國所築，或云吐谷渾舊城。晉永平拜吐谷渾主阿豺爲安西將軍、澆城公，〔三〕即理此是也。酈道元注水經云：「河水東經澆河故城北，有二城，東西犄角。」

故洪濟鎮城，後周武帝逐吐谷渾出後築，在今縣正西二百七十里，以爲羌界。

米川縣，東一百里。二鄉。本漢枹罕縣地，屬金城郡。唐貞觀五年于此置米州及米川縣，因米川水爲名；十年罷米州，以縣入河州。今又屬廓州也。

米川水，源出縣東南山米川地，〔一三〕北流入河也。

疊州

疊州，合川郡。今理合川縣。禹貢梁州之域。歷代爲羌胡之境，因諸羌保據。後周建德六年，西逐諸戎，始有其地，因置恒香郡，尋改爲疊州，蓋取其地多山重疊以名郡也。隋初廢州，以其地并隸同昌郡。大業末陷入吐蕃。唐武德二年復置疊州，領合川、樂川、疊川三縣；五年又置安化、和同二縣，〔一四〕以處党項，尋省。貞觀二年省疊川、樂川縣，十三年置都督府，督疊、岷、洮、宕、津、序、壹、柘、嶂、玉、蓋、立、橋等州。〔一五〕永徽元年罷都督府，上元元年，吐蕃入寇，密恭、丹嶺二縣殺掠並盡，于是廢二縣。神龍元年廢芳州爲常芬縣來屬。天寶元年改爲合川郡。乾元元年復爲疊州。

元領縣二：合川，常芬。

州境：東西二百六十五里。南北一百二十九里。

四至八到：東至東京二千九百八十里。東至西京二千五百六十里。東至長安一千七百里。東南沿江至宕州二百五十里。〔一六〕南至吐蕃界三十里。西至黄河上党項序州二百八十里。〔一七〕北至洮州一百八十里。東南至扶州三百三十九里。西南至吐蕃界七十里，又去故芳州城一百四十里。西北至吐蕃界七十里。東北至岷州四百五十里。

户：唐天寶領縣二，户一千二百七十五。〔一八〕

風俗：同松州，近蕃界。

人物：無。

土産：麝香，羊，馬。

合川縣，六鄉。後周武成中于此置合川縣，以大江所合爲名，屬西强郡。〔一九〕隋開皇初郡廢，其地屬疊州，舊治吐谷渾馬牧城，唐武德三年移治交城戍。〔二〇〕

石鏡山，在縣西北四十五里。其山有石，明瑩皎潔，照之莫不備見形體，故謂之石鏡山。山下又有銅窟，隋開皇中于此置監，鼓鑄錢刀焉。

常芬縣，東南一百二十里。五鄉。其地後魏所得，尋又爲吐谷渾所據。後周武成元年，西逐諸羌，始統有其地，乃于三交口築城，置甘松防，又爲三川縣以隷恒香郡。至建德元年改三川爲常芬縣，仍立芳州，以邑隷焉，取其地多甘松芳草爲名。隋初廢州而縣存。唐武德二年又置州于常樂城内爲理。〔二一〕貞觀三年又移松州于芳州城，即常樂城也。神龍元年廢芳州爲常芬縣，仍隷疊州。又按貞元十道圖云：「疊、宕、武、成四州，自分十道後，並屬隴右道。自上元二年没入蕃，〔三二〕成、疊、宕、武四州並置在白江之側。」

白江，即古羌之水，其江南流至利州益昌縣，嘉陵江合。其成州在益昌嘉陵江之東、馬池嶺之南，據山川形勢，其五州並合屬山南道，因是而定焉。

宕州

宕州，懷道郡。今理懷道縣。禹貢梁州之域。古羌地。周省梁入雍，又爲雍州之域。秦、漢、魏、晉時，諸羌處之。後魏招撫四夷，始統有其地。後魏書梁彌忽者，宕昌羌也，其先常爲羌豪祖勤，〔三三〕自稱宕昌王。彌忽，世祖初表求内附，世祖嘉之，拜彌忽爲宕昌王，其後遞相傳襲，〔三四〕稱藩于魏，因封其地爲宕昌蕃。周置宕昌國，武帝卻爲州。按隋圖經集記云：「周天和元年改爲藩置爲宕州。」隋爲宕昌郡。唐武德元年置宕州，領懷道、良恭、和戎三縣。貞觀三年省和戎入懷道。天寶元年改爲懷道郡。乾元元年復爲宕州。

元領縣二：懷道，良恭。

州境：東西三百六十五里。〔三五〕南北四百二十九里。

四至八到：東北至東京二千六百七十里。東北至西京二千三百四十里。東北至長安一千四百七十里。東北至武州二百七十五里。東北至扶州四百一十里。〔三六〕西至疊州二百五十里。北至岷州二百四十里。東南至武州二百五十里。西南至扶州二百五十里。〔二七〕東北至成州上禄縣界三百二十里。西北至岷州二百五十里。

户：唐天寶户一千一百九十。

風俗：大類隴右，語雜羌、蜀。〔二八〕

人物：無。

土産：麩金、散麝香。

懷道縣，四鄉。後周天和元年置。唐貞觀元年移于此，因立郡。

良恭縣，北二百里。二鄉。本周陽宕縣，〔二九〕後周天和五年置宕昌郡。隋文帝開皇三年屬宕州，十八年改爲良恭縣也。

卷一百五十五校勘記

〔一〕和政郡　萬本、中大本作「溢樂郡」，傅校改同。按通典卷一七四州郡四、元和郡縣圖志卷三九、舊唐書卷四〇地理志三、新唐書卷四〇地理志四、太平御覽卷一六五引十道志皆作「和政郡」。

〔二〕秦築長城起臨洮郡　史記卷八八蒙恬列傳：築長城「起臨洮。」集解引徐廣曰：「屬隴西。」謂隴西郡臨洮縣。同書卷一一〇匈奴列傳：秦「因邊山險塹谿谷可繕者治之，起臨洮至遼東萬餘里。」正義引括地志云：「秦隴西郡臨洮縣，即今岷州城。本秦長城首，起岷州西十二里，延袤萬餘里，東入遼水。」此「郡」字衍，或疑爲「縣」字之誤。

〔三〕後魏大統十年于此置同和郡及岷州　按周書卷一九宇文貴傳：大統十六年，「羌酋傍乞鐵忽因梁仚定反後，據有渠株川，擁種類數千家，與渭州民鄭五醜扇惑諸羌同反，憑險置柵者十餘所。太祖令貴與豆盧寧、史寧討之。貴等擒斬鐵忽及五醜。史寧又別擊獠甘，破之，乃納彌定。并於渠株川置岷州。」此「十年」當作「十六年」。

〔四〕元領縣四　「元」，底本無，據萬本、庫本補。下廓州、疊州、宕州同。

〔五〕東南至宕州良恭縣一百一十三里　「南」，底本脱，據萬本、中大本、庫本、傅校及通典州郡四補。按岷州治溢樂縣，即今甘肅岷縣，恭州良恭縣即今宕昌縣東南良恭鎮，在岷州東南。

〔六〕唐武德初改名溢樂　輿地廣記卷一五岷州同，元和郡縣圖志岷州溢樂縣序云「隋義寧二年改置溢樂縣」，舊唐書地理志三同，與此異。

〔七〕屬洮城郡　按隋書卷二九地理志上云「後周置祐川郡基城縣」，是基城縣北周屬祐川郡，與此異。

〔八〕東北三十里　「三十」，庫本同，萬本作「三十二」，同元和郡縣圖志岷州。

〔九〕東至宣威守捉使二百九里　「東」，通典州郡四作「南」。

〔一〇〕唐天寶領縣三户二百六十一　「領縣三」，底本脱，萬本同，據中大本、庫本、傅校及舊唐書地理志三補。

〔一一〕三鄉　「三」，萬本、中大本、庫本皆作「二」，此「三」蓋爲「二」字之誤。

〔一二〕晉永平拜吐谷渾主阿豺爲安西將軍澆城公　「晉永平」，萬本、庫本作「晉永寧」；「城」，萬本、庫本同。按宋書卷九六鮮卑吐谷渾傳：「少帝景平中，阿豺遣使上表獻方物。詔曰：『吐谷渾阿犲介在遐表，慕義可嘉，宜有寵任。今酬其來款，可督塞表諸軍事、安西將軍、沙州刺史、澆河公。』」水經河水注：澆河城，「宋少帝景平中，拜吐谷渾阿豺爲安西將軍、澆河公，即此城也。」按「犲」、「豺」二字通，則吐谷渾阿犲封爲安西將軍、澆河公非晉永平或永寧時，而在宋景平中，此誤。「城」，疑「河」之譌。

〔一三〕米川水源出縣東南山米川地　「米川水」，萬本、中大本、庫本皆作「小米川水」；「山米川」，萬本、中大本、庫本皆作「小米川」，傅校改同。此「山」蓋爲「小」字之誤。

〔一四〕和同　「同」，底本脱，萬本、庫本同，據傅校及舊唐書地理志三、新唐書地理志四補。

〔一五〕督疊岷洮宕津序壹柘嶂玉蓋立橋等州　「柘」、「玉」，舊唐書地理志三作「枯」、「王」。

〔一六〕東南沿江至宕州二百五十里　底本「東南」下衍「至」字，宋版、庫本同，據萬本及元和郡縣圖志卷三九疊州删。「沿」，底本作「松」，據宋版、萬本、庫本及元和志改。

〔一七〕西至黄河上党項序州二百八十里　「序州」，元和郡縣圖志疊州作「岸」，此「序州」疑爲「岸」之誤。

〔一八〕唐天寶領縣二户一千二百七十五　「領縣二」，底本脱，萬本同，據宋版、中大本、庫本、傅校及舊唐書地理志三補。

〔一九〕西强郡　「强」，隋書地理志上、元和郡縣圖志疊州皆作「疆」，周書卷四〇顔之儀傳：隋文帝「出爲西疆郡守。」按「强」與「疆」字通。

〔二〇〕交城戍　按舊唐書地理志三作「交戍城」，讀史方輿紀要卷六〇洮州衛疊州城引同。此疑爲「交戍城」之倒誤。

〔二一〕唐武德二年又置州于常樂城内爲理　「二年」，舊唐書地理志三、新唐書地理志四、唐會要卷七一州縣改置下皆作「元年」。

〔二二〕上元二年　「二二」，底本脱，萬本、庫本同，據宋版及元和郡縣圖志疊州常芳縣序補。

〔二三〕祖勤　「勤」，底本作「勒」，萬本、庫本同，據宋版及元和郡縣圖志卷三九宕州總序改。

〔二四〕其後遞相傳襲　「遞」，底本作「遂」，萬本、庫本同，據宋版及元和郡縣圖志宕州總序改。

〔二五〕東西三百六十五里　「五」，底本脱，據萬本、中大本、庫本、傅校及元和郡縣圖志卷三九宕州補。

〔二六〕東北至扶州四百一十里　「東北」，萬本、庫本作「東」。按宕州治懷道縣，在今甘肅舟曲縣西，扶州治同昌縣，在今四川南坪縣東北，扶州在宕州東南，此「北」疑爲「南」字之誤。

〔二七〕西南至扶州二百五十里　按通典卷一七六州郡六作「南至同昌郡（扶州）四百十里」，同書卷同昌郡扶州：「北至懷道郡（宕州）四百十里。」此方向里數蓋誤。

〔二八〕語雜羌蜀　「蜀」，萬本作「胡」，庫本作「人」。

〔二九〕本周陽宕縣　「周」，底本作「漢」，萬本、庫本同。按漢無「陽宕縣」，據傅校及隋書地理志上改。

太平寰宇記卷之一百五十六

隴右道七

西州廢　庭州廢　安西大都護府廢

西　州廢

西州，交河郡。今理高昌縣。本漢車師國之高昌壁也，後漢書云：「車師國，在車師城，〔一〕是後漢和帝永元三年，班超定西域之後置戊己校尉，領兵五百人，居車師前部，即高昌壁也。」按後魏書云：「昔漢武帝遣兵西討，師旅頓敝其中，尤困者因住焉。地勢高敞，人庶昌盛，故立高昌壘，壘有八城，其實本中州人，故以『高昌』爲地之稱。晉咸和中，張駿于此立高昌郡。後魏太武時有闞爽者，自爲高昌太守，至真君中爲沮渠無諱所襲，因據之。至和平元年，爲蠕蠕所併。蠕蠕以闞伯周爲高昌王。」自此以後，每有立者，輒爲人所殺。其後土人立麴嘉爲王，傳國九代，至智盛不循職貢，唐貞觀十四年討平之，以其地置西州，兼升爲都護府，仍立五縣。開元中改爲金山都護府。天寶元年改爲交河郡。乾元元年復爲西州。

元領縣四：〔二〕高昌，柳中，交河，蒲昌。

州境：東西八百九十五里。南北四百八十六里。

四至八到：東南至東京六千六百三十五里。東南至西京六千二百一十五里。東南至長安五千三百六十七里。東至伊州七百五十里。西至焉耆鎮守軍七百一十里。北至北庭都護府四百五十里。〔三〕南三百六十里至荒過山，又千餘里至吐蕃。東南經少海，又渡磧至伊州一千三百里。西北至北庭輪臺縣五百四十四里。西南至焉耆鎮七百一十里。東北至伊州八百四十里。

户：唐開元户一萬九千。〔四〕

風俗：十道要記云：〔五〕「都會未及于沙州，繁富尤出于隴右，蓋有漢官之遺風耳。」

人物：無。

土産：漢書曰：「高昌之地饒漆、蜜，多蒲萄、香棗、金鐵之利。〔六〕彼婦女以婆羅樹皮績爲白疊布尤好，以充職貢。又有石鹽，瑩淨如玉，爲枕貢之。」

高昌縣，十鄉。本晉田地縣之地，按輿地志云：「晉咸和二年置高昌郡，立田地縣。」唐貞觀十四年改爲高昌縣，取漢疊以爲縣名。

交河水，西北自交河縣界流入。

高昌壁。按前漢西域傳，即車師後王國，有新道通玉門關，即戊己校尉徐普欲開之道也。

柳中縣，東四十四里。四鄉。漢舊縣，〔七〕晉廢併入田地縣。唐貞觀十四年又析置。

柳中路。裴矩西域記云：「自高昌東南去瓜州一千三百里，並沙磧，乏水草，人難行，四面茫茫，道路不可準記，惟以六畜骸骨及駞馬糞爲標驗，以知道路。若大雪即不得行，兼有魑魅，以是商賈往來多取伊吾路。」又有一路自縣東南行經大海之東，又東南度磧入伊州界，即裴矩所謂伊吾路也。

交河縣，西北八十里。三鄉。本漢車師前王庭之地，唐貞觀十四年置縣，取界内交河以爲名。

天山，在縣北。一名祁連山。

交河，源出縣北天山，東南入高昌縣。

蒲昌縣，東北一百八十里。二鄉。唐貞觀十四年置于漢始昌故城，取縣東蒲類海以爲名。

蒲類海者，胡人呼爲婆悉海。

庭州

庭州，北庭府。今理後庭縣。按其地雍州之窮邊，在流沙之西北。前漢爲烏孫舊壤，地方五千里，東與匈奴接畛。宣帝時，令校尉常惠統烏孫兵，擊匈奴有功，封長羅侯，即徙居此地。州東界有山，其人並山居，訊其風俗，是烏孫遺類。當後漢時，即爲車師後王庭之地，自此歷代爲突厥及雜胡居之。以有武城，俗謂之「五城之地」。唐貞觀十四年，侯君集征高昌，于時西突厥屯兵于可汗浮圖城，與高昌平；二十年四月，西突厥泥伏沙鉢羅葉護阿史那賀魯率衆内附，乃置庭州，處葉護部落。長安二年改爲北庭都護府，又管瀚海、天山、伊吾三軍。上元元年，陷吐蕃。

元領縣三：後庭，蒲類，輪臺。

州境：東西。缺。南北。缺。

四至八到：東南至東京七千二百九十六里。東南至西京六千八百七十六里。東南至長安五千二百五十六里。東至伊州界六百八十里。南至西州界四百五十里。西至碎葉突騎施庭三千六百八十里。北至堅昆衙帳約四千里。東南至伊州界九百八十里。西南至焉耆鎮守軍八百七十里。西北至突騎施三千一百八十里。〔八〕東北至迴紇界一千七百里，至迴紇衙帳三千里。

户：唐天寶户二千二百二十六。

風俗：其地即龜兹國，土俗重七月七日，若中國之禁烟。地連疏勒。其王名阿厥，手足各六指，若産子非六指，則棄之。又有彌遮女神祠，〔九〕須人血以祀之。

人物：無。

土産：地産駿馬、緋氈。連安悉國，有皂莢，甚大，食之尤美。以邑西南近大荒，有鼠能害人。又有神樹，其花實如柰，風吹之，泠然可聽。學道者以遠行，必聽此樹音，必有成而速還，不爾則雖風無聲。

後庭縣，二鄉。即車師後王庭之地，唐貞觀十四年置爲金滿縣。〔一〇〕貞元中改爲後庭縣。〔一一〕

蒲類縣，東八十里。三鄉。取縣西蒲類海以爲名，唐貞觀中同金滿縣置。

天山，在縣東北，自伊州界連亘而至。

蒲類海，亦名婆悉海，海南注入伊州納職縣界。

輪臺縣，西四百二十里。四鄉。與蒲類、金滿二縣同時置。輪臺者，取漢輪臺爲名。

北庭都護府管三軍：

瀚海軍，唐開元中，蓋嘉運置，在北庭都護府城内，管鎮兵一萬二千人，馬四千二百匹。

天山軍，唐開元中置，在西州城内，〔三〕管鎮兵五千人，馬五百匹。在都護府南五百里。

伊吾軍，唐開元中置，在伊州西北五百里甘露川，管鎮兵三千人，馬三百匹，在北庭府東南七百里。

又有十六蕃州：

鹽治州都督府。　鹽禄州都督府。　陰山州都督府。
大漠州都督府。　輪臺州都督府。　金滿州都督府。
玄池州。　哥係州。　咽麪州。　金附州。　孤舒州。
西鹽州。　東鹽州。　叱勒州。　迦瑟州。　馮洛州。

已上十六蕃州，雜戎胡部落，寄于北庭府界内，無州縣户口，隨地治畜牧。

安西大都護府

安西大都護府，本龜兹國也。唐貞觀十四年，侯君集平高昌，置安西都護府，治在西州。顯慶二年，蘇定方平賀魯，分其地置濛池、崑陵二都護府，分其種落，列置州縣。于是，西盡波斯國，皆隸安西都護府，仍移安西都護府理所于高昌故地，〔一三〕三年又移于龜茲國。其舊安西府復爲西州。龍朔元年，西域吐火羅款塞，乃於于闐以西、波斯以東十六國，皆置都督府，〔一四〕督州八十，縣一百一十，軍府一百二十六，仍立碑于吐火羅以志之。其安西都護府，東至焉耆鎮守八百里，西至疏勒鎮守二千里，〔一五〕南至于闐二千里，東北至北庭府二千里，南至吐蕃界八百里。〔一六〕北至突騎施界雁沙川一千里。〔一七〕咸亨元年四月，吐蕃陷安西都護府。至長壽二年收復安西四鎮，依前于龜茲國置安西都護府。至德之後，河西、隴右戍兵皆徵集，收復兩京。上元元年，河西軍鎮多爲吐蕃所陷。有舊將李元忠守北庭，郭昕守安西府，二鎮與沙陀、回鶻相依，吐蕃久攻之不下。建中元年，元忠、昕遣使間道奏事，德宗大喜，〔一八〕以元忠爲北庭都護。〔一九〕其後吐蕃急攻沙陀、回鶻部落，北庭、安西無援，貞元三年，竟陷吐蕃。

四至八到：東南至東京七千四百五十里。東南至西京七千三百里。東南至長安六千二百七十里。北至白山十姓突厥王庭約三百餘里。〔二〇〕正南與于闐城守捉南北相當，隔擊舒河約八百餘里。〔二一〕正西至撥換五百六十里，自撥換西南至據史德城四百里，自據史德城西南至疏勒鎮城五百八十里。其疏勒北至安西都護府一千五百四十里。又從撥換西北二百里至大石城，又西北經拔達嶺傍熱海西，又西北至碎葉城約一千四百里；又從撥換正南渡思渾河，又東南至崑岡三乂等守戍一十五日程，至于闐大城約千餘里。

四鎮屬安西都護府所統：

龜茲都督府，本龜茲國。其王姓白，國人總姓白。國法，王及大首領相承不絶，他姓不得居之。理白山之南。去瓜州三千里，勝兵數千。唐貞觀二十二年，阿史那社尔音邇。〔三二〕破之，虜龜茲王而還，乃于其地置都督府，領蕃州九。至顯慶三年，破賀魯，仍自西州移安西府置于龜茲國城。

毗沙都督府，本于闐國。在葱嶺北二百餘里，勝兵數千。俗多機巧。其王伏闍信，唐貞觀二十二年入朝。〔三三〕上元二年正月置毗沙都督府，初管蕃州五，上元三年分爲十，〔三四〕在安西都護府西南二千里。

疏勒都督府，本疏勒國。在白山之南，勝兵二千。去瓜州四千六百里。唐貞觀九年，遣使朝貢，自是不絶。上元中置疏勒都督府，在安西都護府西南二千里。

焉耆都督府，本焉耆國。其王姓龍，名突騎支，常役于西突厥。俗有魚鱉之利。唐貞觀十八年，郭孝恪平之，由是臣屬。上元中置都督府，處其部落，無蕃州。在安西都護府東八百里。〔三五〕

西域十六都督州府：〔二六〕

唐龍朔元年，西域諸國遣使求内屬，乃分置十六都督府，統州八十，縣一百一十，軍府一百二十六，皆隸安西都護府，仍于吐火羅國立碑以記之。

月氏都督府，于吐火羅國所治遏换城置，以其王葉護領之。于其部内分置二十四州，都督統之。〔二七〕

太汗都督府，于嚈噠才達切。〔二八〕部落所治活路城置，以其王太汗領之。仍分其部置十五州。〔二九〕

條支都督府，于訶達羅支國所治伏寶瑟顛城置，〔三〇〕以其王領之。仍于其部分置八州。〔三一〕

大馬都督府，〔三二〕于解蘇國所治數瞞城置，以其王領之。仍分其部置三州。〔三三〕

高附都督府，於骨咄施國所治沃沙城置，以其王領之。仍分其部置二州。〔三四〕

修鮮都督府，于罽音猘。〔三五〕賓國所治遏紇城置，以其王領之。仍分其部置十一州。〔三六〕

寫鳳都督府，于失苑延國所治伏戾城置，以其王領之。仍分其部置四州。〔三七〕

悦般都督府，于石汗那國所治豔城置，以其王領之。仍分其部置雙靡州。〔三八〕

奇沙州，〔三九〕于護特健國所治遏密城置。仍分其部置沛薄、大秦二州。〔四〇〕

和默州，于怛没國所治怛没城置，〔四一〕仍分置栗弋州。

旅撒音傲。州，〔四二〕于烏拉喝國所治摩竭城置。

崑墟州，于護密多國所治底寶那城置。〔四三〕

至扰州，于俱密國所治措瑟城置，扰，火犬切。〔四四〕

鳥飛州，于護密多國所治摸庭城置。〔四五〕

王庭州，于久越得犍國所治步師城置。

波斯都督府，于波斯國所治疾陵城置。

右西域諸國，分置羈縻州軍府，〔四六〕皆屬安西都護統攝。自天寶十四載已前，朝貢不絕。今于安西府事末紀之，以表寰宇之志也。

卷一百五十六校勘記

〔一〕在車師城　「城」，底本作「域」，據萬本、中大本、庫本及傅校改。

〔二〕元領縣四　「元」，底本脱，據萬本、庫本及傅校補。後庭州同。

〔三〕北至北庭都護府四百五十里　「十」，底本脱，據萬本、庫本及通典卷一七四州郡四補。元和郡縣圖志卷四〇西州：「北自金婆嶺至北庭都護府五百里。」

〔四〕唐開元户一萬九千　「開元」，萬本、庫本作「天寶」。按元和郡縣圖志西州：「開元户一萬一千六百四十七。」舊唐書卷四〇地理志三謂西州天寶「户九千一十六」，萬本、庫本恐誤。

〔五〕十道要記　萬本作「十道記」，庫本作「十道記要」，未知孰是。

〔六〕金鐵之利　「利」，萬本、庫本皆作「類」。

〔七〕漢舊縣　按漢無「柳中縣」。後漢書卷四七班勇傳：「延光二年夏，復以勇爲西域長史，將兵五百人出屯柳中。」唐李賢注：「柳中，今西州縣。」通典州郡四交河郡西州柳中縣：「漢舊地名。」則後漢時，柳中爲地名，唐時爲縣，此誤。

〔八〕西北至突騎施三千二百八十里　「施」，底本脱，萬本、庫本同，據通典州郡四及舊唐書卷一九四下、新唐書卷二一五下突厥傳下補。

〔九〕彌遮女神祠　「彌遮」，萬本、庫本皆作「遮彌」。

〔一〇〕唐貞觀十四年置爲金滿縣　元和郡縣圖志卷四〇庭州後庭縣序云：「貞觀十四年於州南置蒲昌縣，長安二年改爲金蒲縣。」與此異。按金滿縣，舊唐書地理志三、輿地廣記卷一七北庭大都護府皆同。

〔一一〕貞元中改爲後庭縣　按元和郡縣圖志云「寶應元年改爲後庭縣」，新唐書卷四〇地理志四、輿地廣記北庭府同，與此異。

〔一二〕在西州城内　「西」，底本作「伊」，萬本、庫本同。按元和郡縣圖志卷四〇庭州總序云：「天山軍，西州城内。開元二年置。」舊唐書卷三八地理志一總序亦云：「天山軍，在西州城内。」此「伊」爲「西」字之誤，據改。

〔一三〕仍移安西都護府理所于高昌故地　「高昌」，底本作「昌壁」，萬本、庫本同，據舊唐書地理志三、新唐書地理志四、唐會要卷七三安西都護府、輿地廣記卷一七安西大都護府改。

〔一四〕皆置都督府　「督」，底本作「護」，萬本、庫本同，據中大本及舊唐書地理志三、唐會要安西府、資治通鑑卷二〇〇唐龍朔元年改。

〔一五〕西至疏勒鎮守二千里　「二」，舊唐書地理志三同，通典州郡四作「三」。

〔一六〕南至吐蕃界八百里　「南」，底本作「東」，據萬本、庫本及舊唐書地理志三改。「界」，底本脱，萬本、庫本同，據舊唐書地理志、通典州郡四補。

〔一七〕雁沙川　「川」，底本作「州」，據萬本、庫本改及舊唐書地理志三改。通典州郡四作「鷹娑川」。

〔一八〕德宗大喜　「大喜」，萬本、庫本皆作「許之」，舊唐書地理志三作「嘉之」，此非。

〔一九〕以元忠爲北庭都護　按舊唐書地理志三：「以元忠爲北庭都護，昕爲安西都護。」唐會要卷七三、資治通鑑卷二二七同，記其事於建中二年，此「北庭都護」下當脱「昕爲安西都護」六字。

〔二〇〕北至白山十姓突厥王庭約三百餘里　「庭」，底本脱，據中大本補。萬本、庫本皆無此十五字。

〔二一〕擊舒河　「舒」，萬本、庫本皆作「館」。

〔二二〕音邇　萬本、庫本皆無此二字，傅校删，蓋非樂史原文。

〔二三〕其王伏闍信唐貞觀二十二年入朝　「闍」，底本作「闇」，萬本、庫本同，據舊唐書卷三太宗紀下、卷一九八西戎傳、新唐書卷二二一上西域傳上、資治通鑑卷一九九唐貞觀二十三年改。「貞觀」，底本作「開元」，萬本、庫本同，據舊唐書太宗紀下、新唐書卷四三地理志七下改。資治通鑑記其事於貞觀二十三年。

〔二四〕上元二年正月置毗沙都督府初管蕃州五上元三年分爲十　按新唐書地理志七下云：「貞觀二十二年内附，初置州五，高宗上元二年置府，析州爲十。」此處當訛誤。

〔二五〕在安西都護府東八百里　「八百」，萬本、庫本皆作「百十里」，恐誤。

〔二六〕西域十六都督州府　「州」，底本脱，據萬本、庫本及舊唐書地理志三補。

〔二七〕都督統之　庫本及舊唐書地理志三同。萬本此下列有：「藍氏州、大夏州、漢樓州、弗敵州、沙律州、嬀水州、盤越州、忸密州、伽倍州、粟特州、鉢羅州、雙泉州、祀惟州、遲散州、富樓州、丁零州、薄知州、桃槐州、大檀州、伏盧州、身毒州、西戎州、篋頡州、疊仗州、苑湯州，同新唐書地理志七下，乃據以而補，恐非樂史原文。

〔二八〕才達切　萬本、庫本皆無此三字，傅校删，蓋非樂史原文。

〔二九〕仍分其部置十五州　庫本及舊唐書地理志三同。萬本此下列有：附墨州、奄蔡州、依耐州、犂州、榆令州、安屋州、厥陵州、硯（碣字之誤）石州、波知州、烏丹州、諾色州、迷蜜州、盻頓州、宿利州、賀那州，同新唐書地理志七下，恐非樂史原文。

〔三〇〕伏寶瑟顛城　「顛」，底本作「顛」，庫本作「鎮」，據萬本及舊唐書地理志三、新唐書地理志七下、唐會要安西都護府改。

〔三一〕仍于其部分置八州，庫本及舊唐書地理志三同。萬本此下列有：細柳州、虞泉州、犂靳州、崦嵫州、巨雀州、遺州、西海州、鎮西州、乾陀州，同新唐書地理志七下，恐非樂史原文。

〔三二〕大馬都督府　「大」，萬本、庫本及舊唐書地理志三同，中大本作「天」，同新唐書地理志七下。

〔三三〕仍分其部置三州　庫本及舊唐書地理志三同。萬本此下列有：洛那州、束離州，同新唐書地理志七下，恐非樂史原文。

〔三四〕仍分其部置二州　庫本及舊唐書地理志三同。萬本此下列有：五翎州、休蜜州，同新唐書地理志七下，恐非樂史原文。

〔三五〕音獮　萬本、庫本皆無此二字，傅校删，蓋非樂史原文。

〔三六〕仍分其部置十一州　庫本及舊唐書地理志三同。萬本此下列有：毗舍州、陰米州、波路州、龍池州、烏弋州、羅羅州、檀特州、烏利州、漢（漠字之誤）州、懸度州，同新唐書地理志七下，恐非樂史原文。

〔三七〕仍分其部置四州　庫本及舊唐書地理志三同。萬本此下列有：嶰谷州、泠淪州、番萬州、鉗敦州，同新唐書地理志七下，恐非樂史原文。

〔三八〕雙靡州　「靡」，新唐書地理志七下、唐會要安西都護府同。舊唐書地理志三作「縻」。

〔三九〕奇沙州　舊唐書地理志三同，萬本作「奇沙國都督」，庫本作「奇沙國都護府」。按新唐書地理志七下作「奇沙州都督府」，萬本、庫本恐誤。

〔四〇〕沛薄　「薄」，庫本及舊唐書地理志三同，萬本作「隸」，同新唐書地理志七下、唐會要安西都護府。

〔四一〕和默州于恒沒國所治恒沒城置　「和」，庫本及舊唐書地理志三同，萬本作「姑」，同新唐書地理志七下、唐會要安西都護府。「恒沒城」，萬本及新唐志、唐會要同，庫本及舊唐志作「恒城」。

〔四二〕旅撽音傲州　「撽」，舊唐書地理志三同，萬本作「獒」，同新唐書地理志七下、唐會要安西督護府。「音傲」，萬本、庫本皆無，傅校刪，蓋非樂史原文。

〔四三〕于護密多國所治底寶那城置　「護密多國」，庫本及舊唐書地理志三同，萬本作「多勒建國」，同新唐書地理志七下、唐會要安西都護府。

〔四四〕至抶州于俱密國所治措瑟城置抶火犬切　「至抶」，萬本作「至拔」，庫本作「至杖」。按舊唐書地理志三作「至振」，新唐書地理志七下作「至拔」，唐會要安西都護府作「拔州」，無「至」字。此「抶」字疑誤。「措」，庫本及舊唐志同，萬本作「緒」，同新唐志、唐會要。又萬本、庫本無「抶火犬切」四字，傅校删，蓋非樂史原文。

〔四五〕摸庭城　「庭」，庫本同，舊唐書地理志三作「廷」，「庭」、「廷」字通，萬本作「達」，同唐會要安西都護府，西突厥史料補闕及考證西域十六國都督府州治地通考：「應以摸達爲正。」

〔四六〕分置羈縻州軍府　「府」，底本作「路」，據萬本、庫本及舊唐書地理志三改。

太平寰宇記卷之一百五十七

嶺南道一

廣州

廣州，南海郡。今理南海縣。古南越之分。秦以任囂爲南海尉，任囂疾篤，召龍川令龍川，今循州。趙佗授其位，皆居其地。佗爲南粵王，凡五世九十三年而亡。後漢末，蒼梧太守吳巨擁兵據郡。建安十五年，孫權使步騭爲交州刺史，誘巨斬之。蒼梧人衡毅、錢博興兵拒戰，毅與衆敗死。騭往番禺，觀相土地，〔一〕乃徙州居番禺。時交趾太守士燮在郡，值天下三分，遂擁衆稱臣于吳主，〔二〕孫權待之如舊。燮死，其子欲因有其地，吳遂滅之。晉志：「永安六年分交州置廣州。」〔三〕領郡三，理于此，晉領郡六。〔四〕宋領郡十七，齊領郡二十三，皆理于此。梁、陳並置都督府。隋平陳，置總管府，後置番州。煬帝復置南海郡。唐武德四年討平蕭銑，置廣州總管府，管廣、東衡、洭、南綏、岡五州，并南康總管，其廣州領南海、增城、清遠、政賓、寶安五縣；六年又置高、循二總管，隸廣州；七年改總管爲大都督；九年廢南康都督，以端、封、宋、洭、瀧、建、齊、威、扶、義、勤十一州隸廣府；其年又省勤州。貞觀中改中都督府，〔五〕省威、齊、宋、洭四州，仍以廢洭州之湞陽、浛洭二縣來屬，改東衡爲韶州，仍以南康州及崖州都督並隸廣州；二年省循州都督，以循、潮二州隸廣府；八年改建州爲藥州，南綏州爲湞州，南扶州爲竇州；〔六〕十二年改爲南康州；〔七〕十三年省湞州，以四會、化蒙、懷集、涍安四縣來屬，省岡州，以義寧、新會二縣立岡州。〔八〕令督廣、韶、端、康、封、岡、新、藥、瀧、竇、義、雷、循、潮十四州。〔九〕永徽後，以廣、桂、容、邕、安南府皆隸廣府都督統攝，謂之五府節度使，名嶺南五管。天寶元年改爲南海郡。乾元元年復爲廣州。州内有經畧軍，管鎮兵五千四百人，其衣糧輕税，本道以自給。廣州刺史，充嶺南五府經畧使。唐末劉鋹音昶。〔一〇〕割據，稱僞漢。皇朝開寶四年平之，復爲清海軍節度。

元領縣十三。今八：南海，增城，懷集，清遠，東莞，四會，新會，信安。三縣廢：番禺，入南海。涍水，入懷集。化蒙。入四會。二縣割出：浛洭，入湞州。湞陽。入湞州。〔一一〕

州境：東西五百三十里。南北五百九十里。

四至八到：北至東京四千里。西北至西京四千四百里。西北至長安五千二百五十里。東至循州水路沿泝相兼四百里，陸路三百六十里。正西微北至端州沿泝相兼二百四十里。南至恩州五百里。北至韶州八百里。東北至韶州五百三十里。東南至大海四十一里。西南至恩州水路六百里。西北水路沿泝至連州八百九十里。又西北取故洊水縣路至賀州八百七十六里。

户：唐開元户四萬二千二百三十。皇朝户主一萬六千五十九，客未有數。

風俗：通典云：「五嶺之南，人雜夷獠，不知教義，以富爲雄。鑄銅爲大鼓，初成，懸于庭中，置酒以招同類。又多搆讎怨，欲相攻擊，則鳴此鼓，到者如雲。有鼓者號爲都老，羣情推服。本之舊事，尉佗于漢自稱蠻夷大長老，〔一二〕故俚人呼其所尊爲倒老，語訛故又稱都老也。大抵南方遐阻，人强吏懦，豪富兼并，役屬貧弱，俘掠不忌，古今是同。性並輕悍，易興逆節。自尉佗、徵側之後，無代不有擾亂，故蕭齊志云：『憑恃險遠，隱伏巖障，恣行寇盜，畧無編户。』爰自前代，及于唐朝，多委舊德重臣，撫寧其地。」文通經史，〔一三〕武便弓弩，婚嫁禮儀，頗同中夏。

土産：明珠，大貝，文犀，鹽，席，玳瑁，水馬皮，鮫魚皮，蕉布，竹布，石斛，五色藤，簟，沈香，大甲香，鼊，蕃舶，甘子，續南越志云：「羅浮山有御園甘子，唐玄宗幸蜀，子乃不生。德宗幸梁，亦不實。僖宗狩蜀，花實皆無，樹亦枯悴。」草有大千金、小千金、守房郎、千里迴、萬里憶、蕃人香，藥有崑崙犀、藷頭母、渡頭崖，〔一四〕造酒草藥有甜娘、〔一五〕蒲樓藤、烏龜葉、五勞草、雞頭根、雙筋木葉，花有仙鶴、麝臍，遥憐，向日蓮、紅茉莉、白茉莉、紫水蕉。

南海一隅雖無積雪，秋涼亦有微霜。貨殖魚鹽，自古尤多。滕修爲廣州刺史，得鰕魚，鬚長四丈四尺。

南海縣，元二十三鄉。本漢番禺縣，屬南海郡。分番禺置此。〔一六〕先是廣州僞命日，析南海郡爲常康、咸寧二縣，及永豐、重合二場。皇朝平南越，開寶六年并二縣二場，依舊爲南海縣，并廢番禺縣入。〔一七〕

番禺山，南海縣東二百五十步。山海經云：「桂林八樹，在賁禺東。」注云：「賁禺，即番禺也。」八桂成林，言其盛且大。

禺山，南海縣北一里。吴録：「番禺縣在禺山，尉佗所葬。」

靈洲山。南越志：「肅連山西一十二里，有靈洲焉。其山平原彌望，〔一八〕層野極目。」景純云：「南海之閒有衣冠之氣者，斯其地也。」肅連，地名。

石門水，一名貪泉。源出南海縣西三十里平地。晉中興書云：「吴隱之往廣州，飲貪泉，爲廉潔之性。」〔一九〕南越志：「石門之水，俗云經大庾則清穢之氣分，飲石門則緇素之質變。即吴隱之酌飲之所也。」

菖蒲澗，一名甘溪。裴氏廣州記：「菖蒲生盤石上，水從上過，味甘冷，異于常流。」

南越志：「昔交州刺史陸允之所開也。至今重之，每旦輒傾州連汲，以充日用，雖有井泉，不足食。太元中，襄陽羅支累石澗側，容百許人坐，遊之者以爲洗心之域。咸平中，姚成甫嘗採菊澗側，遇一丈夫謂成甫曰：『此澗菖蒲，昔安期生所餌，可以忘老。』于是徊翔俯仰，倏然不知所終，〔二〇〕蓋仙者云。」

沈夜湖。南越志：「番禺縣北有三湖：一曰沈夜，二曰蕈湖，三曰芝蘭。湖芝菁藹景，紅花亂目，素鱗紫介，〔二一〕此焉遊泳。父老云沈夜湖者，本曾山連岫，〔二二〕以永嘉之末，一夕而沈，故曰沈夜。」

鼓門。廣州記：「周敞爲交州刺史，採龍山之木以爲州門鼓，上分一鼓給桂林郡，下分一鼓給交州。雖根幹異器，而杪末同歸，故擊一鼓，二鼓相應。」

朝臺。裴氏廣州記：「尉佗本築朝臺，以朝天子。」姚文感交州記：〔二三〕「尉佗作朝殿，以朝天子。」南越志云：「朝臺下有趙佗故城。又云朝臺西三十里即圓岡，傍江構越華館以送陸賈，〔二四〕因稱朝臺。」

參里山，在寶安縣東北九十里。南越志：「寶安縣東有參里，縣人黃舒者以孝聞于越，華戎慕之，如曾參之爲，故改其里曰參里也。」

增水，今名增江。源出增城縣東北。

金牛潭，〔二五〕在增城東北二十里。其潭洞深無極，北岸有石，周圍三丈許，漁人見金牛自水而出，盤于此石。義熙中，增城縣人常安到此潭，于石上躡得金鎖大如指，尋之不已。俄而有物從水中引之，握不能禁，忽斷得數尺，遂致富，年登上壽。其後義興周雲甫嘗見此牛宿伏石上，旁有金鎖如索繩焉。雲甫素勇，往掩此牛，掣斷其鎖，得二尺許，遂以財雄。

金山，一名金岡山，在四會縣北六十五里。南越志云：「金沙自是出，採金人往往見金人形于山巔，望氣者以爲金之精。」〔二六〕

羅浮山，本名蓬萊山，一峯在海中，與羅山合，因名之。山有洞通句曲，又有璇房瑶室七十二所。裴淵廣州記云：「羅、浮二山隱天，唯石樓一路可登。」

白鹿岡。郡國志：「廣州南四十里有白鹿岡，高五百丈。」

堯山，在舊番禺縣西四十里。四面瀑布懸流，傾瀉萬丈。王韶之始興記：「堯山下有平陵，陵上有基，云是堯故亭，父老相傳堯南巡時登此。又云堯山在浛洭縣三十里。」盛弘之荆州記云：「堯山赭巖迭起，冠以青林。」又郡國志云：「廣州堯山，高四千丈，自番禺迄交趾見之。〔二七〕有巨風，發屋折樹翻潮焉。」

雲母山，在增城縣東七十里。山出雲母。續南越志云：「唐天后朝，增城縣有何氏女，服雲母粉，得道于羅浮山，因所出名之。」

浮山。〔二八〕山上有白額賊萬人城，即尉佗所築城也。

馬鞍山。南越志：「始皇朝，望氣者云南海有五色氣，遂率千人鑿之，以斷山之岡阜，謂之鑿龍。今所鑿之處，〔二九〕形如馬鞍。」

湞水。漢書：「樓船將軍楊僕，出豫章，下湞水。」縣在此岸，〔三〇〕故曰湞陽。

白管溪。裴氏廣州記云：「白管溪，當川中沸湧，如猛火煎油聲。」

斗村。裴氏廣州記：「廣州東百里有村，號曰古斗村，自此至海，溟渺無際。」

東官郡故城。晉義熙中置，以寶安縣屬焉。多蚶、蠣、石蛄、〔三一〕海月、香螺、龜。郡國志云：「東官郡有蕪城，即吴時司鹽都尉壘。」

五羊城。按續南越志：「舊説有五仙人，乘五色羊，執六穗秬而至，至今呼五羊城是也。」按其城周十里，初尉佗築之，後爲步隲修之，晚爲黄巢所焚。

廢番禺縣，州南五十里。秦、漢舊縣，屬南海郡。二漢置交州，領郡七。吴置廣州，皆治于番禺。因番、禺二山爲名，〔三二〕即尉佗之葬所。皇朝併入南海縣。

江南洲。南越志：「江南洲，周迴九十里。東有荔枝洲，〔三三〕上有荔枝，冬夏不凋。北有雞籠岡，上多蛣蠣。」〔三四〕

天井岡，南海縣北四里。南越志：「天井岡下有越王井，深百餘尺，云是趙佗所鑿。諸井鹽鹵，惟此井甘泉，可以煮茶。昔有人誤墮酒杯于此井，遂流出石門。」古詩云「石門通越井」。今則井塞，猶有井形。其下有廟甚靈，土人祈年，謂之北朝。

趙佗墓。南越志云：「趙佗之墓也。自雞籠以北至此山，連岡屬嶺。」志云：「趙佗之墓，黄武五年，孫權使交趾治中從事吕瑜訪鑿佗墓，自天井至于此山，功費彌多，卒不能得。掘嬰齊墓，即佗之子，得珠襦玉匣之具，金印三十六，一皇帝信璽，一皇帝行璽，餘文天子也。又得印三紐，銅劍三枚，並爛若龍文，其一刻曰純鈞，〔三五〕二曰干將，三曰莫邪，皆雜玉爲匣。」

銅鼎溪。南越志云：「銅鼎溪，天清水澄，見其鼎鉉。〔三六〕刺史劉道錫遇之，繫其耳而牽之，耳脱而鼎潛入，引者悉懼，咸謂之靈也。」〔三七〕

程浦溪。顧微廣州記云：〔三八〕「浦溪口有龍母養龍，裂斷其尾，因呼其溪爲龍窟。人時見之，則土境大豐而利涉。」

沈香浦，在今縣西北二十里石門之内。昔吴隱之清儉，罷郡，見妻篋中有沈香一斤，遂投于此水。後人謂之沈香浦，亦謂之投香浦。

增城縣，東一百八十里。有水陸路。元七鄉，今四鄉。漢番禺縣地，吴黄武中于此置東郡而立增城縣，〔三九〕因增江爲名。隋初廢郡而置縣，屬廣州。

白水山。廣州記：「增城縣白水山有五距烏。縣北又有搜山，有荔枝樹，高八丈，相去五丈而連理。」

三水，按廣州山水記云：「白塔水、〔四〇〕庚水、胥水，三水上源出龍川，經增城而流入海。」

雲母岡，在縣西二里。

塘江水，源出流坑山下，闊一百二十九丈，在縣界。〔四一〕

別情洲，在縣東南江水之中。小洲四面懸絶，古老相傳云于此洲上敍別，因此爲名。

懷集縣，西北水路七百三十里，無陸路。元六鄉。漢四會縣地，晉懷化縣。隋爲懷集。唐武德五年于縣置威州，領興平、懷集、霍清、威成四縣。貞觀元年州廢，以懷集屬南綏，〔四二〕省興平、霍清、威成三縣；八年改綏州爲湞州，縣仍屬焉；十三年還廣州。皇朝開寶五年併洊水縣來屬。

廢洊水縣，漢封陽縣，屬蒼梧郡。南齊改爲洊安。唐武德五年于縣置齊州，領洊安、宣樂、宋昌三縣。貞觀元年省齊州及宣樂、宋昌二縣，以洊安屬綏州；八年改綏州爲湞州，縣仍屬焉；十三年廢湞州，屬賓州。至德二年改爲洊水。皇朝開寶五年并入懷集縣。

清遠縣，西北水路二百三十里，無陸路。舊五鄉，今四鄉。漢中宿縣地，隋開皇十九年改爲清遠縣。〔四三〕唐武德五年併政賓縣入。

龍磨角石，在縣東三十里，中宿峽西北。其石細滑，方圓二丈，每年春，常有龍于此磨角，有新舊痕宛然。

獅子石，在縣東，中宿峽内北山頂上。形如獅子，頭身尾足耳宛然。古老相傳曰，昔有僧居其石而無泉，感老人指泉。今則有玉泉寺。

和光洞，在縣東三十里，中宿峽内。有四色山石榴花。

中宿峽，在縣東三十五里。譚子和修海嶠志云：「二月、五月、八月，有潮上二禺峽，逐浪返五羊，一宿而至，故曰中宿峽。」

金鎖潭，在縣東三十里。秦時，崑崙貢犀牛，〔四四〕帶金鎖走入潭中。晉時有漁人周重宋者釣得金鎖，牽之見犀牛，掣之不得，忽斷，得金鎖一尺。

陽水，在縣東五十里。其石如鑊，方圓一丈，從冷水溪中自然突起，高七尺餘，兩面冷水流其中，四時氣蒸如雲霧，涌湯可煮食物，患瘡者浴之立效。

觀亭山，一名觀峽山，一名中宿峽。在縣東三十五里。晉中朝時，縣人有使至洛者，使訖將還，忽有一人寄其書云：「吾家在觀亭山前石間懸藤，〔四五〕即其處也，但扣藤，自當有人取之，若欲急達，勿失我書。」使者依其言，果有二人出水取書，拜曰阿伯欲令君前，辭不獲免，遂入泉中。室屋靡麗，精光炫目，飲食言接，無異常人。客主禮畢，乃遣其出。雖經潛泳，衣不霑濡。

湞石，一名湞石山，在湞陽縣北三十里。吴録志：「湞水所出。尉佗爲城于此山上，名萬人城也。」

東莞縣，東南水路三百二十里，無陸路。元七鄉。按南越志云：「水東流入海，帆道二日至東莞。」〔四六〕漢順帝時屬南海郡地，吴孫皓以甘露元年置始興郡，以其地置司鹽都尉。晉立東莞郡，隋爲寶安縣。〔四七〕唐至德二年改爲東莞縣。

盧山。裴淵廣州記云：「東莞縣有盧山，〔四八〕其側有楊梅、山桃，只得于山中飽食，不得取下，如下則輒迷路。」

珊瑚洲，在縣南五百里。〔四九〕昔有人于海中捕魚得珊瑚。

香山，在縣南，隔海三百里。地多神仙花卉，故曰香山。

四會縣，西北水路二百四十里，無陸路。元五鄉，今三鄉。本漢舊縣，屬南海郡。〔五〇〕唐武德五年于縣治北金雞岡上置南綏州，領四會、化蒙、新招、化注、化穆五縣。貞觀元年省新招、化注二縣，以廢威州之懷集、廢齊州之滽安二縣來屬；八年改爲湞州；十三年省湞州及化穆縣，以四會、化蒙、懷集、滽安四縣屬廣州。四會者，東有古津水，南有湞江，西有建水，北有龍江，四水俱臻，因以爲名。皇朝開寶六年廢化蒙縣來屬。

貞里，在縣南。昔里女許嫁，未成婚，其夫因虎而亡，乃誓不嫁，而身歸夫家，奉養舅姑，晨昏不倦，人美其行，故名其里。

芙蘆山，在縣東四十里。高千丈。山上有一湖。每至甲戌日，聞絲竹之音。

湞江水，在縣東。自清遠縣來。

綏建水，在縣西二百步，源發滽水縣下。昔置綏建郡于此。

古津水，〔五一〕在縣東六十里。

龍江水，在縣東北。源出萬金鄉。

蒙水，在縣西二百五十里。〔五二〕

廢化蒙縣，本隋縣。唐武德五年屬南綏州。〔五三〕貞觀八年改南綏州爲湞州，〔五四〕縣仍屬，十三年改屬廣州。皇朝開寶六年併入四會。

祀山，常聞笙歌之聲，以爲越王之靈。

新會縣，東北水路二百三十里，〔五五〕無陸路。元四鄉。漢南海郡地，晉置新會郡。隋改置封州，又改允州，又爲岡州。隋末併入廣州。唐武德四年復置岡州。舊治盆允城，〔五六〕貞觀十三年廢岡州，縣屬廣州，其年復置州于今所。開元二十三年州廢，縣入廣州，遂移縣于廢州城，前臨大海，後抗羣山。

蜑户，縣所管，生在江海，居于舟船，隨潮往來，捕魚爲業。若居平陸，死亡即多，似江東白水郎也。

盧亭户，在海島中，〔五七〕乘舟捕海族蠔蠣蛤蜊爲業。

譚波羅山，〔五八〕在縣南六十里。昔外國人曾居此山。其譚波羅者，番語也。

莫山，在縣南八十里。出鸚鵡。

崖山，在縣南八十里。臨大海。出龍眼子、木威、橄欖之樹。

西熊洲、東熊洲，俱在縣南二十七里，海心有孤山相對聳上。〔五九〕

上川洲、下川洲，在縣南二百六十里大海中。其洲帶山，灣浦極廣。出煎香，有鹽田，土煎鹽爲業。

信安縣，東北水路七百三十里，〔六〇〕無陸路。元五鄉，今二鄉。本宋元嘉二十七年置岡州縣，〔六一〕又爲義寧縣，屬新會郡。隋平陳，屬岡州。大業三年廢州，縣隸南海郡。唐武德五年復置岡州，〔六二〕縣依舊屬，開元二十三年廢州，縣又隸廣州。今遷理東溪。〔六三〕皇朝太平興國二年改爲信安縣。

封水，在縣東六十里，源出雲粟山者。南中土風，惟稻無粟，此山種粟即成。

廢岡州，今縣理也。按廣州記：「四會有金岡，新會即岡州，在側因岡爲州名也。」〔六四〕晉末置新會郡，宋、齊、梁、陳並因之。隋平陳廢，置封州，〔六五〕後改允州，尋又爲岡州。今廢爲縣。此州最邊大海，〔六六〕晴少雨多，時遇大風，則林木悉拔。又俗織竹爲釜，以蠣殼屑泥之，煮鹽，轉久彌密。又藥有鼠藤、千金草。

杜山，在縣北七里。傾巖蔽景，峯巒彌高。

金臺岡，在縣東北九十里，在海中。形如覆船，因號覆船山，行人惡之，改爲金臺岡。

疊地山，在縣西南一百六十里。山形如地疊，〔六七〕因名。

觀江水，沸騰流水，沈淪必無出者，名曰河伯下封。

郡國志廣言南海事跡，歌舞岡，〔六八〕南越王佗三月三日登高處。

乾闥婆城，多鵔鸃鳥，似山雞，家雞鬭之則可擒。其翬有光，漢以飾侍中冠。

金鳥，白口，脚如金色。

雲白鳥，一名曇鳥，亦名同力鳥，千歲則化爲鴆，能超石禁蛇。〔六九〕鳥形如雉，尾如雀尾，有碎文，〔七〇〕背上連錢。又左足三距者，其鳴先顧。

優曇鉢，似琵琶，無花而實。又有男青樹，葉如女青，但花異耳，條蘂皆朱色，插地便生。又有茉莉樹，葉如梔子，〔七一〕花如薔薇也。又有續斷藤，山行渴則斷取汁飲之，號曰東風菜也。一名皐蘆，茗之别名，南人以爲飲。又有連理荔枝樹，即傍挺龍目，側生荔枝，是也。又有木葵，可以爲扇。又有越王鳥，似鳶而口鈎，可受二升，南人以爲酒盃。糞陸香，南人以爲香，一曰鸚鵡鳥也。又有金山，見金人遊焉。又有銅石山。又有銀銅山，又有鉛穴山，出錫、鉛。爾雅云：「錫之善者曰鉛。」鉛，白錫也。又有精里，出精草布。又有勾緣藤，南人績以爲布。又有梟松鵝，一曰水鵝。又有四月海中黄魚，至八月化爲鶉鳥。又有侯鮎魚化爲豪猪。又有潛牛，形似魚，每上岸與牛鬭，角軟還入水輒堅，復出。又有百疊岡，重疊有百數。〔七二〕

湍階，永固縣南有湍階，魚鱉不可至，雖吕梁之險，無以過之。石如階級故也。

卷一百五十七校勘記

〔一〕觀相土地　「地」，萬本、庫本皆作「宜」。按水經浪水注：「建安中，吴遣步騭爲交州，騭到南海見土地形勢。」與底本相符。

〔二〕遂擁衆稱臣于吴主　「擁」，萬本、庫本皆作「率」。按三國志卷四九吴書士燮傳：建安末年，「燮又誘導益州豪姓雍闓等，率郡人民使遥東附。」則「率」是。

〔三〕晉志永安六年分交州置廣州　按三國志卷四八吴書三嗣主傳、宋書卷三八州郡四皆云孫休永安七年分交州置廣州，晉書地理志誤。

〔四〕晉領郡六　按晉書卷一五地理志下載廣州統郡十：南海、臨賀、始安、始興、蒼梧、鬱林、桂林、高涼、高興、寧浦郡。爲西晉武帝太康三年政制。晉志又云：「武帝後省高興郡。」宋書卷三七州郡志三謂臨賀、始安、始興三郡於東晉成帝時改屬荆州，則西晉廣州領郡十，實爲一代常制，此「六」疑爲「十」字之誤。

〔五〕貞觀中改爲中都督府　按下文記二年、八年、十二年改制，此「中」當爲「初」或「元年」之誤，舊唐書卷四一地理志四無「中」字。

〔六〕八年至南扶州爲竇州　「南扶」，底本作「扶風」，萬本、庫本同。按舊唐書地理志四竇州總序云：武德四年置南扶州，「貞觀六年改南扶爲竇州。」新唐書卷四三地理志七上竇州云：武德四年置南扶州，「貞觀八年更名。」本書卷一六三竇州總序同舊唐志，此「扶風」爲「南扶」之誤，據改。又「八年」，與新唐志同，舊唐志及本書竇州總序皆作「六年」，自相牴牾。

〔七〕十二年改爲南康州　按新唐書地理志七上：武德六年置南康州，九年廢，「貞觀元年復置，十一年又廢，十二年復置，更名康州。」此「改爲南康州」當爲改南康州爲康州之誤脱。

〔八〕省岡州以義寧新會二縣立岡州　按舊唐書地理志四廣州總序云：貞觀十三年「省岡州，以義寧、新會二縣並屬廣州，其年又以義寧、新會二縣立岡州。」新唐書地理志七上同，此「省岡州」下蓋脱「以義寧新會並屬廣州其年又」十二字。

〔九〕令督廣韶端康封岡新藥瀧竇義雷循潮十四州　「新」，底本脱，萬本、庫本同，據舊唐書地理志四、資治通鑑卷二四一唐元和十四年胡三省注補。

〔一〇〕音袒　萬本、庫本皆無此二字，傅校删，蓋非樂史原文。

〔一一〕浛洭入湞州湞陽入湞州　後文「入湞州」，底本作「同上」，據庫本、永樂大典卷一一九〇七引本書改，萬本作「入廣州」。按新唐書地理志七上云武德五年以浛洭、真陽二縣置洭州，貞觀元年州廢，浛洭真陽改屬廣州，并改真陽爲湞陽，本書卷一六〇英州及輿地紀勝卷九五英德府同。本書英州總序又云「僞漢乾和五年于此置英州，皇朝開寶六年割浛光縣（開寶五年改浛洭縣置）來屬」，紀勝英德府總序同，則唐宋未曾以浛洭、湞陽二縣改屬湞州，此「湞州」蓋爲「英州」之誤。萬本以湞陽「入廣州」，是以唐代而言，於北宋亦非。

〔一二〕尉佗于漢自稱蠻夷大長老　按通典卷一八四州郡一四作「尉佗于漢自稱蠻夷大長老夫臣佗」。

〔一三〕文通經史　萬本、庫本「文」上有「其地」二字。

〔一四〕渡頭崖　「頭」，萬本、庫本皆作「洛」，傅校改同。

〔一五〕甜娘　「甜」，萬本、庫本皆作「蚶」，此「甜」疑爲「蚶」字之誤。

〔一六〕分番禺置此　萬本、庫本皆作「分番禺置南海縣」，傅校改同。按元和郡縣圖志卷三四廣州南海縣序云：本漢番禺縣之地，「隋開皇十年分其地置南海縣。」此當爲「隋分番禺置南海縣」，或爲「隋開皇十年分番禺置南海縣」之脱誤。

〔一七〕開寶六年并二縣二場依舊爲南海縣并廢番禺縣入　按元豐九域志卷九廣州：「開寶五年省咸寧、常康、番禺、四會四縣並入南海。」宋會要方域七之一二：「開寶五年五月七日詔，廢僞漢廣州常康、咸寧二縣依舊爲南海鎮。」輿地廣記卷三五廣州南海縣：「開寶五年省咸寧、常康二縣入焉。」輿地紀勝廣州引國朝會要云：「開寶五年併番禺入南海。」此「六年」當爲「五年」之誤，「依舊爲南海縣」之「縣」爲「鎮」之誤。

〔一八〕其山平原彌望　「望」，底本作「延」，萬本、庫本同，據嘉慶重修一統志卷四四一廣州府引本書及太平御覽卷一七二、輿地紀勝廣州引南越志改。

〔一九〕爲廉潔之性　「廉」，底本作「堅」，據萬本、庫本輿地紀勝廣州引本書改。

〔二〇〕徊翔俯仰倏然不知所終　萬本作「徘徊仰俛，倏然不見，不知所終」，庫本「俛」作「俯」，余同。

〔二一〕素鱗紫介　「介」，底本作「分」，萬本作「夰」，據永樂大典卷二二七一一引本書改。

〔二二〕本曾山連岫　「曾」，萬本、庫本皆作「會」，嘉慶重修一統志卷四四一廣州府引本書作「層」，蓋是。

〔二三〕姚文感　「感」，萬本、庫本皆作「咸」，未知是否。

〔二四〕越華館　「越」，底本作「起」，萬本、庫本同，據嘉慶重修一統志卷四四二廣州府引本書及太平御覽卷一七二引南越志改。

〔二五〕金牛潭　萬本、庫本同，中大本、嘉慶重修一統志卷四四一廣州府引本書皆作「牛潭」，同新定九域志卷九、宋本方輿勝覽卷三四廣州。

〔二六〕望氣者以爲金之精　「金」，萬本、庫本皆作「山」，蓋是。

〔二七〕自番禺迄交趾見之　「迄」，底本作「及」，據萬本及輿地紀勝廣州引本書改。

〔二八〕孚山　「孚」，萬本、庫本皆作「浮」，傅校改同。

〔二九〕謂之鑿龍今所鑿之處　「龍」，底本作「就」，庫本同，據太平御覽卷四九引南越志改。萬本「謂之鑿龍」作「地中出血」，同水經泿水注、藝文類聚卷六引裴氏廣州記，稱爲馬鞍岡，非南越志文。「之處」，底本脱，據萬本、庫本、傅校及太平御覽引南越志改。

〔三〇〕縣在此岸　元和郡縣圖志廣州湞陽縣序：「在湞水之陽，因名。」按水北爲陽，此「此」蓋爲「北」字形譌。

〔三一〕石蛣　「蛣」，庫本同，萬本作「蛤」。

〔三二〕因番禺二山爲名　「因番禺」，底本脱，萬本、庫本同，據中大本及初學記卷八引南越志、元和郡縣圖志廣州番禺縣序補。

〔三三〕東有荔枝洲　「東」，底本作「中」，據萬本及嘉慶重修一統志卷四四一引本書改。

〔三四〕上多蛄蠣　「蛄蠣」，庫本作「蠣蛄」，萬本作「蠣蛤」。

〔三五〕純鈎　「鈎」，底本作「鉤」，庫本同，據萬本及輿地紀勝廣州引本書改。

〔三六〕見其鼎鉉　「鉉」，萬本、庫本同，輿地紀勝廣州引本書作「銘」，此「鉉」蓋爲「銘」字之誤。

〔三七〕咸謂之靈也　「也」，底本脱，據萬本、庫本及輿地紀勝引本書補。

〔三八〕顧微　「微」，底本作「徽」，萬本、庫本作「徵」。按晉顧微著廣州記，見於藝文類聚卷八二、説郛，此「徽」爲「微」字形訛，據改。

〔三九〕吴黄武中于此置東郡而立增城縣　按通典州郡一四南海郡廣州增城縣：「吴置東宫郡於此。」舊唐書地理志四廣州增城縣：「吴於縣置東官。」此「東郡」疑爲「東官」之誤。又續漢書郡國志五南海郡領有增城縣，則東漢已置，非立於吴也，再晉書卷一五地理志下、宋書卷三八州郡志四、南齊書卷一四州郡志上皆載增城縣並屬南海郡，非隸於東官郡。

〔四〇〕白塔水　「塔」，萬本、庫本同，中大本及嘉慶重修一統志卷四四一廣州府引本書作「路」，此「塔」蓋爲「路」字之誤。

〔四一〕塘江水至在縣界　萬本、庫本皆無此一九字。

〔四二〕以懷集屬南綏　「綏」，底本作「海」，萬本、庫本同。按舊唐書地理志四云：貞觀元年廢威州，「以懷集屬南綏。」又云：武德五年於四會縣置南綏州，貞觀元年「以廢威州之懷集、廢齊州之洊安二縣來屬。」新唐書地理志七上及本書復文四會縣序同，則此「海」爲「綏」字之誤，據改。

〔四三〕隋開皇十九年改爲清遠縣　「縣」，底本無，據萬本、庫本補。按隋書卷三一地理志下：「清遠，舊置清遠郡，又分置威正、廉平、恩洽、浮護等四縣，平陳並廢，以置清遠縣。」輿地廣記廣州亦云：「隋平陳，廢清遠郡，置清遠縣。」則隋改置清遠縣在開皇九年平陳，此「十」字疑衍，又上引二書改置清遠縣沿革與此異。

〔四四〕崑崙貢犀牛　「牛」，底本脱，據萬本、庫本及輿地紀勝廣州引本書補。

〔四五〕吾家在觀亭山前石間懸藤　「山」，底本脱，庫本同，據萬本、輿地紀勝廣州引本書及宋本方輿勝覽卷三四廣州補。又藝文類聚卷八二引王歆始興記作「吾家在觀亭，亭廟石間有懸藤」，文稍異。

〔四六〕帆道二日至東莞　「二」，輿地紀勝廣州引本書作「三」。

〔四七〕隋爲寶安縣　按宋書州郡志四、南齊書州郡志上東官郡有寶安縣，則寶安縣非置於隋也。

〔四八〕盧山裴淵廣州記云東莞縣有盧山　二「盧」字，太平御覽卷四九引廣州記同，萬本及嘉慶重修一統志卷四四一廣州府作「盧」。

〔四九〕在縣南五百里 「百」，輿地紀勝廣州作「十」，疑此「百」爲「十」字之誤。

〔五〇〕屬南海郡 「郡」，底本脱，萬本、庫本同，據輿地紀勝卷九六肇慶府四會縣序引本書及漢書卷二八地理志下補。

〔五一〕古津水 輿地紀勝肇慶府引本書作「古建水」，未知是否。

〔五二〕蒙水在縣西二百五十里 輿地紀勝肇慶府引本書作「蒙山在縣西一百五十里」，未知是否。

〔五三〕唐武德五年屬南綏州 「南」，底本脱，萬本、庫本同，據舊唐書地理志四、新唐書地理志七上及本書四會縣序補。

〔五四〕貞觀八年改南綏州爲湞州 「爲」，底本脱，萬本、庫本同，據舊唐書地理志四及本書四會縣序補。

〔五五〕東北水路二百三十里 元豐九域志廣州新會縣：「州西南三百三十里。」輿地紀勝廣州同。按廣州治南海縣，即今廣東廣州市，新會縣即今縣，位於廣州西南，九域志、紀勝云「西南」是也。嘉慶重修一統志卷四四二廣州府引本書云「新會縣東北至廣州水路二百三十里」，此「東北」下脱「至州」二字。

〔五六〕盆允城 「允」，舊唐書地理志四作「源」。

〔五七〕在海島中　「中」，底本作「山」，萬本、庫本同，據永樂大典卷一一九〇七引本書改。

〔五八〕譚波羅山　「譚」，底本作「潭」，據萬本、庫本、嘉慶重修一統志卷四四一廣州府引本書及傅校改。下同。

〔五九〕海心有孤山相對聳上　此九字萬本、庫本皆脱。「上」，傅校改爲「出」。

〔六〇〕東北水路七百三十里　按嘉慶重修一統志卷四四八肇慶府引本書作「東北水路至州七百三十里」，則此「東北」下脱「至州」二字。

〔六一〕宋元嘉二十七年置岡州縣　按宋書州郡志四載，新會郡，晉恭帝元熙二年分南海置，領有義寧縣。元和郡縣圖志廣州義寧縣序云：「本漢番禺縣之地，宋元嘉六年於此置義寧縣，屬新會郡。隋改屬岡州。」舊唐書地理志四亦云：「宋置義寧縣，屬新會郡。」本書下列廢岡州云：「晉末置新會郡，宋、齊、梁、陳並因之。隋平陳，遂置封州，後改允州，尋又爲岡州。」凡此可證南朝宋無「岡州縣」設置，此「岡州縣」三字衍誤。

〔六二〕唐武德五年復置岡州　按舊唐書地理志四、新唐書地理志七上及本書新會縣序皆云「武德四年復置岡州」，輿地廣記、輿地紀勝廣州同，此「五年」當爲「四年」之誤。

〔六三〕今遷理東溪　「遷理」，底本作「理遷」，庫本同，據萬本及嘉慶重修一統志肇慶府引本書乙正。

〔六四〕在側因岡爲州名也　「在」，萬本及輿地紀勝廣州引本書同，又輿地紀勝肇慶府引本書作「左」，疑是。

〔六五〕隋平陳廢置封州　「廢」，底本作「遂」，萬本、庫本無，傅校删。按輿地紀勝廣州引本書云：「晉末置新會郡，宋、齊、梁、陳並因之，隋平陳廢，置封州。」廢者，新會郡也，改置封州。隋書地理志下新會縣：「舊置新會郡，平陳，郡廢，又併盆允、永昌、新建、熙潭、化召、懷集六縣入，爲封州。」正合紀勝引本書，則此「遂」乃「廢」字之誤，據改。

〔六六〕此州最邊大海　「邊」，底本作「近」，萬本、庫本同，據中大本、輿地紀勝廣州引本書、太平御覽卷一七二引郡國志及傅校改。

〔六七〕壘地山在縣西南一百六十里山形如地疊　二「地」字，輿地紀勝卷九七新州引本書作「蛇」，此「地」蓋爲「蛇」字之形訛。

〔六八〕郡國志廣言南海事跡歌舞岡　底本「事跡」下衍「見下文」三字，據萬本、庫本、輿地紀勝新州引本書及傅校删。又紀勝引本書列目歌舞岡，下文「郡國志廣言南海事跡，歌舞岡」云云，則此「郡國志」上蓋脱列目「歌舞岡」三字。

〔六九〕千歲則化爲鳩能超石禁蛇　「鳩」，輿地紀勝新州引本書作「鶴」，此「鳩」疑爲「鶴」字之誤。「超」，底本作「起」，據萬本、庫本及紀勝引本書改。

〔七〇〕有碎文　「碎」，輿地紀勝新州引本書作「綷」，此「碎」蓋爲「綷」字之誤。

〔七一〕葉如梔子　「梔」，底本作「巵」，據萬本、庫本及輿地紀勝新州引本書改。

〔七二〕百疊岡重疊有百數　按輿地紀勝新州：萬疊崗，寰宇記云：「崗重疊無數。」與此別。

太平寰宇記卷之一百五十八

嶺南道二

潮州　恩州　春州領廢勤州　藤州　龔州領廢思明州

潮州

潮州，潮陽郡。今理海陽縣。亦古閩越地。秦屬南海郡，秦末屬尉佗。漢初屬南越，後屬南海郡。東漢因之。晉置東官郡，又分置義安郡。南越志云：「義安郡，本屬南海郡，後隸東官郡，晉義熙八年割立其地，〔一〕與晉安郡接境，吴興、餘杭隣界是也。」歷宋、齊因之。梁置東楊州，後改爲瀛州。及陳而廢。隋平陳，置潮州。煬帝初置義安郡。唐武德元年復爲潮州。〔二〕天寶元年改爲潮陽郡。乾元元年復爲潮州。

元領縣三。今二：海陽，潮陽。一縣割出：程鄉。爲梅州。

州境：東西五百五十里。南北二千三百里。

四至八到：西北至東京七千里。西北至西京七千四百里。西北至長安七千六百里。東至漳州七百五十里。西至循州界石埸三百里。東至大海一百里。北至虔州雩都縣二千二百里。東南至海口九十里。西南至潮州海豐縣木步鎮六百五十里。西北至虔州安遠縣一千八百里。東北至汀州魚磯鎮六百五十里。元無陸路。〔三〕

户：唐開元户一千八百。皇朝户主、客都共五千八百三十一。

風俗：同南海。

土産：水馬，甲香，鮫魚皮，海桐皮，蕉布布，千金鈎藥，烏藥，地黄，煮海爲鹽，稻得再熟，蠶亦五收，五子樹，郡國志云：「潮陽五子樹，實如梨，有五核，治金瘡及霍亂。」鰐魚。嶺表録異云：「鰐魚，其身土黄色，有四足，修尾，形狀如鼉而舉止趫疾，口森鋸齒，往往害人，南中之鹿多，最懼此物。鹿走崖岸上，羣鰐號叫其下，鹿必怖懼落崖，多爲鰐魚所得，〔四〕亦物之相懾伏也。」

海陽縣，六鄉。本漢揭陽縣地，晉立郡于此。按南越志云：「海陽縣南十二里，即大海。東至興寧縣水道八百里，至廣州南二十五里。〔五〕有湖龜靈甲之類。」

鳳凰山，一名翔鳳山。有鳳凰水。昔有爰居來此集，〔六〕因名之。山多相思樹，中有神，形如人，被髮迅走。山海經云：「南方有贛巨人，人面長脣，黑身有毛，反踵，見人笑亦笑，笑則脣蔽其面，因即逃也。」郭景純云即「梟陽」，蓋此也。

陰那山，〔七〕九侯山，苦竹山，杭山，〔八〕屛水，懷遠水，分飛水，以上皆邑界之山水也。〔九〕

潮陽縣，西南隔小海二百里。〔一〇〕二鄉。本漢、晉海陽縣地，按南越志云：「潮陽，窮海之北，故曰潮陽。縣之南有小水而南流，注于海中，多文貝，可以解毒，紫藻朱文，即其狀。」隋廢縣。唐武德六年再置，永徽初廢，先天初又置。

白嶼洲。郡國志：「潮陽白嶼洲，亦自海浮來，後會稽人姓丁識之，云曾藏銅熨斗于洲上，往取，果得。」

侯子山，一名龍首山。

西豐水，有銀石臨水，穴中有銀瓶，不可取。

曾山，多文貝，可以解毒也。

龍溪山。

濁溪山。

西衡澤。按南越志云：「義安郡有義昭縣，昔流人營也。」義熙九年立爲縣，〔一一〕永初元年移上郡之西。有海寧縣，在郡之東六里，西接東官縣界，龍首山、龍溪山、龍蛇水，自此山而出焉。〔一三〕又綏安縣，在郡之東一千里，海道也。東接泉州晉安縣界，〔一三〕北連山數千，日月蔽藏。昔建德伐木以爲舟船之處。又云綏安縣北有連山，昔越王建德伐木爲船，其大千石，以童男女三百人牽之，既而船俱墜于潭，時聞附船者有唱喚督進之聲，往往有青牛馳迴船側。〔一四〕

梅溪水。

房樂水。

板溪水。

山都。神名，形如人而披髮迅走。

恩州

恩州，恩平郡。今理陽江縣。禹貢揚州之分。春秋時，百越地也。秦屬南海郡。漢置爲高涼縣，屬交州合浦郡。梁大通中爲高州。隋置高涼郡。唐武德四年平蕭銑，置高州都督府，管高、春、羅、辯、雷、崖、儋、新八州；七年割崖、儋、雷、新屬廣州。貞觀二十三年廢高州都督府，置恩州。天寶元年改爲恩平郡。乾元元年復爲恩州。州内有清海軍，管戍兵三千人。按投荒録云：「恩州爲恩平郡，涉海最爲蒸濕，當海南五郡泛海路，凡自廣至勤、春、高、潘等七州，舊置傳舍。此路自廣州泛海行數日方登陸，前所謂行人憚海波，不由傳舍，故多由新州陸去，今此路惟健步出使與遞符牒者經過耳。既當中五州之要路，〔一五〕由是頗有廣陵、會稽賈人船循海東南而至，故吳、越所産之物，不乏于斯。」後唐清泰元年昇爲防禦州。皇朝爲刺史州。

元領縣三。今一：陽江。二縣廢：恩平，杜陵。以上併入陽江。

州境：東西四百里。南北六十里。

四至八到：北至東京五千三百二十里。北至西京五千七百五十五里。北至長安取廣、韶、郴等州路五千九百六十五里。東至廣州海路五百里，江路六百五十里，陸路七百里。西至高州三百里。南至海二十里。北至春州一百里。東南至海晏軍一百一十里。西南至大海無崖。東北至信安縣二百五十里。西北至春州陽春縣九十里。

户：唐開元户二百七十八。皇朝户主六百三十四，客一百四十六。

風俗：與廣州同。人以採甲香爲業，土地多風少旱，耕種多在洞中。

土産：金，銀，以上貢。鵝毛艇。按嶺表録：「鵝毛艇出海畔恩州，乃鹽藏鱎魚兒也，甚美，其細如毛而白，故謂鵝毛艇。」

陽江縣，元十鄉，今三鄉。隋置縣，因邑界陽江爲名。州舊治恩平縣，唐大順二年經兵寇，移州理于此。

陽江，自春州陽春縣流來。

廢恩平縣，東一百五十里。舊九鄉。漢合浦郡地，隋置海安縣。唐武德五年改爲齊安縣，至德二年改爲恩平。去海五十里，舊爲州理。

廢杜陵縣，西北一百二十里。舊六鄉。隋杜原縣。唐武德五年改爲杜陵。去海三十里。以上二縣，皇朝開寶六年廢入陽江。〔一六〕

龜龍山，〔一七〕在恩平縣西南，高三百餘丈，周迴一百五十里。山形似龍，下有龍穴，往往興雨，云是龜洲。〔一八〕

桃花山。山有桃花水，事如武陵者。〔一九〕

金雞石，在州西北。郡國志：「石上每有雞見，金色，鳴于石上。」

仙人石，在州東北。有湖，闊一里，湖北有石，云是仙人飛下此石，一曰仙人床。

萬安水。水側有越王神祠在。

羅洲，在海口，迴環三百里，在縣西。〔二〇〕圖經云：「海中有魚，形如鹿，每五月五日夜，悉登岸化爲鹿，小于山鹿。」此洲乃百姓魚鹽之地也。

恩平江，自州界平城山流經縣東，下入新會縣界。

望海岡，在州南二里。其上見海。岡北有甘泉，風俗謂之神井。

春州

春州，南陵郡。今理陽春縣。古越地。秦取百越爲南海、象郡。漢爲合浦郡之高涼縣地，晉分置恩平縣。〔二〕隋爲高涼郡之陽春縣。唐武德四年平蕭銑，置春州。天寶元年改爲南陵郡。乾元元年復爲春州。皇朝平廣南，開寶五年廢州，以其地隸恩州；至六年復置，仍併流南、羅水二縣入陽春一縣，又廢勤州之富林縣入銅陵一縣來屬，從本道轉運使潘美之請也。

元領縣四。今一：陽春。三縣廢：流南，新併入陽春。羅水，新併入陽春。〔三〕西城。舊廢。

廢勤州元領縣二，今一：銅陵。一縣廢：富林。併入銅陵。

州境：東西二百三十里。南北二百八十里。

四至八到：北至東京五千三百里。北至西京五千四百五十里。西北取端州路至長安五千七百里。東至新州二百六十里。西至竇州界三百二十里。南至恩州二百六十里。〔三〕北至康州四百七十里。東南至恩州一百七十六里。〔四〕東北至新州二百一十里。

西南至高州二百一十里。西北至康州三百二十里。

户：唐開元户一萬一千二百一十八。廢勤州開元户六百八十二。皇朝都共户主三百九十二，客一十三。〔二五〕

風俗：同廣州。

土産：鍾乳，無絲蠶，蕉葛，石斛。唐時曾進。〔二六〕

陽春縣，三鄉。州所理。漢高涼縣地，屬合浦郡。至隋不改。

廢羅水縣，西南九十里。二鄉。天寶末置。

廢流南縣。以上二縣，皇朝併入陽春。

廢西城縣，〔二七〕漢臨允縣地。自流南縣與西城縣出十道志，舊廢。

鵲山單林洞，〔二八〕在郡邑界。

鸞山。山有鸞逕。

長圍石。郡國志云：「以居人遶之，故名。」

巨石。按南越志云：「甘東縣二里有巨石焉。」甘東縣，隋分置西城縣。〔二九〕此山有二石室，有懸泉飛渚，金膏、銀燭、靈芝、玉髓之異，不可詳録。〔三〇〕金膏者，澤如膏，銀燭者，其光可燭。其石自然成樓臺、柱楝，石床、石池、石田制置，皆如人巧。父老云此室者，仙所以觴百神也，而遊獵者每踐藉之，其靈稍顯，時有白雲芳風朱華，此谷輒有鸞鳳之音。

石墨。郡國志云：「元嘉中開郡塹，得石墨數斛，可以書。」

連石山，至于重陽四晦，則雞鳴雲中。

銅陵縣，東南六十里。二鄉。本漢臨允縣地，屬合浦郡。宋立龍潭縣。隋改爲銅陵縣，以界内有銅山。

銅山。昔越王趙佗于此山鑄銅。

廢勤州，本銅陵郡，理銅陵縣。二漢屬合浦郡之高涼縣地，唐武德四年置勤州，隸南康州總管；〔三二〕九年改隸廣州，其年廢，縣屬春州。尋復置勤州，以銅陵來屬，仍析置富林縣。

廢富林縣，在廢州北九十里。析銅陵縣置。

藤州

藤州，感義郡。今理鐔津縣。鐔音談。〔三三〕隋永平郡。唐武德四年置藤州，領永平、猛陵、安基、武林、隋建、陽安、普寧、戎城、寧人、淳人、大賓、賀川十二縣。貞觀七年以武林屬龔州，普寧屬容州，八年以猛陵屬梧州，十二年以隋建屬龔州。天寶元年改爲感義郡。乾元元年復爲藤州。皇朝開寶六年移州于大江西岸爲理。

元領縣四。今一：鐔津。三縣廢：寧風、感義、義昌。以上併入鐔津。

州境：東西一百六十里。南北一百三十里。

四至八到：西北至東京六千二百里。西北至西京六千六百里。東北至長安六千八百里。東至梧州二百五十里。西至龔州一百四十里。〔三三〕南至義州二百里。北至舊州改爲龍興縣一百一十里。東南至南儀州界一百六十里。西南至容州陸路二百一十里，水路三百二十里。東北至梧州蘆陵縣界一十五里，〔三四〕沿流至梧州一百里。西北至蒙州東區縣界一百四十一里。

户：唐開元户二千九百八十。皇朝户主、客一千一百四十七。

風俗：郡國志云：「俗以青石爲刀劍，如銅鐵法。婦人亦爲環玦，〔三五〕以代珠玉也。夷人死，死則往往化爲貙。貙，少虎也。其初穴棺而出如鼠，漸如狗大，並是人肝所感。」

土産：竹子布，蜜波羅。樹生絶石懸崖間，至堅白，堪爲器。

鐔津縣，舊五鄉，今六鄉。漢猛陵縣，屬蒼梧郡。晉置永平郡。隋置藤州及鐔津縣。

廢寧風縣，在州西一百里。

廢感義縣，在州南九十里。本淳人縣，在義江口，唐武德改爲感義。此縣出秦吉了。

廢義昌縣，在州西北五十里。本安昌縣，唐至德二年改爲義昌縣。以上三縣，皇朝入鐔津縣。

青草縣，在大江心。〔三六〕

瘴江，俗名濤江。自藤州入永平縣。〔三七〕

鉛穴山，陳王穴，吉水，皆在郡界。

鐔鬱江口，在城下。出辰州鐔嶺，流經是郡。

孤夷。郡國志云：「孤夷，名也。〔三八〕有兩牙，長二寸，食人。性重人掌蹠，得人即懸之室内，當面鋪坐，擊鐘鼓，歌舞飲酒，稍割而啖之。方于農時，獵人以祀田神。」

龍母廟，在州東，枕容州江口。

龔州

龔州，臨江郡。今理平南縣。隋永平郡之武林縣。唐貞觀三年置藤州，七年移藤州于今州東，仍于藤州舊所置龔州都督府，督龔、潯、蒙、賓、澄、藤七州。割藤州之武林、藤州之泰川來屬，又立平南、西平、歸政、大同四縣；十二年廢潯州，以桂平、陵江、大賓、皇化四縣來屬；其年省泰川入平南，省陵江入桂平，省歸政入西平，又割藤州之隋建來屬。天寶元年改爲臨江郡。乾元元年復爲龔州。皇朝開寶六年廢陽川、武林、隋建、大同四縣入平南一縣，又省思明州之平原縣入武郎縣，隸龔州，其思明州廢。

元領縣五。今一：平南。四縣廢：陽川，武林，隋建，大同。以上入平南。

廢思明州元領縣二，今一：武郎。一縣廢：平原。併入武郎。

州境：東西。缺。南北。缺。

四至八到：北至東京五千里。西北至西京四千三百六十一里。西北至長安取梧州路五千七百二十里。東至藤州一百七十五里。西至潯州一百三十里。南至舊繡州九十三里。〔三九〕東南至藤州二百五十三里。北至武仙縣至蒙州三百五十里。〔四〇〕西南沿流至潯州一百二十里。西北至象州三百二十五里。東北至藤州一百四十里。

户：唐開元户九千。皇朝户主六百一十五，客二百五十二。

風俗：〔四一〕

土産：無。

平南縣，舊四鄉。〔四二〕本漢猛陵縣地，屬蒼梧郡。晉分蒼梧置永平郡，仍置武林縣。〔四三〕唐貞觀七年分置平南縣。後自武林移龔州治于此。

廢武林縣，在縣東南二十里。本猛陵縣地，隋分置武林縣，屬藤州。貞觀七年屬龔州。

廢隋建縣，在縣東南八十里。本猛陵縣地，唐武德中屬藤州，貞觀中來屬。

廢大同縣，在縣東七十五里。唐貞觀七年置。〔四四〕

廢陽川縣，在縣西北四十里。本陽建縣，〔四五〕改爲陽川縣。以上四縣，皇朝廢入平南。

鷰石，大烏江，盧越，皆即邑之山水。

武郎縣，舊一鄉，今二鄉。本屬思唐州。

廢平原縣，在武郎縣西南八十里。皇朝開寶五年併入武郎縣，屬龔州，仍廢州。

廢思明州，舊名思唐州武郎郡，皇朝開寶四年平南越，改爲思明州。至是廢入龔州。

卷一百五十八校勘記

〔一〕晉義熙八年割立其地　按宋書卷三八州郡志四、元和郡縣圖志卷三四潮州總序皆謂晉安帝義熙九年立義安郡，此云「八年」，疑誤。

〔二〕唐武德元年復爲潮州　按資治通鑑卷一八九載，唐武德四年十月平蕭銑；同書卷一九〇載，唐武德五年正月，嶺南俚帥楊世略以循、潮二州降，七月，嶺南悉平，則改義安郡爲潮州，當在武德五年，此云「元年」，非是。

〔三〕元無陸路　庫本同，萬本無此四字。

〔四〕多爲鰐魚所得　「鰐魚」，底本脱，據萬本、太平御覽卷九三八、輿地紀勝卷一〇〇潮州引嶺表録異補。

〔五〕至廣州南二十五里　「二」，萬本、庫本皆作「三」，傅校改同。輿地紀勝潮州引南越志作「至廣州界二十五里」，此「南」疑爲「界」字之誤。

〔六〕昔有爰居來此集　「來」，底本作「于」，據萬本、庫本、輿地紀勝潮州引本書、傅校及宋本方輿勝覽卷三六潮州改。

〔七〕陰那山　底本脱，據萬本、中大本、庫本、輿地紀勝潮州、嘉慶重修一統志卷四四六潮州府引本書及傅校補。

〔八〕杭山　「杭」，底本作「沆」，據萬本、中大本、庫本、輿地紀勝潮州引本書及傅校改。

〔九〕以上皆邑界之山水也　「皆」，底本無，據萬本、庫本補。

〔一〇〕西南隔小海二百里　「二」，底本作「三」，萬本同，據中大本、庫本、嘉慶重修一統志潮州府引本書及元和郡縣圖志潮州改。

〔一一〕義熙九年立爲縣　「九」，底本作「元」，萬本、庫本同，據嘉慶重修一統志潮州府引本書及宋書州郡志四改。

〔一二〕龍首山龍溪山龍蛇水自此山而出焉　按輿地紀勝潮州引南越志云：「海寧縣在郡之東六里，西接東官縣界，龍首山、龍溪山、龍蛇水，自此而出焉。」則「此山」之「山」字衍。

〔一三〕東接泉州晉安縣界　「泉州」，底本作「江州」，萬本、庫本同，據輿地紀勝潮州引南越志改。宋書卷三六州郡志二晉安郡領有晉安縣，元和郡縣圖志卷二九泉州南安縣云「晉爲晉安縣地」，是晉安縣於唐屬泉州，但時代混雜不一。

〔一四〕時聞附船者有唱喚督進之聲往往有青牛馳迴船側　「附船」、「往往」，輿地紀勝潮州引南越志作「得船」、「來往」，於文當是。

〔一五〕既當五州之要路　「路」，底本脱，據萬本、庫本及輿地紀勝卷九八南恩州引本書補。

〔一六〕皇朝開寶六年廢入陽江　「六年」，元豐九域志卷九、輿地廣記卷三五輿地紀勝、南恩州皆作「五年」。

〔一七〕龜龍山　庫本作「龜龍江山」，萬本、嘉慶重修一統志卷四四七肇州府引本書作「龍鼉山」，按輿地紀勝南恩州同此，庫本衍「江」字，萬本等誤。

〔一八〕龜洲　庫本同，萬本、嘉慶重修一統志卷四四七肇州府引本書作「鼉洲」，傅校改同。

〔一九〕事如武陵　「事」，底本脱，萬本、庫本同，據中大本及輿地紀勝南恩州引本書補。

〔二〇〕在縣西　按輿地紀勝南恩州作「在陽江縣西南」，此疑脱「南」字。

〔二一〕晉分置恩平縣　按晉無此「恩平縣」，宋書州郡志四：高涼郡，「漢獻帝建安二十三年，吴分立，治思平縣。」南齊書卷一四州郡志上，高涼郡領有思平縣。此「恩平」蓋爲「思平」之誤，東漢末吴置，此云「晉分置」，亦誤。

〔二二〕新併入陽春　底本作「同」，據萬本、庫本及傅校改補。

〔二三〕南至恩州二百六十里　「二」，萬本、庫本同，傅校作「一」。通典卷一八四州郡一四南陵郡春州：「南至恩平郡（恩州）九十三里。」按春州治陽春縣，即今廣東陽春縣，恩州治陽江縣，即今陽江市，二地距離九十餘里，此「二百」誤。

〔二四〕東南至恩州一百七十六里　「恩州」，底本作「南恩州」，據萬本、庫本及通典卷一八四州郡一四删「南」字。元豐九域志卷九南恩州：「慶曆八年以改河北路貝州爲恩州，加『南』字。」

〔二五〕客一十三　萬本、庫本皆無此四字。

〔二六〕唐時曾進　萬本作「唐時貢」，同唐六典卷三，新唐書卷四三地理志七上。

〔二七〕廢西城縣　「西城」，底本作「流南」，萬本、庫本同。按廢流南縣已見上述，此不應重出，輿地紀勝南恩州作「廢西城縣」，是也，此「流南」爲「西城」之誤，據改。

〔二八〕單林洞　「林」，輿地紀勝南恩州作「單麻洞」，未知是否。

〔二九〕甘東縣隋分置西城縣　庫本同，萬本無此九字，按輿地紀勝南恩州引南越志、嘉慶重修一統志卷四四七肇慶府引本書皆同，此應屬於上列廢西城縣條而錯簡於此。

〔三〇〕不可詳録　「詳」，底本作「具」，據萬本、庫本及輿地紀勝南恩州引南越志改。

〔三一〕隸南康州總管　「州」，底本脱，萬本、庫本同，據舊唐書卷四一地理志四補。

〔三二〕鐔音談　萬本、庫本皆無此三字。

〔三三〕西至龔州一百四十里　「西」，萬本、庫本皆作「西北」。按通典州郡一四、舊唐書地理志四皆作「西」，然以地理位置而言，龔州在藤州西北。

〔三四〕東北至梧州盧陵縣界一十五里　按通典州郡一四、舊唐書地理志四、新唐書地理志七上梧州無「盧陵縣」，而有孟陵縣，位於藤州東北，此「盧」蓋爲「孟」字之誤。又底本「縣」下有「鄉」字，乃衍，據萬本、庫本删。

〔三五〕婦人亦爲環玦　「玦」，底本脱，萬本、庫本同，據太平御覽卷一七二、輿地紀勝卷一〇九藤州引郡國志補。

〔三六〕青草縣在大江心　按秦漢至唐宋無「青草縣」名者，此誤。

〔三七〕鸞州　「鸞」，底本作燕，據萬本、庫本、輿地紀勝藤州引本書、元和郡縣圖志卷三七、舊唐書地理志四、新唐書地理志七上龔州總序及傅校改。後龔州總序改同。

〔三八〕孤夷名也　「名也」，底本作「獸名也」，萬本、庫本同，永樂大典卷二三四四引本書無「獸」字，輿地紀勝藤州引郡國志云：「孤夷，夷人名也。」此「獸」字衍誤，據删。

〔三九〕南至舊繡州九十三里　「三」。通典州郡四、舊唐書地理志四皆作「五」，此「三」爲「五」字之誤。

〔四〇〕北至武仙縣至蒙州三百五十里　按本書卷一六五象州領武仙縣，據中國歷史地圖集第五册唐嶺南道，武仙在龔州之西，蒙州在龔州之北，龔州北至蒙州，無須繞道武仙縣，通典州郡四臨江郡龔州：「北至蒙山郡（蒙州）二百四十九里。」此有誤。

〔四一〕風俗　萬本同，庫本「風俗」下有「與廣州同」四字。

〔四二〕舊四鄉　萬本、庫本皆無「舊」字。

〔四三〕晉分蒼梧置永平郡仍置武林縣　按宋書州郡志四永平郡武林縣：「文帝立。」元和郡縣圖志龔州武林縣：「宋元嘉二年置武林縣，屬永平郡。」非置於晉也，下文廢武林縣云「隋分置」，亦非。

〔四四〕唐貞觀七年置　「七年」，元和郡縣圖志、新唐書地理志七上同，舊唐書地理志四作「元年」。

〔四五〕本陽建縣　「陽」，底本作「隋」，萬本同，據庫本及舊唐書地理志四、新唐書地理志七上、輿地廣記卷三六龔州改。

太平寰宇記卷之一百五十九

嶺南道三

韶州　端州　循州

韶州

韶州，始興郡。今理曲江縣。禹貢揚州之域。春秋、戰國時皆楚地。秦屬南海郡。二漢屬桂陽郡。吴甘露元年于此置始興郡。晉因之，宋明帝改爲廣興郡。齊高祖復爲始興。梁元帝于郡理置東衡州。〔一〕隋開皇九年平陳，改東衡州爲韶州，以州北八十里韶石爲名，仍省始興郡；十一年廢韶州，以縣屬廣州；十二年自南海移廣州理廢韶州。仁壽元年改廣州爲番州，復還治南海縣，曲江縣復屬番州，三年以番州爲南海郡。唐武德四年平蕭銑，復置番州，領曲江、始興、樂昌、臨瀧、良化五縣。貞觀元年改爲韶州，仍割洭州之翁源來屬，

八年廢臨瀧、良化二縣。天寶元年改爲始興郡。乾元元年復爲韶州。僞乾祐二年割湞昌、始興二縣置雄州。〔二〕

元領縣六。今三：曲江，樂昌，翁源。一縣廢：仁化。入樂昌。二縣割出：湞昌，始興。入南雄州。

州境：東西二百八十五里。南北二百九十五里。

四至八到：東北至東京二千九百四十里。西北至西京取郴州路四千一百四十二里。西北至長安取郴州路四千九百三十二里。東至湞陽嶺與南雄州始興縣分界。南至廣州水陸相兼五百三十里。西至連州山路嶮峻五百里。北至當州崑崙鎮與郴□義□縣分界。〔三〕東南至當州玉湖鎮與英州湞陽縣分界。西南至當州黄土嶺與英州浛光縣分界。西北至郴州四百一十里。東北至虔州五百五十里。

户：唐開元户二萬一千。皇朝户主九千八百二，〔四〕客九百五十四。

風俗：同廣州。

人物：張九齡。韶州曲江人。相唐玄宗。

土産：蕉布，竹布，石斛，甲香，水馬，鮫魚皮，髯蛇。蛇多髯故也。

曲江縣，漢舊縣，以湞水屈曲爲名。〔五〕後漢于此置始興縣，〔六〕本桂陽之南部，吴甘露元年于此置縣并郡。

錢石山。按湘川記云：「曲江縣東有錢石山，其狀四方，有若臺，其石三面壁立，上有碎石如錢，故謂之錢石山。」

斜階山，斜階水出焉。

桂山。多菌桂，有越嶺。

玉山。山下有廟，曾有人得玉璞于此。有銀山，白石山，越王山。又有浮山。其地躡一處則百餘步地動。

王山，〔七〕俗名越王山。二千石初到，皆致虔祠，水旱祈禱，多有應焉。

逃石，一名靈山。本在桂陽汝城縣，因夜迅雷之變，忽然亡之。後商人遊此，識而驚曰此石逃來。

林水源處。時有紅光，狀如驚電夜舒也。

雲水源。有湯泉沸湧，每至霜雪，其上蒸氣高數丈，生物投之，俄而熟矣。泉有細赤魚出游，莫有獲者。

臨水源。其山重疊，傍有石室，室前盤石上羅列十甕，悉貯銀餅。山行者取之，輒昏迷失路。昔縣人封驅之奴與伴類採樵，遂竊銀餅一，其伴阻之，而奴不從。行未數里，爲大蛇所蟠，餘人怖懾，殆而獲全。其夜驅夢神語曰：「君奴不謹，盜銀二餅，即以顯戮。」因驚悟悚悸，即尋奴，則奴死銀存。有徐道覆在郡，聞此甚貪而慢之，負其氣謂必可致。因率徒入山，欲鳴鼓攻之，塗未造半，忽震雷疾風，〔八〕衆人咸懾。于是迄今，〔九〕莫敢取者。

曲江，以湞水迴曲，因以名之。

靈鷲山，在縣北六里。有寺一，曰虎市山，晉義熙中，有天竺僧居之，而虎乃越峻嶺，一旦林叢鮮茂。始興記：「靈鷲山臺殿宏麗，面象巧妙，嶺南佛寺，此爲最也。」

韶石。郡國志云：「韶州科斗勞水間有韶石，兩石對峙，相去一里，大小畧均，有似雙闕。永和二年，有飛仙衣冠分遊二石上。昔舜遊登此石，奏韶樂，因名。」

芙蓉岡。郡國志云：「岡之半有石室伏洞，深莫可測。漢末，道士康容得仙于此。」

目嶺水，水巖間有石穴，如人眼極大，瞳子白黑分明，故名。

盧水，此水合武水處甚險，名曰新瀧。〔一〇〕有太守周昕廟，即始開此瀧者。行者放雞散米以祈福。而忌著濕衣入廟。

皇潭，潭側有舜祠，昔爲舜遊之處。

聖鼓灘，舟人以篙撞之，即有瘧疾。

張九齡宅，基址在州西二里。

書堂，在州南二十五里。在上白石内，石室臨近大江。

樂昌縣，西北一百四十里。今依舊九鄉。〔一一〕梁武帝分曲江縣置梁化縣。隋開皇十八年改樂昌縣。唐貞觀元年以屬韶州。縣南臨武溪水，當郴州往韶州驛。

昌山。拾遺志云：「縣東有山，名昌山，有石平廣數十步，上多竹木交蔭。〔一二〕每至佳節，爲士庶嬉遊之所，時呼爲樂石。今取山爲縣名。」

藍豪山，泰山，〔一三〕在邑界。

廢仁化縣，在州北一百一十里。本唐垂拱四年分曲江縣置。南臨會湞水。又按郡國志云：「仁化縣有錦石溪，里人績竹爲布。」皇朝開寶六年併入樂昌縣。〔一四〕

三風亭，五渡水，皆邑界之古跡也。

翁源縣，東南二百八十里。元四鄉。梁承聖末，廣州刺史蕭勃分湞陽縣地置。〔一五〕按縣南湞水，又西南與翁水合，又西入湞陽縣界。陳于此置清遠郡。隋平陳，郡廢。

利山，一名甲子山。

靈池山。池中有石人，或藏或見，鬚眉皓白，自號老翁。人居此源，皆享壽考，因名翁水，故曰翁源。

端州

端州，高要郡。今理高要縣。秦屬南海郡。兩漢及晉並屬蒼梧郡。宋、齊屬南海郡。陳置高要郡。〔一六〕隋平陳郡廢，置端州，取界内端溪爲名。煬帝初州廢，置信安郡。唐武德五年置端州，領高要、樂城、銅陵、平興、博林五縣；其年以樂城屬康州，銅陵屬春州，七年置清泰縣。貞觀十三年省博林、清泰二縣。天寶元年改爲高要郡。乾元元年復爲端州。

元領縣二。今一：高要。一縣廢：平興。入高要。

州境：東西一百五十七里。南北一百三十四里。〔一七〕

四至八到：東北至東京五千三百里。西北至西京五千三百里。西北取韶、郴州路至長安六千一十里。〔一八〕東至廣州二百四十里。西水路至康州一百九十六里。南至廣州信安縣一百七十五里。北七里至北山，其山重疊，中無百姓，山北即是廣州四會縣界。東南水路至廣州新會縣三百八十里。西南至新州一百八十一里。西北至康州四百三十里。東北至廣州四會縣一百八十里。

户：唐開元户九千五百。皇朝管户主二百二十三，〔一九〕客六百二十。

風俗：有夷、夏，人織蕉、竹、紵、麻、都落等布以自給。

土産：有厨榆子，江東謂之山棗，葉似梅，九月熟，有果子如荔枝及似胡桃。多錦鳥，鮫魚，〔二〇〕出石硯。

于此。

高要縣，舊九鄉，今八鄉。漢舊縣，屬蒼梧郡。宋、齊屬南海郡。陳置高要郡。隋置端州

分置清泰縣。貞觀十三年省清泰入。皇朝開寶五年入高要縣。

廢平興縣，在縣東南八十里。本漢高要縣地，宋元嘉十二年置平興縣。唐武德七年

爛柯山，在縣東三十六里。一名斧柯山，在峽山南。〔二一〕郡國志：「昔有道士王質負斧入山，採桐爲琴，遇赤松子、安期生棊而斧柯爛處。」〔二二〕

奢山，在縣南九十里。上有砂，夷人語訛爲奢。山南有粟砦山，〔二三〕有厨榆，又多錦鳥、鮫魚，又有玄鈎鳥，即鵂鶹也。鳴則雨斯須至。

嵩臺，在高要縣北五里。南越志云：「高要有石室，自生風煙，南北二門，狀如人巧，意者以爲神仙之下都，因名爲嵩臺。山中多石燕，〔二四〕北海李邕有記，鐫石存焉。」

端溪山。吴録云：「端州有端溪石，山有五色香水。」〔二五〕

高要峽。南越志云：「郡東有零羊峽，一曰高要峽。山高百丈，江廣一里，華翠之樹，四時葱蒨。」

新江，在州南五里。有水入于瀧江，甚浚急，土人曰新江，以其源出于新州東南山谷間，泝洄而上，三日至新州，爲新興郡之故地，度州治所北端州直上可十餘里。新州接西南道九州，當海中五州之咽喉，雖驛路傍海西去，人皆憚海波，多不由傳舍，雖公行，亦自便路陸去，直達于海濱，不復通舟楫。州郭邑甚微，然爲西南道尤好郡也。

鵠奔亭。干寶搜神記云：「漢九江何敞爲交趾刺史，行部至蒼梧高要縣，暮宿鵠奔亭。〔二六〕夜未半，有一女子從樓下呼曰：『明使君，妾冤人也。』須臾，至敞所卧床下跪曰：『妾本廣信縣修里人，早失父母，單無兄弟，嫁爲同縣施氏妻。薄命先死，有雜繒百二十疋及婢致富一人，妾不能自振，欲之旁縣賣繒，賃牛車一乘載繒，妾乘車，致富執轡，至此亭外。時日暮，行人漸絶，不敢復進，因止此。致富暴得腹痛，〔二七〕妾之亭長舍，乞漿火，而亭長龔壽操刀戟來至車傍，〔二八〕刺脇下立死，又刺致富，亦死。壽掘樓下，合埋妾在下，〔二九〕婢在上，取財物而去。殺牛燒車，車釭及牛骨，〔三〇〕貯在亭東井中。妾冤死，痛感皇天，無所告訴，故來自歸于明使君。』敞曰：『欲發出汝，何以爲驗？』女子曰：『妾上下著白衣，青絲履，皆未朽也。妾姓蘇氏，名娥，願以骸骨歸死夫。』敞乃令吏捕壽，考問具伏。敞表：『壽殺人，于常律不致族，然壽爲惡，隱密經年，王法所不得治，令鬼神自訴，千載無一，請皆斬之，以明鬼神，以助陰教。』」初掘時，有雙鵠奔其亭，故曰鵠奔亭。

騰豻嶺。南越志云：「高要縣有騰豻、飛猵、山翠、騰豻，沐猴之類也。頭正方，髮長尺餘，色類犬，似人髮，嘗覆面，欲有所視，輒摇頭，兩手披開之。猵有肉翼如蝙蝠，狸頭鼠目，一曰䴎鼠，〔三〕亦名江牙，且飛且産，子便隨母而飛，其鳴如人叫，嘗食火煙，至聚落則爲災也。」

循州

循州，海豐郡。今理龍川縣。春秋時爲百越之地。戰國屬楚。秦與兩漢則南海郡地，晉亦然。宋屬南海、東官、永平三郡地，齊因之。隋平陳，置循州。煬帝初州廢，置龍川郡。唐武德五年改爲循州總管府，管循、潮二州，循州領歸善、河源、博羅、興寧、海豐、羅陽。貞觀元年省龍川入歸善，石城入河源，齊昌入興寧，二年廢都督府。天寶元年改爲海豐郡。乾元元年復爲循州。唐末，劉鋹割據僞號，乾寧元年分歸善、博羅、海豐、河源四縣爲湞州。今只領龍川、興寧二縣。

元領縣六。今二：龍川，興寧。　四縣割出：歸善，博羅，海豐，河源。以上四縣入湞州。

州境：東西一百五十里。南北二百五十里。

四至八到：北至東京約五千六百里。西北至西京約五千四百五十里。西北至長安約六千四百里。東至梅州二百六十里。西至英州約七百八十里。南至湞州六百七十六里。〔三〕北至虔州約一千一百四十七里。東南至潮州七百五十里。西南至湞州六百七十五里。東北至汀州約七百里。西北至韶州九百里。

户：唐開元户一萬二千。皇朝户主六千一百一十五，客二千二百二十四。

風俗：織竹爲布，人多蠻獠，婦人爲市，男子坐家。

土産：大小甲香，五色藤香，鮫魚皮，羽則五距碧雞，越鳥，鸚鵡，果則荔枝，龍眼。

龍川縣，元二鄉。舊雷鄉縣，廣南劉龔僞號，乾亨六年改爲龍川縣，仍移州就縣古趙佗城。西接鼇山，南臨浰水。

鼇山，在縣西北五里。

龍川江，舊名浰溪，自虔州安遠縣流至縣界。

興寧縣，東一百里。二鄉。漢龍川縣地，晉元興中置興寧縣，治平源。僞漢劉龔移于舊縣西六十里，地名長樂，即今理。

左别溪，在縣西北，從龍川縣界來。〔三三〕右别溪，在縣東六十里。二水合流，至潮州入海。〔三四〕

丞相嶺，在州西四十里。循、廣二州分水嶺也。唐大曆中，宰相常袞除潮州，塗經此嶺，土人呼爲丞相嶺。

卷一百五十九校勘記

〔一〕梁元帝于郡理置東衡州　隋書卷三一地理志下謂「梁置東衡州」，元和郡縣圖志卷三四韶州總序謂梁承聖中置東衡州。輿地紀勝卷九〇韶州總序：「謹按曲江志侯安都傳：『以爲安都定議立世祖功，封司空。父文捍爲始興内史，卒于郡，安都迎其母還建康，母固求歸里，乃爲置東衡州，以安都弟安曉爲刺史，在鄉侍養。』則東衡州之置，當在陳世祖、文帝之時。」

〔二〕乾祐二年　「祐」，底本作「和」，萬本同，據中大本、庫本、輿地紀勝韶州總序引本書及傳校改。

〔三〕郴□義□縣　據中國歷史地圖集第五册，唐韶州北鄰郴州。舊唐書卷四〇地理志三、新唐書卷四一地理志五載，郴州領有義章縣、義昌縣，義章縣處於韶州西北，非北，義昌縣位于韶州北，此「郴」下疑脱「州」字，「義」下疑脱「昌」字。中大本作「郴義縣」，輿地廣記卷二六郴州謂後唐改義昌縣爲郴義縣，此「郴□義□縣」或疑爲「郴義縣」之誤。萬本作「義郴縣」當爲「郴義縣」之倒誤。

〔四〕皇朝户主九千八百二　「八百二」，萬本、庫本皆作「二百」。

〔五〕以湞水屈曲爲名　「屈」，萬本作「回」，同元和郡縣圖志韶州。庫本「屈曲」作「曲江」。

〔六〕後漢于此置始興縣　按漢書卷二八地理志上、續漢書郡國志四，曲江縣皆屬桂陽郡。三國志卷四八吴書三嗣主傳孫皓甘露元年：「以桂陽郡南部爲始興郡。」本書韶州總序亦云：「二漢屬桂陽郡，吴甘露元年于此置始興郡。」是也，此誤。

〔七〕王山　「王」，底本作「玉」，萬本、庫本同。按輿地紀勝韶州引本書云：「王山，一名越王山，二千石初到，皆致虔祠，祈請多應。」正合本書，且本書上文已列玉山，此「玉」當爲「王」字文誤，據改。

〔八〕忽震雷疾風　「疾」，萬本、庫本皆作「烈」。

〔九〕衆人咸懾于是迄今　庫本「咸懾」下有「反走」二字，「于是迄今」作「自兹迄今」，萬本作「于是自兹迄今」。

〔一〇〕新瀧　「瀧」，輿地紀勝韶州引本書作「潼」，宋本方輿勝覽卷三五韶州同。下同。

〔一一〕今依舊九鄉　「今依舊」，底本作「元」，據萬本、中大本、庫本及傅校改補。

〔一二〕上多竹木交蔭　「蔭」，萬本、庫本、嘉慶重修一統志卷四四四韶州府引本書作「映」。

〔一三〕泰山　萬本、庫本皆作「秦山」，未知是否。

〔一四〕開寶六年　「六年」，元豐九域志卷九、輿地廣記卷三五、輿地紀勝韶州及宋朝事實卷一九皆作「五年」，此疑誤。

〔一五〕蕭勃　「勃」，底本作「渤」，萬本、庫本同。按元和郡縣圖志韶州翁源縣序云「梁承聖末蕭勃分湞陽立翁源縣」，南史卷五一梁宗室傳上：「蕭勃，大寶初，「鎮嶺南，爲廣州刺史。」此「渤」爲「勃」字之誤，據改。

〔一六〕陳置高要郡　按元和郡縣圖志卷三四端州總序云「梁大同中於此立高要郡」，輿地紀勝卷九六肇慶府總序亦云「梁立高要郡」。考南史卷九陳本紀武帝紀：梁太清元年，「除西江督護、高要太守，督七郡諸軍事。」則高要郡設置於南朝梁大同時，非陳置也。後高要縣序同。

〔一七〕南北一百三十四里　「三十四」，萬本、庫本作「四十三」。按元和郡縣圖志端州作「一百一十四」，疑此與萬本、庫本皆誤。

〔一八〕西北取韶郴州路至長安六千一十里　「郴」，底本脱，據萬本及元和郡縣圖志端州補。

〔一九〕皇朝管户主二百二十三　「管」，底本無，據萬本、庫本及傅校補。

〔二〇〕鮫魚　底本「鮫」上衍「烏」字，據萬本、庫本、輿地紀勝肇慶府引本書及傅校删。後高要縣奢山條「烏鮫魚」亦删「烏」字。

〔二一〕峽山　「山」，底本作「石」，萬本、庫本同，據輿地紀勝肇慶府、嘉慶重修一統志卷四四七肇慶府引本書改。

〔二二〕安期生　「底本「生」上衍「先」字，萬本、庫本同，據輿地紀勝、嘉慶重修一統志肇慶府引本書删。

〔二三〕山南有粟砦山　「砦」，底本作「此石」，庫本同，據萬本及輿地紀勝、嘉慶重修一統志肇慶府改。

〔二四〕山中多石燕　「多」，底本作「有」，據萬本、庫本、嘉慶重修一統志肇慶府引本書及傅校改。

〔二五〕山有五色香水　輿地紀勝肇慶府同。讀史方輿紀要卷一〇一肇慶府引吴録曰：「端山有五色石，石上多香木。」此「水」疑爲「木」字之誤。

〔二六〕暮宿鵠奔亭　「鵠奔」，底本作「此」，據萬本、庫本、太平御覽卷八八四、輿地紀勝肇慶府引搜神記及傳校改補。

〔二七〕致富暴得腹痛　底本「致富」下衍「時」字，「暴」下脱「得」字，據萬本、庫本、太平御覽、輿地紀勝引搜神記删補。

〔二八〕亭長龔壽操刀戟來至車傍　「戟」，底本脱，據太平御覽、輿地紀勝引搜神記補。「刀戟」，萬本作「戈戟」。

〔二九〕合埋妾在下　「合」，底本作「舍」，萬本、庫本同，據太平御覽、輿地紀勝引搜神記改。

〔三〇〕車釭及牛骨　「車」，底本脱，據萬本、庫本、太平御覽引搜神記及傳校補。「釭」，底本作「扛」，萬本、庫本同，據太平御覽引搜神記改。

〔三一〕鼯鼠　「鼯」，萬本、庫本皆作「鼯」，當是，此蓋誤。

〔三二〕南至湞州六百七十六里　萬本、庫本皆無此一〇字。按循州治龍川縣，治今龍川縣西北，湞州（天禧五年改名惠州）治歸善縣，即今惠州市，湞州位于循州西南，本書下文云「西南至湞州六百七十五里」，是也，此爲重出而誤「西南」爲「南」。

〔三三〕從龍川縣界來　萬本、庫本皆無「界」字，傅校删。

〔三四〕至潮州入海　按輿地紀勝卷九一循州引本書作「出梅、潮至海」，與此别。

太平寰宇記卷之一百六十

嶺南道四

湞州改爲惠州〔一〕　梅州　英州　南雄州

惠州

惠州，理歸善縣。本循州之舊理也，廣南僞漢劉龑乾亨元年移循州於雷鄉縣，〔二〕于此置湞州，仍割循州之歸善、博羅、海豐、河源四縣以屬之。

今領縣四：〔三〕歸善，海豐，博羅，河源。

州境：東西一千六十二里。南北七百七十二里。

四至八到：西北至東京水陸四千九百七十里。西北至西京水陸五千七百七十八里。東至梅州九百五十七里。西至廣州四百二里。南至大海一百一十里。北至虔州一千四百九十里。東南至潮州八百三里。西南至廣州東莞縣三百五十里。東北至虔州一千四百九十里。西北至廣州增城縣一百七十七里。

户：舊户在循州籍。皇朝户。缺。

風俗：同廣州。

土産：羅浮山柑子，藤花箱，珠母，大甲香。舊貢。

歸善縣，依舊二鄉。秦、漢龍川縣地，〔四〕屬南海郡。昔趙佗爲龍川尉所蒞于此。宋置歸善縣。唐貞觀九年省龍川縣入。〔五〕

寅山。南越志云：「欣樂縣北有寅山，〔六〕青松紫幹，四衢皆竦，其下多茯苓焉。」

歲山，趙王祠，皆在邑界。

鰐池，池中多鰐魚，因以爲名。

海豐縣，東南四百九十三里。二鄉。漢舊縣，〔七〕屬東官郡。南海，在海豐縣南五十里。唐武德五年分置陸安縣，貞觀初併入。

龍山，在縣南大海之上。常有黑龍潛于山穴，〔八〕時興雲雨，騰翔海水，故曰龍山。

南海。側海寓連雲，〔九〕多鯨鯢，其大吞舟，大者數千里，小者亦千里，去海門猶一二里，漁人往往見之。又馬援伐林邑，于海嶼上得鯨頭骨，如數百斛，岡頂上一孔大于蠬，〔一〇〕俗以爲珠穴。又云多決明石。又有醋魚，南越謂爲壞雷魚，其大一丈，子朝出食，暮則宿其母腹，〔一一〕常從臍中入，口中出。腹裏有兩洞，貯水以養其子。一腹容兩子，兩腹則四子居焉。風驚浪湧，亦還也。又有鋸魚，南越謂之狼籍魚，身長二丈，〔一二〕口長六尺，廣三寸，左右生齒如鐵鋸。又鰻魚，〔一三〕大如指，長八寸，惟有脊骨，美滑宜羹，如湯餅也。又黄雀魚，常以八月化爲黄雀，到十月後入海，化爲魚。又有巨龜，其大不知幾千里，今渡海往往見巨龜在沙嶼間，背上生樹木如洲島。昔有商者，或依以採薪，及作食，龜覺熱，便入海，于是死者輒數千人，〔一四〕然後知爲龜也。又越王笄，如笄大，正白，長尺餘，生海邊沙中，有穴附外，如蒲藜狀，如去外穴，骨便中爲笄也。又有土肉，正黑，大如小兒臂，長四五寸，中有腹，無口目，有三十足，如笄簪之形。

南山，勞梗溪、靈泉溪。

博羅縣，西北四十五里。四鄉。漢舊縣。按南越志云：「博羅縣，去浮山，接境于羅山，故曰博羅。東接龍川，南接西平，西接增城縣界。」

羅浮山。南越志云：「增城縣東有羅浮山，浮水出焉，是爲浮山，與羅山並體，故曰羅浮。非羽化，莫有登其極者。巘尖之峯四百四十有二，因歸于羅山，上則三峯爭竦，〔一五〕各五六千仞，其穴溟然，莫測其極。北通句曲之山，即茅君内傳云『第七洞名朱明耀真之天』。瑎房瑶室七十有二，岷崿穹窿，自然雲搆。第三十一嶺半是巨竹，皆七八圍，節長二丈，謂之龍鍾竹，鳳凰食其實。沙門釋智玄遊此山，得卭竹以爲杖。泉源之府九百八十有三，飛泉引鏡，懸波委源，窮幽極響，百籟虚鳴。」徐道覆羅浮山記云：「山在增城、博羅二縣之界，仙客羽人是焉遊幸，有七十二長溪，山上有洞，中有白鵝。羅山在浮山西南，合于博羅，山是茲境，舊云浮山從會稽流來，今浮山上猶有東方草木。」又有翁翠、〔一六〕五距、越王山雞。又有玳瑁山，山下有池，池出玳瑁，因以名之。又有石樓，峨峨渺然在雲中，一曰石樓峯。又袁彦伯羅浮記云：「嘗有一沙門詣南海太守袁彦伯，云當還羅山，〔一七〕請一小吏提錫鉢，袁乃給之。小吏既去，恍惚不覺有舟車，但聞足下有波浪聲，奄忽便至一山，見數道士設食，飯皆青色如珠屑。食畢，以餘與之，雖不甚美，殊有香潤。」又云：「葛洪字稚川，句容人也。譙國人嵇含嘗爲廣州，乃請洪參廣州軍事。洪求先行到廣州，而含于此遇害。洪還留廣州，乃憩于此山。咸和初，司徒王導補州主簿，轉司徒掾，遷諮議參軍，干寶荐洪才器，宜掌國史，當選入著作。洪固辭不就，以年老欲煉丹自衛，聞交趾出丹砂，乃求勾漏縣，于是選焉。遂將子姪俱行，至廣州，刺史鄧岱以丹砂可致，請留之，洪遂復入此山鍊神丹。在此山積年，忽與岱書云當遠行尋師藥，刻期當去。岱疑其異，便狼狽往別，既至而洪已亡，時年六十一，觀其顔色如平生，體亦柔軟，舉屍入棺甚輕，如空衣然也。」

河源縣，北水陸三百五十里。〔一八〕依舊二鄉。漢龍川縣地。循江，一名河源水，自虔州雩都縣入。龍川，在河源縣，有龍穿地而出，即水流也，漢因置龍川縣。隋置河源縣。唐貞觀元年省石城縣入。〔一九〕

穴山。南越志云：「河源縣北有龍穴山，聯巖亘地，累嶂分天。〔二〇〕常有五色龍乘雲出入此穴。」漢書云龍川縣有龍穴是也。

牛嶺山。南越志：「羅浮左帶牛嶺山，右據尾山。」

牛鼻山。南越志：「牛鼻山去赤岸四十里，西有夫盧山，有湖，冬夏盈，每至甲戌日，嘗聞歌管鞞鼓之音。」

霍山。山上有靈龕寺、興寧寺。山有鳥，大如燕，似鵜鶘，銜泥點石爲巢，蜂隨後結房。

黑龍山。山有獺窨。

淡溪。南越志云：「西有淡溪，溪中竦石，號曰石亭。北有古遼岡，石溪之鄉。有山曰營岡，岡之澗，常有銅弩牙流出，父老云昔趙佗弩營在此也。若有人取此弩牙，即風雨敗之，舟船淪没。」

石溪鄉有介然孤石，名越王闕。下有石鏤，可容數十斛，恒有懸注而竟不溢。

三合樹。投荒録云：「相思亭有木葳樹、橄欖樹、黄支樹，此樹獨根大十圍，去地二丈爲三支，號曰三合樹。」

梅州

梅州，理程鄉縣。本潮州程鄉縣，廣南僞漢乾和三年昇爲敬州，仍領程鄉縣。皇朝開寶四年平廣南，以名犯國諱，改爲梅州。

元領縣一〔二〕：程鄉。

州境：東西二百三十八里。南北二百一十里。

四至：圖經上無八到。北至東京七千里。北至西京七千四百里。東至潮州三百二十里。〔三〕南至潮州三百里。西至循州二百三十九里。北至廣州九百九十八里。〔三〕北至虔州七百二十里。

户：舊户屬潮州籍。皇朝户主一千二百一，客三百六十七。

風俗：同南海。

土産：山蕉，竹布。

程鄉縣，依舊三鄉。隋縣。在程江之口，以江爲名。

惡水，即州前大江，東流至潮州出海。其水險惡，多損舟船，水中鰐魚遇江水泛漲之時，隨水至州前。嶺表異録云能食鹿者，即此也。

英州

英州，理湞陽縣。本廣州湞陽縣。〔二四〕有湞陽之水，注于湞陽峽。漢舊縣。梁改爲東衡州。〔二五〕隋開皇十五年廢州爲湞陽縣，屬洭州，〔二六〕廣南僞漢乾和五年于此置英州。皇朝開寶六年割浛光縣來屬。

今領縣二：〔二七〕湞陽，浛光。

州境：東西四百七十里。南北三百八十里。

四至八到：新置州圖經上未有至兩京里數。東至湞州河源縣分水嶺三百里。西至連州陽山縣界一百七十里。南至。缺。北至韶州銀岡驛八十五里。東北至韶州翁源縣一百四十五里。東南八十里大驛路，下至廣州，上至韶州，其路有風門嶺，險不通鞍馬。

户：舊户在廣州籍。皇朝户主四千三百八十七，客五百九十二。

風俗：同廣州。

土産：同廣州。

湞陽縣，依舊四鄉。本漢舊縣，屬桂陽郡。隋爲真陽縣，五年屬洭州。〔二八〕唐貞觀初州廢，改真陽爲湞陽，屬廣州，以湞山爲名。

貞子山，在縣北三十里。

浛光縣，〔二九〕依舊四鄉。漢縣，屬桂陽郡地。有洭浦。唐武德五年置洭州，領浛洭、翁源、真陽三縣。貞觀元年廢，以翁源屬韶州，浛洭、真陽屬廣州。

堯山，在縣東北四十五里。〔三〇〕四面有瀑布泉，傾瀉萬丈。

古衡州城，在崇善鄉界，縣西百步。梁天監七年置。隋開皇十年廢。〔三一〕

南雄州

南雄州，理湞昌縣。本始興郡湞昌縣地，廣南僞漢乾和四年于此置雄州，仍割湞昌、始興二縣以屬焉。皇朝以北有雄州，此加「南」字。

領縣二：湞昌，始興。

州境：東西一百一十五里。南北九十里。

四至八到：西北至東京三千五百三十里。西北至西京長安圖經上未有里數。〔三二〕東至虔州信豐縣界一百二十里。〔三三〕西至韶州曲江縣界七十五里。南至韶州翁源縣桂嶺爲界一百七十五里。北至虔州大庾嶺八十二里。東南至虔州界一百二十八里。西南至韶州曲江縣界一百二十里。東北至虔州界八十二里。西北至韶州舊仁化縣界二百二十里。

户：縣户舊屬韶州。皇朝户主七千七百三十八，客六百二十五。

風俗：同韶州。

土産：出嫩石，〔三四〕可以爲鍋釜。單竹。練爲麻，可以爲布。

湞昌縣，舊四鄉，今三鄉。本韶州始興縣地，唐文明元年割始興化南、横山二鄉爲湞昌縣，〔三五〕在庾嶺下，以水爲名。廣州僞命，建雄州，此縣屬焉。

湞水，源從虔州信豐縣分流，東合大庾嶺銀岡水，流入縣界，至韶州合始興樂昌水入海。

大庾嶺，在縣北九十里。

鏈水，在縣西十里。源出上陵江。〔三六〕春多鏈魚，因名鏈水。

樓船水，在縣北五十里，出大庾嶺之西，傍嶺横流，因名樓船水。

始興縣，西南一百里。〔三七〕依舊四鄉。本漢南海縣地，吴置始興縣。〔三八〕梁于此置安遠郡。隋平陳，郡廢，縣仍隸韶州。西七里有蕭齊正階故縣城存。

大庾嶺，在縣北五十六里。按南越志云：「始興去州二百里，東接番禺，南接永熙初亭，西接高要，北接始興中宿等縣。界牛鼻之山，去赤岸四十里。西有夫盧山，有湖，冬夏恒盈，每至甲戌日，嘗聞歌管鞞鼓之聲。」

鼻天子故城。鼻天子，未聞也。

鼻天子墓。相傳云昔有人開之，見銅人數十擁笏列侍，〔三九〕器飾悉是金銀，俄聞冢内擊鼓大叫，震動山谷，竟無所取，懼而返。閒日重往，已自復矣。地出鉛銅，銅有毒，鉛可以爲藥。

修仁水，源出始興縣東北東橋山，西面入韃水。此水北有三楓亭，又有五渡水，齊時范雲爲始興守，至修仁水，酌而飲之，因賦詩云：「三楓何習習，五渡宜悠悠；〔四〇〕且飲修仁水，不挹邪渚流。」又有邪渚、正渚二水，源出始興郡。

卷一百六十校勘記

〔一〕湞州改爲惠州　「湞」，宋版總目作「禎」。按宋會要方域七之一六：「惠州，舊州名同仁宗廟諱，天禧五年改。」元豐九域志卷九、輿地廣記卷三五、輿地紀勝卷九九惠州總序同。「湞」當爲「禎」之誤。潮州、循州等處「湞州」同。參見目録注五。又「惠州」，按改禎州爲惠州時，樂史已去世十四年，卷目及州名等處「惠州」當係後人所改，應作「禎州」才合。

〔二〕移循州於雷鄉縣　「於」，底本脱，據萬本、庫本、輿地紀勝卷九九惠州總序引本書及傅校補。

〔三〕今領縣四　「今」，底本脱，據萬本、庫本補。

〔四〕秦漢龍川縣地　元和郡縣圖志卷三四循州歸善縣序云「本漢博羅縣地」，輿地廣記惠州歸善縣序同。按漢書卷二八地理志下南海郡龍川縣顏師古注引裴氏廣州記云「本博羅縣之東鄉也」，是龍川縣爲博羅縣東鄉地所析置，則元和志、廣記記載是也。

〔五〕貞觀九年省龍川縣入　「九年」，舊唐書卷四一地理志四、新唐書卷四三地理志七上循州、輿地廣記惠州皆作「元年」，此「九年」爲「元年」之誤。

〔六〕欣樂縣　「欣樂」，底本作「攸業」，萬本、庫本同，嘉慶重修一統志卷四四五惠州府引本書作「欣樂」。按宋書卷三八州郡志四，東官郡欣樂縣：「本屬南海，宋末度。」南齊書卷一四州郡志上，東官郡領有欣樂縣。輿地紀勝惠州歸善縣序引祥符圖經云「本漢南海郡地，晉爲欣樂縣地，又云：『陳禎明三年改爲歸善縣』，而並無「攸業縣」，此「攸業」爲「欣樂」之誤，據改。

〔七〕漢舊縣　按漢無「海豐縣」，宋書州郡志四謂東官郡「晉成帝咸和六年分南海立」，領有海豐縣，縣與郡當爲同時置，元和郡縣圖志循州海豐縣序：「東晉於此置海豐縣，屬東莞（即官）郡。」正與宋志之文相應。南齊書州郡志上，東官郡領有海豐縣。則此云「漢舊縣」誤。

〔八〕常有黑龍潛于山穴　「潛」，底本作「藏」，據萬本、庫本、輿地紀勝惠州、嘉慶重修一統志惠州府引本書及傅校改。

〔九〕側海寓連雲　「側」，輿地紀勝惠州引本書作「則」，此「側」疑爲「則」字之誤。

〔一〇〕岡頂上一孔大于甕　「岡」，萬本、庫本皆無，傅校改作「圖」。

〔一一〕暮則宿其母腹　「暮」，底本作「夜」，據萬本、庫本、太平御覽卷九三八引南越志、輿地紀勝惠州引本書、宋本方輿勝覽卷三六惠州及傅校改。

〔一二〕身長二丈　「二」，庫本同，萬本作「六」。

〔一三〕鰻魚　「鰻」，底本作「鯆」，「魚」下注「音脯」，萬本亦作「鯆」，無「音脯」二字，據庫本及輿地紀勝惠州、嘉慶重修一統志惠州府引本書改删。清屈大均廣東新語卷二二：「鰻魚大如指許，長七八寸，脊骨美滑宜羹。」

〔一四〕龜覺熱便入海于是死者輒數千人　「覺熱」，萬本、庫本皆作「既熱」，太平御覽卷九三一作「被灼熱」。「千」，底本作「十」，據萬本、庫本及太平御覽改。

〔一五〕上則三峯爭竦　「上」，底本脱，據萬本、中大本、庫本、嘉慶重修一統志卷四四一廣州府引本書及傅校補。

〔一六〕翁翠　按輿地紀勝惠州引羅浮山記作「翡翠」。

〔一七〕羅山　萬本、庫本皆作「羅浮山」，此疑脱「浮」字。

〔一八〕北水陸三百五十里　元豐九域志卷九惠州河源縣：「州北一百五十里。」輿地紀勝惠州同。按惠州治歸善縣，即今廣東惠州市，河源縣即今河源市，西南至惠州里數正合九域志、紀勝記載，此「三」疑爲「一」字之誤。

〔一九〕石城縣　「石」，底本作「西」，萬本、庫本同，據舊唐書地理志四、新唐書地理志七上改。

〔二〇〕累嶂分天　「累」，底本作「疊」，庫本作「黑」，據萬本及輿地紀勝惠州、嘉慶重修一統志惠州府引本書改。

〔二一〕元領縣一　「元」，底本無，據萬本、庫本補。

〔二二〕東至潮州三百二十里　萬本、庫本皆作「三百里」，無「二十」二字。

〔二三〕北至廣州九百九十八里　按梅州治程鄉縣，即今梅州市，廣州在其西南，此「北」爲「西」或「西南」之誤。

〔二四〕本廣州湞陽縣　底本「縣」下衍「地」字，庫本同，據萬本删。按舊唐書地理志四云隋爲貞陽，貞觀初改爲湞陽，屬廣州，新唐書地理志七上同，即此謂也。

〔二五〕梁改爲東衡州　按隋書卷三一地理志下始興縣：「梁置東衡州。」本書卷一五九韶州總序云「梁元帝于（始興）郡理置東衡州」，則東衡州置于始興，非湞陽縣，此誤。

〔二六〕隋開皇十五年廢州爲湞陽縣屬洭州　按元和郡縣圖志卷三四韶州總序云「隋開皇九年平陳，改東衡州爲韶州」，本書卷一五九韶州總序同，則東衡州之改置，與湞陽縣無關。又新唐書地理志七上云武德五年以湞陽縣屬洭州，本書浛光縣序同，此當誤。

〔二七〕今領縣二　「今」，底本脱，據萬本、庫本補。

〔二八〕五年屬洭州　按新唐書地理志七上，此「五年」乙脱「武德」二字。

〔二九〕浛光縣　按元豐九域志卷九英州浛光縣：「州西七十五里。」輿地紀勝卷九五英德府（南宋慶元元年升英州置）浛光縣：「在府西七十五里。」此當脱「西七十五里」五字。

〔三〇〕在縣東北四十五里　「北」，底本脱，萬本、庫本同，據嘉慶重修一統志卷四四四韶州府引本書補。元和郡縣圖志廣州浛洭縣：「堯山，在縣北四十里。」輿地紀勝卷九五、宋本方輿勝覽卷三五英德府皆云「堯山在浛光縣北四十餘里」。

〔三一〕隋開皇十年廢　按隋書地理志下云平陳改衡州曰洭州，則在開皇九年，輿地紀勝英德府作「開皇十一年廢」，皆別。

〔三二〕西北至西京長安　「西北」，底本無，據萬本、庫本補。

〔三三〕東至虔州信豐縣界一百二十里　「二十」，萬本、中大本、庫本皆作「二十八」，此蓋脱「八」字。

〔三四〕嫩石　「嫩」，底本作「嫰」，據萬本、庫本及嘉慶重修一統志卷四五四南雄州引本書改。

〔三五〕文明元年　按元和郡縣圖志、新唐書地理志七上韶州及唐會要卷七一州縣改置下皆作「光宅元年」，與此異。

〔三六〕源出上陵江　「陵」，萬本、庫本同，嘉慶重修一統志南雄州引本書作「凌」。輿地紀勝卷九三南雄州作「陵江」，無「上」字。又輿地紀勝謂「凌江水在城西北百步」，又謂「天禧中，凌皓知保昌縣（天聖初改湞昌縣爲保昌縣），興水利農，感德不忘，因號凌江水。」宋本方輿勝覽卷三七南雄州略同，但「淩」作「凌」，當是，疑此「上」字衍，「陵」爲「凌」字之誤。

〔三七〕西南一百里　「西南」，底本作「東北」，萬本、庫本同。元豐九域志卷九南雄州始興縣：「州西南一百一十里。」輿地紀勝南雄州始興縣：「在州西一百一十里。」按南雄州治即今南雄縣，始興縣即今縣，在南雄西南，此「東北」爲「西南」之誤，據改。

〔三八〕本漢南海縣地吴置始興縣　按秦置南海郡，治番禺縣，二漢因之，隋始分番禺縣置南海縣，此「縣」爲「郡」字之誤。又三國志卷四八吴書三嗣主傳：孫皓甘露元年，「以桂陽郡南部爲始興郡。」本書卷一五九韶州總序：「吴甘露元年于此置始興郡。」此「始興縣」之「縣」亦爲「郡」字之誤。又隋書地理志下始興縣：「齊曰正階，梁改名焉。」則南朝梁始設始興縣，非置於吴也。

〔三九〕見銅人數十擁笏列侍　「列」，底本作「立」，據萬本、庫本及輿地紀勝南雄州引本書改。

〔四〇〕五渡宜悠悠　「宜」，輿地紀勝南雄州引本書作「何」。

太平寰宇記卷之一百六十一

嶺南道五

賀州　高州領廢潘州

賀州

賀州，臨賀郡。今理臨賀縣。禹貢荆州之域。春秋時通爲越地。七國時爲楚地。秦始皇三十年置南海郡，〔一〕即其地也。秦末，趙佗王南越。其地屬焉。漢武帝元鼎六年平南越，置蒼梧郡，屬交趾，〔二〕今州即蒼梧郡之臨賀縣。吴黄武五年割蒼梧郡封陽、臨賀、馮乘、富川、蕩山、桂嶺等六縣爲臨賀郡。〔三〕晉因之。宋文帝改爲臨慶國。〔四〕齊復爲臨賀郡。陳因之。隋平陳，置賀州，煬帝改爲臨賀郡。〔五〕唐武德四年平蕭銑，復置賀州。天寶元年改爲臨賀郡。乾元元年復爲賀州。

元領縣六。今三：臨賀，富川，桂嶺。　三縣廢：蕩山，入臨賀。封陽，入臨賀。馮乘。入富川。

州境：東西三百三十里。南北五百七十里。

四至八到：東北至東京三千一百六十里。西北至西京三千五百七十二里。西北至長安四千一百九十二里。東至連州三百六十六里。南至封州三百六十一里。西至昭州龍平縣三百六里。北至道州三百四十五里。東南至廣州八百七十五里。西南至梧州四百一十二里。西北至桂州五百六十里。東北至永州隔山嶺無路。

户：唐開元户四千五百。皇朝户主四千六百九十七，客一千七百六十二。

風俗：俗重鬼，嘗以雞骨卜。漢書云越巫以雞骨卜。有草名冠脱，〔六〕高一丈，葉如荷，而莖中有瓤。音穰。〔七〕又俗多構木爲巢，以避瘴氣。豪渠皆鳴金鼎食，所居謂之栅。節會則鳴銅鼓，大者廣一丈，小者三四尺。好吹匏笙，俚人削筋竹爲箭，以葉羽之，名曰圭黎。

土産：黎母汁，二缾，開寶四年準宣旨進。蚺虵膽，貢。千金藤葉，白蠟。山鍾乳，有五穴：五茄穴，在臨賀縣。〔八〕靡無穴，白鷰穴，〔九〕秦穴，雷震穴。在富川縣。〔一〇〕蠵蠵，大障山都貴源出蠵蠵，夷人取血以解毒。蠵蠵，音資攜，大龜也。〔一一〕龍鳳花紋簟。新貢。

臨賀縣，舊五鄉，今二鄉。本漢縣，因縣置郡，以邑内臨水、賀水爲縣名。皇朝開寶四年廢蕩山、封陽二縣並寶城場入縣。

皐亭屯。按荆州記云：「皐亭屯有青石，方三丈許。石上有磨刀斧跡，春夏明淨有新磨處，秋冬漸生苔穢。傳云是雷公磨霹靂。」

大竹。盛弘之荆州記云：「臨賀山中有二竹，大數十圍。有磐石，徑四五丈，方正，青滑如彈棊局，兩竹屈垂，拂掃石上，絶無塵穢，未至數十里，聞風吹如笙簫之音。」

巢竹。地土有巢竹叢生，如大戟，堅中，俚人以爲矛。

簩竹。有毒，人以爲弧，刺虎，中之則死。

幽山，在縣西十里。南接蒼梧，北通道州。山上有古度木，實大如珠，〔三〕結成後數日化蟲飛去。

臨水，源出馮乘縣西北靈山下，南流至縣界。

温泉，去縣東北四十五里。源出劣下山半巖，石壁中出泉三道，一道水熱，一道水冷，一道水温。其泉石各有眼，五十步作二舍，引流熱泉治瘡痍，並西流入于錫溪。

錫溪水，在縣東北四十五里，源出錫山。其水清冷，人久飲則損腰脚，今土人多患跛躄。

廢蕩山縣，在州西一百七十里。隋大業二年廢臨賀郡，置綏越縣。屬始安郡。續又改綏越縣爲蕩山縣，〔一三〕因界内有蕩山爲名。皇朝廢入臨賀縣，爲招賢鄉。

早山，在縣南四十里。高一千餘丈，周迴三百里。其山春前花卉競發，朝陽早見，俗呼爲早山。

蕩山、祥山。二山孤峙，並無連亘。

祥溪水，出于祥山。

廢封陽縣，在州南一百四十里。漢舊縣，屬蒼梧郡，在封水之陽，因爲縣名。皇朝廢入臨賀縣，爲信都鄉。

長林山，在東北三十五里。高五百丈，周迴七百里。多橄欖樹，似訶黎勒，食之甘脆。

龍水。封陽有隄陂龍水，深百尋，〔一四〕大魚自擲登此門者化爲龍，不過者曝腮點額。

廢寶城場，古劣下場改名。寶城場出白蠟二萬九千觔。今併入臨賀縣，爲温泉鄉也。

富川縣，西北一百里。元二鄉，今三鄉。輿地志云：「漢舊縣，屬蒼梧郡。吳黄武五年改爲臨賀郡，縣有富水，因爲縣名。」皇朝割馮乘縣入縣額。

富水，在縣西四十里。源出浮蓋山下，南流入富州思懃縣。其水灌注田疇，居人豐贍，因名富水。

廢馮乘縣，在州北一百二十里。漢舊縣，屬蒼梧郡。隋大業二年隸零陵郡。皇甫謐云：「舜葬蒼梧九疑山，在馮乘縣東，與道州營道縣接境。」皇朝廢入富川縣。

秦山，在縣北三十里。高二千餘丈，南接富川，北連道州。吴孫權未立時，此山夜忽聞有雷聲，因開六洞，南北可數十里，出水其中，有石鼓、石柱、石壇。〔一五〕

仙溪水，在縣南十里，源出靈山。此溪石上多菖蒲，傳云仙人所種，飲此水者，可獲長壽。

桂嶺縣，東北八十二里。元二鄉。〔一六〕輿地志云：「隋開皇九年，東萊公王景巡撫，分興安爲二縣，西爲桂嶺縣，〔一七〕屬臨賀郡。」

桂嶺山，在縣東北一百五里。高三千餘丈。東接連州，北連道州。山有桂竹、桂木。

越王渡，在縣南二十七里賀水邊。有石平正，丈餘長，〔一八〕有履迹，各長九寸，相傳爲越王渡。按荆州記云：「賀水邊石上有石櫛、石履，俗云昔越王渡水，脱履墮櫛于此，二物今猶見在。」

歌山。馮乘有老人，少不婚娶，善于謳歌，聞者流涕。〔一九〕及病將死，鄰人送到此，老人歌以送之，餘聲滿谷，數日不絶。

蕪城。池湟中頗出珠玉寶器，即尉佗拒防之所。

棃貍。貍之品類也，有囊，貍卵生，大如狗。屯貍、黄貍，長五六尺，其聲自號，一曰雞貍。狎貍，能緣木食果子，色黄。雷貍，聲自號，色黄蒼。掘螺貍，口尖，能取螺食。狗貍，狀如狗，尾大如斗，在草中吠人。通額貍，黄黑色，而首白如脂，從鼻上通額中入頭上。豨貍，如猪。嚶貍，色青黄，聲嚶嚶聞數里，一體自有雌雄，則牝牡自給，其香如麝。

自歌山已下皆郡内之事也

高州

高州，高涼郡。今理電白縣。秦已前土地與晉康郡同。二漢屬合浦郡。吴置高涼郡，又立高興郡。晉亦如之。其後悉并于高涼。齊亦爲高涼郡，兼置高州。〔三〇〕隋平陳，郡廢而州存。煬帝初州廢，屬高涼、永熙二郡地。唐武德初復置高州。貞觀二十三年分西平、杜陵置恩州，高州移治良德縣。天寶元年改爲高涼郡。乾元元年復爲高州。按投荒録云：「高涼郡土厚而山環遶，高而稍涼，故以爲名。」大曆十一年以良德縣川原險狹，不通舟楫，移州于電白縣。皇朝開寶五年，并良德、保定二縣入電白縣，〔三一〕仍廢潘州，以潘州南巴、潘水二縣并入茂名縣來屬。

元領縣三。今一：電白。二縣廢：良德，保定。已上併入電白。

廢潘州元領縣三，今一：茂名。二縣廢：南巴，潘水。已上併入茂名。

州境：東西二百四十里。南北一百六十里。

四至八到：北至東京五千二百六十里。北至西京五千五百二十里。西北至長安六千二百六十二里。東至廣州一千二百里。西至竇州九十里。南至化州三百四十里。北至廢瀧州一百七十里。〔三〕東北至春州三百四十里。西南至化州一百五十里。西北至竇州一百里。西南至廢潘州八十五里。

户：高州唐開元户五千八百五十二。廢潘州天寶户四千三百。皇朝兩州合爲兩縣管户主二千四百九十四。

風俗：其俗生時布衣不充，死則盡財殯送。父子别業，兄弟異財。無故帶刀持矛執劍，相侵則鳴春堂，鳩集子弟，〔三〕和則殺牛。市則二日一合。

人物：唐高力士。潘州人。爲驃騎大將軍，封齊國公。

土産：高州果下牛，高二尺。騂馬牛尾，蚺蛇膽，貢。孔雀，〔二四〕高良薑，益智子。

電白縣，元四鄉，今三鄉。梁置電白郡，隋改爲縣。〔二五〕

廢良德縣，在舊州西北三十七里。漢合浦縣地，屬合浦郡。吴置高涼郡，宋、齊不改。

廢保定縣，在舊州東二百二十五里。舊保安縣，唐至德二年改爲保定。已上二縣，皇朝併入電白縣。

茶山。南越志：「湞陽縣北五里有茶山，山有熱泉，源自沸湧。卉服竄之，不沾王化，百姓荒居。昔有俚豎牧牛于野，一牛欻音飈。〔二六〕隨而舐之，舉體白淨如洗屑也，旬日而殞，其牛竟爲人殺，而噉之者百許人，一日俱變而成獸，吼喚驚懼，各走入山，初尚有衣裳，形未甚異，時知還家，後性狀稍改，遂不復歸，由是羣黨相逐，連城爲患。今獷似猩猩而小于獸，或能化爲人形，隨復化爲獸，謂之獷，即此類也。」

帽澇山。在廢良德縣界，北至州三十九里。〔二七〕當亢陽，山有雲如帽即雨，山下即帽澇之水出焉。

巨海。南越志：「平定縣界東有巨海，鳴波浩蕩，出騂馬，似馬而牛尾，一角。水犀，似牛。魚，似龍，一曰龍鯉。」又云：「宋康郡化隆縣海高多珠鼊，狀如肺，有四眼六脚而吐珠。又有文魮及鹿魚，文魮魚，鳥頭魚尾，鳴如磬而生玉。」

射狼山，在良德縣界，去州十里。古老相傳人射狼于此。

高涼山，在良德縣界，〔二八〕去州十里。

射潤山。

甘遠山，在保寧縣界，去州一百二十里。兩山相對，雲雨連接，以潤爲名。

射賴岡，在雹白縣界，去州二十里。

波浪山，在良德縣界，去州七十里。岡壠如波浪，古老相傳海沫漂成。

射合崗，〔二九〕在保寧縣界，去州二十六里。

帽澇水，出帽澇山下。

衛韋水，在良德縣界。

進田水，在良德縣界。

快蛇水，在保寧縣界。

海水，在保寧縣界南十里，接恩州。

馮家村。馮盎即此界人也。

冼氏墓。高涼人，乳長七尺。

茂名縣，西南八十五里。舊五鄉，今三鄉。古西甌、駱越地。秦屬桂林郡。漢爲合浦郡之地。隋置定川縣。唐武德四年平嶺表，于縣置南宕州，後改爲潘州，仍改縣爲茂名，以道士潘茂姓名爲縣名也。〔三〇〕梁開平元年改爲越裳縣。後唐同光初復舊。皇朝開寶五年廢潘州，以本州南巴、潘水二縣并入茂名，割屬高州。

廢潘州，本南潘郡，治茂名縣。秦屬象郡。二漢屬合浦郡。唐武德四年置南宕州，領南昌、定川、陸川、思城、温水、宕川六縣，治南昌縣。貞觀六年移理定川，八年改爲潘州，仍廢思城縣。天寶元年改爲南潘郡。乾元元年復爲潘州。按嶺表記：「潘州因道士潘茂昇仙，遂以姓名爲郡縣之稱。」

潘山，在縣東三十里。其山昔有潘茂于此煉丹昇仙，〔三一〕乃以爲山名。

仙山，在縣西南二百步隔水。亦潘茂煉丹之所，今有昇真觀。

霧嶺岡，在縣南五里。其山下有湖水，方廣二里。天寶二年因大風雨，湖心忽涌出小洲，至今生草木。

思乾井，在縣東一里。潘真人煉丹之水，味甚香美，煎茶試之，與諸水異。高力士奏取其水歸朝。

高力士宅墓，〔三二〕在縣西二百四十步。力士，茂名縣人也。

廢南巴縣，在縣東一百里。隋廢縣。唐武德五年置，取縣東南巴山爲名。〔三三〕

廢潘水縣，唐武德五年分置，以縣界水爲名。

浮山，其山高七百尺，堯時洪水泛溢，此山獨浮，人居山上，得免沈墊，人呼爲浮山。

馮盎墓，在舊縣東南十五里。有碑云馮府君之墓。

毛山，在舊縣東二十里。古老相傳云昔有毛女隱此。〔三四〕

玄宗聖容。按郡志，故右衛大將軍高力士舊鄉，郡有驃騎館，相傳皆因力士之名。開元年中詔天下鑄聖像，〔三五〕郡皆一而潘獨二，力士以其本鄉，故自鑄其一也。

卷一百六十一校勘記

〔一〕秦始皇三十年置南海郡　按史記卷六秦始皇本紀：三十三年，「略取陸梁地，爲桂林、象郡、南海。」此「三十」下脱「三」字。

〔二〕屬交趾　「趾」，底本作「州」，據萬本、庫本改。漢書卷二八地理志上：「武帝攘卻胡、越，開地斥境，南置交趾，北置朔方之州。」東漢建武十八年改稱交趾爲交州。

〔三〕吴黄武五年割蒼梧郡封陽臨賀馮乘富川蕩山桂嶺等六縣爲臨賀郡　原校：「按今記蕩山、桂嶺，皆隋所改置，黄武中不應已有蕩山、桂嶺之名，當時割其地而追録之爾。」按隋書卷三一地理志下載，桂嶺縣爲開皇十八年改興安縣置，據元和郡縣圖志卷三七賀州載，蕩山縣置於南朝梁，皆非置於三國吴，原校是也。據吴增僅三國郡縣表附考證，吴黄武五年立臨賀郡，領有臨賀、謝沐、馮乘、封陽、富川、建興等六縣。

〔四〕宋文帝改爲臨慶國　按宋書卷三七州郡志三云明帝改臨賀郡爲臨慶國，南史卷三宋本紀下：明帝泰始六年「改臨賀郡爲臨慶郡。」此云宋文帝改，誤。

〔五〕隋平陳置賀州煬帝改爲臨賀郡　原校：「按隋書地理志始安郡富川縣：『舊置臨賀郡，平陳，郡廢，置賀州。大業初州廢，又廢臨賀、綏越、蕩山三縣入富川。』詳此，則煬帝但廢賀州及臨賀縣，初無改爲臨賀郡之文。又今記序廢蕩山縣亦云『大業二年廢臨賀郡』，州序所載蓋脱誤也。」按輿地廣記卷三六、輿地紀勝卷一二三賀州總序皆云隋平陳，廢臨賀郡，置賀州，原校是也。

〔六〕有草名冠脱　原校：「按爾雅名活莌，恐古今語誤耳。莌音奪。」

〔七〕音穰　萬本、庫本皆無此二字，傅校删，蓋非樂史原文。

〔八〕在臨賀縣　庫本同，萬本無此四字。

〔九〕靡無穴白鶩穴　「無」、「鶩」，萬本、庫本皆作「蕪」、「鶩」。

〔一〇〕在富川縣　、庫本同，萬本無此四字，恐非。

〔一一〕蠵蠵音資攜大龜也　萬本、庫本皆無此八字，傅校删，蓋非樂史原文。

〔一二〕實大如珠　「珠」，萬本、庫本同。輿地紀勝賀州作「杯」，傅校改同，此「珠」疑爲「杯」字之誤。

〔一三〕隋大業二年廢臨賀郡置綏越縣屬始安郡續又改綏越縣爲蕩山縣　原校：「按隋志，賀州及臨賀、綏越、蕩山三縣，大業初皆廢入富川縣，今云廢郡置綏越，恐誤。又蕩山及綏越，乃兩邑，同時皆廢，今云改綏越爲蕩山，亦誤。又按新唐書地理志，蕩山，天寶後置，是隋已廢，唐復立，後更廢也，今記亦闕不載。」

〔一四〕深百尋　「尋」，萬本作「丈」，傅校改同。庫本作「百丈尋」。

〔一五〕石柱　「柱」，萬本、庫本皆作「池」，傅校改同。

〔一六〕元二鄉　萬本、庫本皆作「依舊二鄉」，傅校改同。

〔一七〕隋開皇九年至西爲桂嶺縣　原校：「按隋志：『桂嶺縣，舊曰興安，開皇十八年改名焉。』今云分爲二縣，或恐既分而又合爲一，史但據改名之歲併書之耳，當考。」按元和郡縣圖志賀州桂嶺縣序云隨開皇十八年改興安縣爲桂嶺縣，亦不載分爲二縣，此云恐誤。

〔一八〕有石平正丈餘長　萬本、庫本皆作「有水石平正，長一丈」，傅校改作「有石平正，長一丈」。

〔一九〕聞者流涕　「流涕」，底本作「涕流」，據萬本、庫本輿地紀勝賀州及傅校乙正。

〔二〇〕齊亦爲高涼郡兼置高州　按隋書地理志下謂「梁置高州」，通典卷一八四州郡一四謂「梁兼置高州」，太平御覽卷一七二引十道志、輿地廣記卷三七、輿地紀勝卷一一七高州引元和郡縣圖志皆同，此云齊置高州，誤，或「兼置」上脱「梁」字。

〔二一〕保定　按元豐九域志卷九高州：「開寶五年省良德、保寧二縣入電白。」輿地紀勝高州同，則此「保定」蓋爲「保寧」之誤。

〔二三〕北至廢瀧州一百七十里　按通典州郡四高涼郡高州：「北至開陽郡（瀧州）三百五十里。」舊唐書地理志四同，此當誤。

〔二三〕鳩集子弟　「鳩」，底本脱，據宋版、萬本、庫本及傳校删補。

〔二四〕孔雀　按嘉慶重修一統志卷四四九高州府引本書謂孔雀，高州貢，則此「孔雀」下脱「貢」字。

〔二五〕隋改爲縣　「改」，底本脱，據萬本、庫本、傳校及舊唐書地理志四補。

〔二六〕音颷　萬本、庫本皆無此二字，傳校删，蓋非樂史原文。

〔二七〕北至州三十九里　「三十九」，嘉慶重修一統志高州府引本書作「九十三」，未知是否。

〔二八〕在良德縣界　「界」，底本脱，據中大本及嘉慶重修一統志高州府引本書補。

〔二九〕射合崗　底本「崗」作「山岡」，據輿地紀勝高州改。萬本作「岡」，「崗」、「岡」字同。

〔三〇〕潘茂　按輿地紀勝高州作「潘茂古」，未知是否。下同。

〔三一〕潘茂　萬本、庫本此上皆有「道士」二字，同輿地紀勝高州。「潘茂」，紀勝作「潘茂古」。

〔三二〕高力士宅墓　萬本、庫本同，嘉慶重修一統志高州府引本書無「墓」字。輿地紀勝高州：「高力士亭在茂名縣西二百四十步，乃力士舊宅。」此「墓」蓋衍字。

〔三三〕唐武德五年置取縣東南巴山爲名　「置」，底本脱，據舊唐書地理志四、新唐書卷四三地理志七上補。又底本「東」下衍「一百里」三字，據萬本、庫本及嘉慶重修一統志高州府引本書删。

〔三四〕古老相傳云昔有毛女隱此　底本「隱此」下衍「因以爲名」四字，據萬本、庫本、輿地紀勝高州、嘉慶重修一統志高州府引本書及傅校删。

〔三五〕開元年中詔天下鑄聖像　「詔」，底本脱，據萬本、庫本、輿地紀勝高州引本書及傅校補。

太平寰宇記卷之一百六十二

嶺南道六

桂州

桂州，始安郡。今理臨桂縣。禹貢荆州之域。春秋時越地。七國時服于楚，戰國時爲楚、越之交境。秦始皇三十三年發諸嘗逋亡人、贅壻、賈人畧取陸梁地，是爲桂林郡。二漢屬零陵、蒼梧二郡。吴甘露元年于桂林置始安郡。東晉孝武帝改爲始建郡，宋不改，蕭齊復爲始安郡。梁天監六年立桂州于蒼梧、鬱林之境，無定理處。大同六年移桂州于今理。隋平陳，廢始安郡，所領縣並入桂州，乃置總管府。大業元年廢總管府，置都尉府，三年罷州爲始安郡。唐武德四年平蕭銑，復置桂州總管府，〔一〕管桂、象、靜、融、樂、賀、荔、南昆、龍九州，并定州一總管，其桂州領始安、福禄、純化、興安、臨源、永福、陽朔、歸義、宣風、象十縣，尋改定州爲南尹州；其年又置欽州總管，隸桂府；五年置南恭、鷰、梧三州，隸桂府；

九年置晏州，隸桂府。貞觀元年又以欽、玉、南亭三州隸桂府；二年省玉州、南亭州；五年置賓州，隸桂府；六年又以尹、藤、越、白、相、繡、鬱、姜、南宕、南方、南簡、南晉十二州隸桂府；其年置龔州都督，亦隸桂府；其年廢龍、鬱二州；八年改越州爲廉州，南簡爲横州，南方爲澄州，南宕爲潘州，南晉爲邕州，尹州爲貴州，静州爲富州，樂州爲昭州，南昆爲柳州，銅州爲容州，廢福禄、歸義二縣；十年廢姜州；十二年廢晏州，以建陵縣來屬，廢荔州，以荔浦、崇仁二縣來屬，省宣風縣。今督桂、昭、賀、富、梧、藤、容、潘、白、廉、繡、欽、横、邕、融、柳、貴十七州。天寶元年改爲始安郡，依舊都督府。至德二年九月改爲建陵郡。乾元元年復爲桂州，刺史充經畧軍使。北界有越城嶺，今謂之臨源嶺，即五嶺之一也。

元領縣十。今縣十一場一：臨桂，靈川，興安，陽朔，永福，修仁，理定，慕化，荔浦，豐水，義寧。新置。古縣場。新置。

州境：東西六百里。南北五百五十里。

四至八到：北至東京陸路三千六百七十九里，水路四千六百三十里。北至西京陸路三千四百五里，水路四千三百二十三里。〔二〕北至長安三千七百五里。東至昭州陸路二百三十里。〔三〕南至象州陸路五百二十里。西至柳州五百四十里。北至道州陸路四百八十里。東南至賀州五百三十一里。西北至融州陸路四百九十里。東南至梧州水路六百三十里。西北至西演嶺接敘州朗溪縣界一百五十里。

户：唐開元户一萬七千五百九十七。皇朝管户主一萬六千七百一十九，客七千七百五十九。〔四〕

風俗：按漢書云：「吴、越之君皆好勇，故其民皆好用劍，輕死易發。又火耕水耨，人食魚稻，以漁獵山伐爲業。果蓏蠃蛤，食物常足，故呰音紫。窳音庾。〔五〕偷生而無積聚。飲食還給，不憂凍餓，亦無千金之家。信巫鬼，重淫祀。」

人物：無。

土産：朱砂，冷石，零陵香，桂心，銀，麖皮，〔六〕簟，銅器，蚺蛇膽。

臨桂縣，元十鄉。州所治。漢始安縣，元鼎六年置，屬零陵郡。吴分置始安郡。梁置桂州。隋末復爲始安郡。縣界有灕水，一名桂江。〔七〕有荔水，亦曰荔江。其江源多桂，不生雜木，故秦時立爲桂林郡。唐至德二年改爲臨桂縣。

逍遥樓，在州城東角上。軒楹重疊，俯視山川。宋考功陪王都督登樓詩云：「晦日登樓望，江山一半天。」即此也。

迴濤堤，在城東南十五步，桂江西岸。水自嶺南流桂嶺，〔八〕去州二百餘里，水勢極高，每年三月至五月，大水瀑漲，淹浸城池。唐貞元十四年，刺史王拱築。此堤長五百五十四步，〔九〕以捍水勢，居民免墊溺之患。

駮鹿山，一名福禄山，在州東北一十五里。

灘山，在城南二里，〔一〇〕灘水之陽，因以名焉。一名沈水山。其山孤拔，下有澄潭，上高三百餘尺，周迴二里，可容五百家。旁有洞穴，廣數丈，南北直透，上有怪石欹危，藤蘿榮茂，世亂，民保以避寇。旱或禱祈，頗靈。

隱山，在州之西郊。先是榛莽翳薈，古莫知者。唐寶曆初，李渤出鎮，遂尋其源，見石門大開，〔一一〕有水淵澈，乃夷薙蕪穢，疏通巖穴，石林磴道，若天造靈府，不可根本，〔一二〕因號隱山。

彈丸山，在縣東二里，隔灘水。按酈道元水經注云：「山有湧泉，奔流迅激，東注于灘水，山龕及溪中，〔一三〕有石如彈丸，因以爲名。驗其山高十餘丈，周迴三四里。復有石竇，下深數丈，洞穴深遠，莫究其極。」

獨秀山，在城西北一百步。直聳五百餘尺，周迴一里，平地孤拔秀異，迴出郭中。下有洞穴，凝垂乳竇。路通山北，傍迴百餘丈，豁然明朗。宋光禄卿顔延之牧此郡，〔一四〕嘗于此石洞中讀書，賦詩云：「未若獨秀者，嵯峨郭邑閒。」

南溪山，在縣南五里。其山聳拔千尺，烟翠凌空。其溪東注于桂江，〔一五〕合流泝五里，卻合陽江，直抵隱山，縈帶二十餘里，通舟楫于二江之上下。

灕水，〔一六〕一名桂江，出臨源縣東南陽海山。漢志：「零陵縣陽海山，灕水所出。」漢武帝討南越，遣歸義越侯嚴爲戈船將軍，出零陵，下灕水。

湘水，今名小湘江，源出臨源縣陽海山。湘、灕同源出，分爲二水，水在全義嶺上，南流爲灕水，北流爲湘水。羅含記云：「湘水出于陽朔則觴爲之舟，至洞庭，日月若出没于其中。」〔一七〕

甘水，在靈川縣北三十里。其源出融州北界，潭洞涓流，引派百餘里，經靈川縣西南，穿過大山下，縈迴五百餘步。江闊十丈，深一丈，東流經甘棠驛南，而東注灕水。今邑人呼爲甘巖，即此水也。

陽江，在縣南二里。源出靈川縣界思磨山下，〔一八〕東流百餘里，漸勝舟楫，經郊郭之中，〔一九〕東流合于桂江。

訾家洲，在子城東南百餘步長河中。先是訾家所居，〔二〇〕因以名焉。每經大水，不曾湮没，相傳言浮洲也。〔二一〕又云昔歐陽都護墳土流下成此洲。

顏延之宅，在獨秀山下。按山在郭中，居子城正北百餘步，高聳約十二丈，周迴一里餘，迴出郭中，下有巖谷。舊有宋時名儒顏延之居讀書亭，〔二二〕後爲從事所居，往往見精靈，居者罕寧。

歐陽都護墳，在府北郭外松林盡處。唐初，安南都護名普贊，本靈川人也。舊宅，今聖壽寺是也，有廟在寺北垣下。

會仙里，南去縣五十里。舊有羣仙會于此，輜軿羽駕，遍于碧空，竟日而去，里人聚而聞之，因名會仙里。〔二三〕

雙妃冢。〔二四〕高十餘丈，周迴二里。舊傳二妃尋舜而卒，葬于此處。

伏波廟，在郭中，府之東北二里。即馬伏波之祠。唐乾符二年勅封爲昭靈王。

越王廟。鄉黨祈禱之所。

舜廟。虞山之下，是祠舜設廟之處。又有潭，號曰皇潭，言舜南巡遊其潭，因名。

靈川縣，東六十里。元十鄉。唐龍朔二年分始安縣置，東臨江。〔二五〕

冷石山，在縣西南一百里。出滑石。

堯山，在府城東北四十四里。按史傳堯封履不到蒼梧，〔二六〕以其西與舜祠相對，邑人慕堯之風，遂名爲堯山。

銀江水，源出縣西北，東流合灕水。

興安縣，北一百五十里。元五鄉。本漢始安縣地，隋置臨桂鎮。武德四年析始安置臨源縣。

大曆三年，土將萬重光誘臨桂等九縣搆逆，唯臨源縣獨守臣節，改爲全義縣。皇朝太平興國二年避御諱，改爲興安縣。

湘水，出縣東南八十里陽海山。水計北流經縣理東，〔二七〕又北流入永州界。

陽海山，在縣城北一百七十里，屬興安縣。按酈道元注水經云：「陽海山，一名陽朔山。」其山自永州零陵縣西南迆邐，〔二八〕岡巒連亘不絶。此山即湘、灕二水之源，南爲灕水，北爲湘水，即此水也。〔二九〕

龍蟠山，在郡城東北一百七十里，屬興安縣。本名蟠龍山，〔三〇〕天寶六載勅爲龍蟠山。有石洞，洞門數里，〔三一〕人秉燭遊，于迴溪泥沙中嘗見龍跡，其大如盌。洞中之水有魚四足而有角，人不敢傷，恐致風雨。嶺表録異云：「全義嶺之西南有盤龍山，山有乳洞，斜貫一溪，號爲靈水溪，入靈川縣界。溪内有有魚，皆修尾四足，丹其腹，遊泳自若，漁人不敢捕之。」爾雅云：〔三二〕「鯢似鮎，四足，聲如小兒。」今高州山溪内，亦有此魚，謂之納魚，即此類也。

越城嶺，一名始安嶺，在縣北三里，即是五嶺從東第五嶺。

秦鑿渠，在縣南二十里。本灕水自柘山之陰西北流，至縣西南合零渠五里，始分爲二水。昔秦命御史監史禄，〔三三〕自零陵鑿渠至桂林，故漢歸義越侯嚴爲戈船將軍，出零陵，下灘水，即此郡。郡國志：「後漢伏波將軍馬援開湘水，爲渠六十里，穿度城，〔三四〕今城南流者是，因秦舊瀆耳。至唐寶曆初，渠道崩壞，舟楫不通，觀察使李渤遂疊石造堤，如鏵觜，劈水分二水，置石斗門一，使制之，〔三五〕在人開閉，開灘水，則全入於桂江，擁桂江，則盡歸于湘水。又于湘水鑿分水渠三十五步，以便行舟，灘水經縣郭中而流。」

陽海祠，在縣南。乃灘、湘二水之源也，流至縣北三百步，分流，北爲湘江，〔三六〕南爲灘江。其下有廟，後封爲廣濟侯。

陽朔縣，南一百四十里。元二鄉。本漢始安縣地，隋開皇十年置。在灘水東二十里，永樂水西。

烏滸。郡國志云：「陽朔縣有夷人名烏滸，在深山洞内，能織文布，〔三七〕以射翠取羽，割蚌取珠爲業。」

竹皇祠。郡國志云：「竹王者，女子浣衣水次，有三節竹入足閒，〔三八〕推之不去。中有聲，破之，得一男兒，養之，有材武，遂雄諸夷地。今寧州始興三狼烏滸，即竹王之遺裔，故有竹王三郎祠於此地。」

永福縣，西南一百里。元二鄉。本漢始安縣地，隋開皇十一年割始安縣永福鄉于廢龍口戍置。〔三九〕

白石水，東北自臨桂縣來，經縣理東，又西南入理定縣界。

永福山，在邑界。

修仁縣，西南三百四十里。〔四〇〕元二鄉。本漢荔浦縣地，吴孫氏置建陵縣。梁武帝立爲郡。隋開皇十年廢郡爲縣。唐長慶三年，〔四一〕桂管觀察使殷侑奏縣名與肅宗陵號同，今縣有修仁鄉，請改爲修仁縣。

建水，出縣北建山，南流，經縣東。

駱駝水，在縣西七里。源出龐山下，西南流注連水。〔四二〕

崇仁水，源出謝山，東流合白石水。

理定縣，西南三百里。元四鄉。本漢始安縣地，隋仁壽初分置興安縣。唐至德二年改爲理定縣。〔四三〕

蘭麻山，屬縣界，在府城西南二百里。從府向柳州路經此山，過溪百餘里，方至平路。山中有毒出，路尋溪水行，其溪水有伏流，有平流，峭絶險隘，更無别路。其山自衡岳迤邐南亘于邵州、融州等界，至此過入柳州、象州。山闊一百里，高二十餘里。

橄欖山，在邑界。

慕化縣，西南二百二十里。元二鄉。本漢潭中縣地，晉太康元年分吴所置武豐縣置長安縣于此。蕭齊又于縣理置常安戍。梁大同八年于縣置梁化郡，改長安縣爲梁化縣。十八年改梁化縣爲純化縣。〔四四〕大業二年省。唐武德四年復置純化縣。永貞元年十二月改爲慕化縣，以避憲宗廟諱。梁開平元年復爲歸化縣。後唐同光初復爲慕化縣。

常安水，源出縣西南二十九里須離山。東北流經縣南，又經縣東屈而東南流，經福水西，又南注白石水。

荔浦縣，南二百四十里。元二鄉。本漢縣，屬桂林郡。〔四五〕唐貞觀三年于此置荔州，〔四六〕十三年州廢，〔四七〕復爲縣，以隸桂州。在荔江北，以江爲縣名。

卧石。郡國志云：「其形似人，而舉體青黄隱起，或謂之石人。可以祈雨，小舉則小雨，大舉即大雨。」

建水。水口有尉佗、伏波二廟。〔四八〕

湘水，即小湘江也。

荔江，今名荔水。漢志：「荔浦縣，有荔平關。」源出崇仁縣西北荔山。

荔溪。地志記云：〔四九〕「荔溪原多桂，桂所生處，不生雜木，樵採皆桂。」

方山。對九疑山，高下相類。〔五〇〕

豐水縣。南二百一十里。元二鄉。本漢荔浦縣地，隋置永豐縣。唐長慶三年，〔五一〕觀察使殷侑奏與信州永豐縣同，今縣下有豐水，請改爲豐水縣。

豐水，源出思君山下。

姜女山，白面山，皆在邑内。

義寧縣西北八十里。〔五二〕元一鄉。〔五三〕晉天福八年析靈川縣歸義鄉爲場，復昇爲義寧縣。〔五四〕

古縣場，西南一百五十里。十鄉。〔五五〕唐乾寧二年分慕化縣三里一鄉爲古縣場。〔五六〕

南越志云：「桂林郡，本治陽溪，今移在鬱江口，有銅鼓灘是也。〔五七〕武熙縣有桂山、圍山。本草云桂生山谷，〔五八〕久服令身輕。又平陽縣有陽溪，在縣西數百里，伏流通于岷山。」又云：「潭中縣二百里，則桂林故郡所理也。」

中留縣，秦置也。次三百里至于江，則桂江也。與鬱林合浦水並歸于海。建興三年，諸葛武侯南征，遂分建寧、牂柯二郡地爲興古郡。延康元年，步騭交州兵出自長沙，趨于此道。故吴書曰：「權遣吕岱代騭。將交州義士萬人出長沙。會玄德東下，武陵蠻夷蠢動，遂命騭上益陽。備既敗績，〔五九〕而零陵、桂林諸郡猶相驚擾，騭周旋征討，皆平之。」

有古終藤，俚人以爲布，故夏書曰「島夷卉服」，此之謂也。

卷一百六十二校勘記

〔一〕復置桂州總管府　「府」，底本脱，據萬本、庫本及元和郡縣圖志卷三七、舊唐書卷四一地理志四桂州補。

〔二〕水路四千三百二十三里　底本「十」下衍「有」字，據萬本、庫本及傳校删。

〔三〕東至昭州陸路二百三十里　「東」，通典卷一八四州郡一四、舊唐書地理志四作「南」，元和郡縣圖志桂州作「東南」。按桂州治即今廣西桂林市，昭州治今平樂縣西北，以方位而言，昭州在桂州東南，此「東」下疑脱「南」字。「二」，底本作「三」，據萬本、中大本、庫本及通典、元和志、舊唐志改。

〔四〕皇朝管户主一萬六千七百一十九客七千七百五十九　「管」，底本無，據萬本、庫本及傳校補。「五」，底本作「一」，據萬本、中大本、庫本及傳校改。

〔五〕音紫音庚　萬本、庫本皆無此四字，傳校删，蓋非樂史原文。

〔六〕麢皮　「麢」，底本作「麋」，據萬本、庫本、新唐書卷四三地理志七上及傳校改。

〔七〕一名桂江　底本「一」上衍「遂」字，據萬本、庫本、輿地紀勝卷一〇三静江府引本書及傳校删。

〔八〕水自嶺南流桂嶺　萬本、庫本同，嘉慶重修一統志卷四六二桂林府引本書作「其水南流經桂嶺」，此「流」下疑脫「經」字。

〔九〕刺史王拱築此堤長五百五十四步　「拱」，底本作「珙」，庫本同，據萬本、嘉慶重修一統志引本書及輿地紀勝靜江府改。「五十四」，底本作「四十五」，據萬本、庫本、嘉慶重修一統志引本書改。

〔一〇〕在城南二里　「二」，底本作「三」，據萬本、中大本、庫本、輿地紀勝靜江府、嘉慶重修一統志卷四六一桂林府引本書、傅校及太平御覽卷四九引桂林風土記改。

〔一一〕見石門大開　「大」，底本作「半」，據輿地紀勝、宋本方輿勝覽卷三八靜江府引本書改。萬本、庫本、嘉慶重修一統志卷四六一桂林府引本書作「牙」，同太平御覽卷四九引桂林風土記，傅校改同。

〔一二〕不可根本　「根本」，庫本及太平御覽卷四九引桂林風土記同，而輿地紀勝靜江府引本書作「窮究」；萬本、嘉慶重修一統志桂林府引本書作「窮極」，傅校改同。

〔一三〕山龕及溪中　「山」，底本脱，萬本、庫本同，據太平御覽卷四九引水經注、輿地紀勝靜江府引本書補。「龕」，水經灕水注作「堪」，楊守敬水經注疏云：「龕與堪通。」

〔一四〕顏延之牧此郡　「此」，底本作「其」，據萬本、庫本、輿地紀勝靜江府引本書、太平御覽卷四九引桂林風土記及傅校改。

〔一五〕其溪東注于桂江　底本「溪」下衍「水」字，據萬本、庫本、輿地紀勝靜江府、嘉慶重修一統志卷四六一桂林府引本書、太平御覽卷四九引桂林風土記及傅校删。

〔一六〕灘水　「水」底本作「江」，據萬本、中大本、庫本及太平御覽卷六五引臨桂圖經、輿地廣記卷三六桂州、輿地紀勝、宋本方輿勝覽靜江府改。

〔一七〕日月若出没于其中　「没」，水經湘水注引羅君章湘中記作「入」，元和郡縣圖志桂州同。

〔一八〕思磨山　「磨」，底本作「慕」，據萬本、中大本、庫本、輿地紀勝靜江府、嘉慶重修一統志桂林府引本書改。

〔一九〕經郊郭之中　「經」，底本作「出」，據萬本、庫本、嘉慶重修一統志桂林府引本書及傅校改。

〔二〇〕訾家洲在子城東南百餘步長河中先訾家所居　二「訾」字，底本作「紫」，庫本同。原校：「按柳子厚有桂州訾家洲亭記，今作紫，當考。」按萬本作「訾」，柳河東集第二七卷有桂州訾家洲亭記，輿地記勝靜江府：「訾家洲，在臨桂縣東二里。唐柳宗元云：桂州多靈山，在左曰灘水，水之中曰訾氏之洲。」宋本方輿勝覽靜江府同，此「紫」爲「訾」字之誤，據改。

〔二一〕相傳言浮洲也　「傳」，萬本、庫本皆作「承」，傅校改同。「洲」，底本脱，據萬本及嘉慶重修一統志桂林府補。

〔二二〕顔延之居讀書亭　「居」，萬本、庫本皆作「宅」，當是。

〔二三〕因名會仙里　「因名」，底本作「名爲」，據萬本、庫本、輿地紀勝靜江府引本書及傅校改。

〔二四〕雙妃冢　按輿地紀勝靜江府引本書謂雙女冢「在臨桂縣北」，此脱。

〔二五〕東臨江　萬本據元和郡縣圖志桂州「江」上補「桂」字

〔二六〕史傳堯封履不到蒼梧　「履」，底本作「里」，據萬本、庫本、嘉慶重修一統志桂林府及傅校改。

〔二七〕水計北流經縣理東　「計」，萬本、庫本皆作「斗」，傅校改同，此「計」蓋爲「斗」字之誤。

〔二八〕其山自永州零陵縣西南迆邐　萬本、庫本皆無「南」字，嘉慶重修一統志桂林府引本書同。

〔二九〕即此水也　庫本同，萬本無「水」字，當是。

〔三〇〕蟠龍山　「蟠」，萬本、庫本、嘉慶重修一統志桂林府引本書作「盤」。

〔三一〕洞門數里　萬本、庫本、嘉慶重修一統志桂林府引本書「洞門」下有「内」字。輿地紀勝靜江府引本書作「洞門數重」。

〔三二〕爾雅云　按下引文見於爾雅郭璞注，非爾雅原文。

〔三三〕御史監史禄　後一「史」，底本脱，據萬本、庫本、嘉慶重修一統志桂林府引本書及太平御覽卷六五引臨桂圖經補。

〔三四〕郡國志至穿度城　「國」，底本脱，萬本同，據太平御覽卷六五引郡國志補。底本「度」下衍「南」字，據萬本及太平御覽引郡國志删。

〔三五〕劈水分二水置石斗門一使制之　「劈水分爲二水」，萬本、庫本同，太平御覽引郡國志無「劈水」

二字，嘉慶重修一統志桂林府引本書作「劈分二水」。「一」，底本脱，「使」，底本作「因便」，皆據萬本、庫本及太平御覽引郡國志、嘉慶重修一統志桂林府引本書補改。

〔三六〕北爲湘江　「北」，底本脱，萬本、庫本同，據中大本補。

〔三七〕能織文布　按輿地紀勝靜江府引本書作「能織班文布」，此脱「班」字。

〔三八〕有三節竹入足閒　「入」，底本作「纏」，據萬本、庫本、傅校及後漢書卷八六西南夷傳、華陽國志卷四南中志改。

〔三九〕隋開皇十一年割始安縣永福鄉于廢龍口戍置　原校：「按新舊唐書地理志桂林永福縣：『武德四年析始安置。』元和郡縣志同，隋志始安郡無永福縣，今云隋開皇十一年置，未知據何書。」按隋書卷三一地理志下始安郡統縣十五，無此縣，則永福縣非置於隋也，當從元和志、新舊唐書地理志。

〔四〇〕西南三百四十里　「南」，底本作「北」，萬本、庫本同。輿地紀勝靜江府修仁縣：「在府西南三百四十里。」按北宋桂州，南宋紹興三年升爲靜江府，治臨桂縣，即今桂林市，修仁縣即今荔浦縣修仁鎮西北老縣，在桂林市南偏西，正與紀勝所載方向相合，此「北」乃「南」字之誤，據改。

〔四一〕長慶三年　新唐書地理志七上同，唐會要卷七一州縣改置上作「長慶二年十二月」。

〔四二〕西南流注連水　「連」，萬本作「漣」，嘉慶重修一統志卷四六七平樂府引本書作「建」。按本書上列建水，蓋是，此「連」蓋爲「建」字之誤。

〔四三〕至德二年改爲理定縣　「爲」，底本作「名」，據萬本、庫本、嘉慶重修一統志桂林府引本書及傳校改。

〔四四〕十八年　按此「十」上當脱「隋開皇」三字。

〔四五〕屬桂林郡　按漢書卷二八地理志下，荔浦縣屬蒼梧郡，此誤。

〔四六〕唐貞觀三年于此置荔州　按新唐書地理志七上云唐武德四年置荔州，舊唐書地理志四桂州總序云武德四年置桂州總管府，管有荔州，此云貞觀三年置荔州，誤。

〔四七〕十三年州廢　舊唐書地理志四同，元和郡縣圖志桂州謂「貞觀十二年州廢」，新唐書地理志七上同。

〔四八〕水口有尉佗伏波二廟　「二」，底本作「之」，據萬本、中大本、庫本及傳校改。

〔四九〕地志記　按輿地紀勝靜江府作「荔溪記」，此疑誤。

〔五〇〕高下相類　「相」，底本作「皆」，據萬本、中大本、庫本、輿地紀勝靜江府、嘉慶重修一統志平樂府引本書及傳校改。

〔五一〕長慶三年　新唐書地理志七上同，唐會要州縣改置上作「長慶二年十二月」。

〔五二〕西北八十里　「西北」，底本作「東」，萬本、庫本同，據元豐九域志卷九桂州、輿地紀勝靜江府改。

〔五三〕元一鄉　萬本、庫本皆無「元」字。

〔五四〕晉天福八年析靈川縣歸義鄉爲場復昇爲義寧縣　「鄉」，底本脱，萬本、庫本同，據輿地紀勝静江府、嘉慶重修一統志桂林府引本書改。又輿地紀勝引皇朝志云：「本靈川縣歸義鄉，石晉開運元年析置義寧縣。」與此異。

〔五五〕十鄉　萬本、庫本「十」上皆有「元」字。

〔五六〕分慕化縣三里一鄉爲古縣場　「三」，底本作「之」，據萬本、中大本、庫本、嘉慶重修一統志桂林府引本書及傳校改。

〔五七〕銅鼓灘　「灘」，萬本、中大本、庫本皆作「瀨」。

〔五八〕桂生山谷　萬本、庫本「山谷」下皆有「間」字，此蓋脱。

〔五九〕遂命鷺上益陽備既敗績　「遂」，底本作「逆」，萬本、庫本同，據三國志卷五二吴書步騭傳改。「上益陽備」，底本作「士並降劉」，據萬本、庫本及三國志吴書步騭傳改。

太平寰宇記卷之一百六十三

嶺南道七

南儀州　新州　竇州　昭州　蒙州　潯州

南儀州

南儀州，連城郡。今理岑溪縣。土地所屬，自秦以前與潘州同。漢置蒼梧郡，今州即蒼梧郡之猛陵縣地也。猛陵縣，今梧州界。隋爲永熙郡之永業縣。唐武德五年，江表底定，於此置南義州及四縣。貞觀元年州廢，以所領縣入南建州；二年復置義州，還以故縣來屬；五年廢義州，又以縣屬南建州；六年復置義州，又割故縣來屬。天寶元年改爲連城郡。乾元元年復爲義州。皇朝開寶四年平南越，廢入竇州；〔一〕至六年復置，從民之便，其三縣仍併爲一縣。太平興國初改爲南儀州。

元領縣三。今一：岑溪。　二縣廢：連城，永業。

州境：東西八十里。南北九十里。

四至八到：西北至東京約七千餘里。西北至西京約七千餘里。東北至長安取康州路七千五百里。東至梧州嶂嶺一百七十里。西至容州六十五里。〔二〕東北至藤州二百里。北至廣州水路一千九百里。南至容州普寧縣界二十里。西南至容州九十五里。東北至梧州三百里。〔三〕

户：唐開元户九百二十九。皇朝户主、客六百三十八丁。本州只供丁，不供户。

風俗：俗不知歲，唯用八月酉日爲臘，長幼相慰賀，以爲年初。每月中旬，年少女兒盛服吹笙，相召明月下，以相調弄，號曰夜泊，以爲娱。二更後，匹耦兩兩相攜，隨處相合，至曉則散。男兒以白布爲頭巾，女兒以布爲衫。

土産：出縮砂仁。

岑溪縣，舊三鄉，今四鄉。州所理。漢猛陵縣，屬蒼梧郡。唐武德四年置龍城縣，于縣置南義州。貞觀初，廢，二年復置義州，領龍城、安義、連城、義城四縣。至德中改安義爲永業，龍城爲岑溪。

廢永業縣，在州東北一百里。舊安義縣，至德年中改。

廢連城縣，在州東南八十里。武德五年分瀧州之正義縣置。已上二縣，皇朝廢入岑溪縣。

龍城砧。山形似砧也。

羅山。山有冷泉，飲者愈熱病。

龍驤水。昔龍驤將軍陳隱鎮此，因名也。

馬頭嶺，岑溪，皆在郡。

城麻場，新置。

新州

新州，新興郡。今理新興縣。古越地。秦始皇略取陸梁地，置象郡，今州則其地也。〔四〕漢爲合浦郡之臨允縣。晉穆帝永和七年分蒼梧郡于此置新寧郡。輿地志：「梁武帝割廣州新寧一郡立新州。」隋爲信安郡。唐武德四年平蕭銑，復置新州。天寶元年改爲新興郡。乾元元年復爲新州。

元領縣三。今一：新興。二縣廢：索盧，舊廢。永順。今并入新興。

州境：東西二百七十四里。南北二百九十五里。

四至八到：東西至東京水路五千四十一里。西北至西京五千四十一里。西北至長安取端州路五千二里。東至廣州二百七里。西至康州悦城山爲界一百三十里。南至恩州三百八十里。北至端州一百三十五里。東南至廣州義寧縣五十四里。東北至端州一百一十里。西北至舊勤州一百六里。〔五〕西南至春州二百六十里。

户：唐開元户二百五十。皇朝户主六千八十七，客一百二十一。

風俗：俗以雞骨占吉凶。漢書云越巫以雞卜，此也。衣服即都落、古貝、蕉布。豪渠之家喪祭則鳴銅鼓，召衆則鳴春堂。巧作木疊藤帽、五色藤箱席。

土産：金，貢。〔六〕牛黄，紵布，都落布。銀山出銀。爾雅云：「白金謂之銀，其美者謂之鐐。」盧循採之。山多香木，謂之蜜香，辟惡氣，殺鬼精。

新興縣，舊十二鄉，今四鄉。漢臨允縣，屬合浦郡。晉置新寧郡。梁置新州。

廢永順縣，在州北四十五里。唐武德四年析新興縣置。皇朝併入新興。

廢索盧縣，唐武德四年析新興縣置。今廢。〔七〕

桂山，在新會縣西南三十四里。南越志云：「此山鳥則翡翠、孔雀，獸則玄猿、鼷鼠。」

利山，在新會縣東一百七里。南越志云：「此山多沈香木。」

南海，在新會縣南一百五十里，有穿洲。襟帶甚遠，山挺方木，水含珠母，海人以爲鮓醬，秘之而餌其肉。又洲有火齊雲母。又云有浮石。又曰海昌郡威寧縣有穿洲，其上多綸木，注云似穀皮，可以爲綿，但獠緝以爲絮。

三章溪。南越志云：「允吾縣南有三章溪，溪有三源也。」

竇州

竇州，懷德郡。今理信宜縣。古越地。秦屬南海郡。〔八〕漢屬蒼梧郡。隋爲永熙郡。武德四年置南扶州及五縣，以獠反，寄治瀧州。貞觀元年廢，以所管縣並屬瀧州；二年獠平，復置南扶州，自瀧州還其故縣；五年復廢，縣隸瀧州；六年復置，以故縣來屬；其年改南扶州爲竇州，以羅竇洞爲名。天寶元年改爲懷德郡。乾元元年復爲竇州。

元領縣四。今一：信宜。三縣廢：懷德，潭峩，特亮。併入信宜。

州境：東西一百三十里。南北一百六十里。

四至八到：西北至東京五千里。西北至西京五千三百五十五里。西北至長安取瀧、康東路六千二百二十一里。東至高州一百里。西至舊潘州一百六十里。西至舊禺州二百五十里。北至南儀州二百二十里。東北至舊瀧州二百四十里。西北至容州一百二十里。〔九〕正北微西至南儀州二百二十里。西南至舊潘州八十里。東南至本州長樂里，連接高州良德縣界。

户：唐開元户三百八十八。皇朝管户六百二十八。只言主户。

風俗：穀熟時，里閈同取戌日爲臘，男女盛服，椎髻徒跣，聚會作歌。悉以高欄爲居，號曰干欄。〔一〇〕三日一市。

土産：苔蒹香樹。生冬時，採葉煎之，氣甚芳澤，尤宜洗皁衣。

信宜縣，舊二鄉，今四鄉。漢端溪縣地，屬蒼梧郡。隋爲懷德縣。唐武德四年析懷德縣置信義縣，仍置南扶州。貞觀中改爲竇州，取州界羅竇爲名。皇朝太平興國初改爲信宜。

廢懷德縣，在州東六十里。本屬瀧州，後來屬。

廢潭峩縣，在州西南八十里。唐武德四年分信義縣置。

廢特亮縣，在州西北七十里。唐武德四年分信義縣置。已上三縣，皇朝開寶廢入信宜。

潭峩山，在水中，峩峩焉。

特亮山，在河洞水北。昔有白牛夜出，光影照林，〔一一〕村人以牛光影爲特亮，故名。

河洞水。

昭州

昭州，平樂郡。今理平樂縣。秦爲桂林郡地。漢屬蒼梧郡。〔一二〕宋屬始建國。齊屬始安郡。梁置樂州。〔一三〕隋爲始安郡之平樂縣。唐武德四年平蕭銑，置樂州，領平樂、永豐、恭城、沙亭四縣。貞觀七年省沙亭，八年改爲昭州，取昭潭爲名。按湘南記云：「長沙郡本潭州，亦取昭潭爲名。則彼此皆有昭潭。郡北有昭岡潭，只在江中，潭蓋以岡爲名。」天寶元年改爲平樂郡。乾元元年復爲昭州。皇朝開寶五年併永平縣入平樂，仍廢富州之思勤、馬江二縣入龍平一縣來屬。

元領縣三。今二：平樂，恭城。一縣廢：永平。併入平樂。

廢富州元領縣三，今一：龍平。二縣廢：思勤，馬江。併入龍平。

州境：東西一百九里。南北二百一十里。

四至八到：東北至東京四千二百里。西北至西京四千六百七十五里。西北至長安四千九百三十五里。東至賀州三百里。南至龔州三百五十里。北度嶺至永州六百里。西至石脚村三十三里，接桂州陽朔縣界。東南至賀州富川縣界八十六里。東南至象州三百五十里。〔一四〕西北至桂州荔浦縣八十里。〔一五〕東度嶺至道州四百三十里。

户：昭州唐開元户二千三百三十四。廢富州唐開元户一千二百九十。皇朝都管户主三千七百八十五，客一千三百四十。

風俗：同賓州。

土產：壽竹，紅蕉。

平樂縣，一鄉。州所理。漢荔浦縣地，屬蒼梧郡。晉置平樂縣，〔一六〕唐貞觀二年省沙亭縣併入也。〔一七〕

木客。郭仲産湘州記：「平樂縣紫山多曲竹，有木客，形似小兒，歌哭、行坐、衣服不異于人，而能隱形。山居崖宿，至精巧，時出市易，作器，人亦無別，就人换借，此皆有信義，言語亦可解，精器木理也。」〔一八〕

目巖山，在縣北三十五里。盛弘之荆州記云：「平樂縣西南數十里有山，其巖間有兩目，如人眼極大，瞳子白黑分明，因名爲目巖山。」

平樂江，在縣東八十里。江中有懸藤灘、犂壁湍。〔一九〕

荔浦江，在縣西五里。桂州荔浦，〔二〇〕流入當州。

廢沙亭縣，在州西三十五里。唐證聖元年置，聖曆二年廢。〔二一〕

廢永平縣，在州東九十里。隋縣。舊屬藤州，唐屬昭州。皇朝開寶五年併入平樂縣。

沙亭水，在舊縣西北，出陽海山。

恭城縣，東北九十里。元二鄉。唐武德四年析平樂置。

龍平縣，東南一百六十二里。〔二二〕元二鄉。漢臨賀縣地，吴置臨賀郡。梁分臨賀置南静郡，又改爲静州，仍改南静郡爲龍平縣，屬富州。〔二三〕唐武德九年廢安樂、博勞、歸化三縣入。至皇朝開寶五年廢富州，以思勤、馬江二縣併入龍平縣，隸昭州。

廢富州城，本開江郡理龍平縣。秦桂林郡地，漢屬蒼梧郡之臨賀縣。吴孫權置臨賀郡。梁武帝分臨賀置南静郡，陳爲静尉郡。隋始安郡之龍平縣。唐武德四年平蕭銑，置静州，領龍平、博勞、歸化、安樂、開江、豪静、蒼梧七縣，尋又分蒼梧、豪静、開江三縣置富州，〔二四〕九年省安樂縣。貞觀八年改爲富州，以富川水爲名。天寶元年改爲開江郡。乾元元年復爲富州，移于古武城郡爲理所。

彈丸溪。〔二五〕溪中石如彈圓，鰕魚有四足，含水仰天不動，小鳥就飲，因而吞之。

盧耽廟，在縣界。

鼧鼠山。多篾竹、篾音匯。筬竹，多刺。池澤中有鼠，〔二六〕鼧食之，一名竹鼠。

白土坑。嶺表録云：「白土坑，在富州城北隅。其土白膩，郡人取以爲貨，終古不竭。今五嶺婦女率皆用之爲粉，又名鉛粉。」

廢安樂縣，在縣東北五里。

廢歸化縣，在縣北三十里。〔二七〕

廢博勞縣，在縣北三十二里。已上三縣，唐武德九年廢。

廢馬江縣，在縣南一百里，隋開江縣。唐長慶三年，〔二八〕桂管觀察使殷侑奏以開州有開江縣名同，按圖經云其江是後漢伏波將軍馬援所開，請改爲馬江縣。從之。

廢思勤縣，在縣北一百四十里。漢臨賀縣也。已上二縣，皇朝開寶五年併入龍平。

蒙州

蒙州，蒙山郡。今理立山縣。土地所屬與桂州同。漢武帝平南越，置蒼梧郡，今州即蒼梧郡之荔浦縣地。隋開皇十年置始安郡、隋化縣。唐武德四年置南恭州，割荔州之立山、東區、純義三縣分置嶺政縣。〔二九〕貞觀八年改爲蒙州，取州東蒙山爲名；十二年省嶺政入立山。天寶元年改爲蒙山郡。乾元元年復爲蒙州。州東蒙山下有泉源流爲蒙水，山下人多姓蒙。

領縣三：〔三〇〕立山，正義，東區。

州境：東西。缺。南北。缺。

四至八到：西北至東京五千六百七十五里。西北至西京五千七百九十二里。西北至長安五千五百一十二里。東至舊富州九十里。南至龔州陸路三百五十里。〔三一〕西北至桂州九十里。〔三二〕北至桂州三百三十里。西南至龔州三百五十里。東南至梧州嶺九十里。西北至桂州荔浦縣八十里。東北至舊賀州富川縣北郁洞二百里。

户：唐開元户一千五十九。皇朝户主二千五百七十七，客八百一十二。

立山縣，二鄉。州所理。漢荔浦縣，屬蒼梧郡。隋分荔浦置隋化縣。武德四年改爲立山，于縣置荔州，尋改爲恭州。〔三三〕貞觀八年改蒙州，理此邑。

正義縣，西北二十三里。元二鄉。唐貞觀五年置純義縣，屬荔州。永貞元年改爲正義，避憲宗之諱。

東區縣，東南八十里。二鄉。〔三四〕唐武德五年分立山置，屬荔州。貞觀六年屬鷰州，十年改屬蒙州。郡國志云：「有蚺蛇，大數丈，圍可一丈，吞鹿食之，鹿爛，則繞樹，腹中骨穿鱗出。又有文魚，如鱦。有鳥名山鸐，毛羽朱素鮮明，皎然可愛，禮謂『鸐雉』是也。」

潯州

潯州，潯江郡。今理桂平縣。秦屬桂林郡。漢以後並屬鬱林郡。隋爲鬱林郡之桂平縣。

唐貞觀七年置潯州，領桂平、陵江、大賓、皇化四縣；十二年廢潯州，以四縣屬龔州；尋復置潯州，以桂平、大賓、皇化來屬，省陵江入桂平縣。天寶元年改爲潯江郡。乾元元年復爲潯州。

元領縣三。今一：桂平。二縣廢：皇化，大賓。已上二縣併入桂平。

州境：東西五百里。南北。缺。

四至八到：東北至東京四千八百里。東北至西京五千七百里。北至長安取梧、桂路五千九百六十里，取象州路四千四百三十五里。東至龔州一百二十里，至廣州水路九百二十五里。西至邕州七百二十里。南至容州四百二十五里。北至象州二百一十里。東北至龔州大同縣界二百二十里。西南泝流至貴州二百二十五里。西北至象州陸路二百一十里。東南至廢繡州八十里，又至所屬阿林縣一百二十里。

户：唐開元户一千九百三十。皇朝户主三百三十二，客八百八十一。

風俗：無。

土産：不出絲蠶。〔三五〕

桂平縣，舊一鄉，今二鄉。漢布山縣，鬱林郡所治。隋爲桂平縣。唐武德二年屬貴州。〔三六〕貞觀初屬鸞州，七年屬潯州，十二年州廢，屬龔州。後復置潯州于此。

廢皇化縣，在州東三十里。漢阿林縣，屬鬱林郡。隋置皇化縣，後廢。貞觀七年復置，屬龔州，〔三七〕又復屬潯州。

潯江，在縣北二十步，過州東五里合鬱江。

廢大賓縣，在州東四十里。漢布山縣地。已上皇化、大賓二縣，皇朝開寶五年併入桂平縣。

堂牛。布山故縣地有堂牛，常與蚺同穴，角如玉，光瑩堪作酒鐏。其牛嗜鹽，民以皮裹手涂鹽，〔三八〕入穴探之，舌澀者是牛，稍稍引出，舌滑者是蚺，出則能殺人。

卷一百六十三校勘記

〔一〕皇朝開寶四年平南越廢入竇州　按續資治通鑑卷一二：開寶四年平南漢，改義州爲南義州。同書卷一三：開寶五年，「廢南義州。」宋會要方域七之二三：唐義州，「開寶四年加『南』字，五年廢入竇州。」此處脱誤。

〔二〕西至容州六十五里　按通典卷一八四州郡一四連城郡義州：「西至普寧郡（容州）九十里。」舊唐書卷四一地理志四同，本書卷一六七容州：「東北至南義州九十里。」此里數誤。

〔三〕東北至梧州三百里　「三」，底本作「五」，據萬本、庫本改。元和郡縣圖志卷三七梧州：「正南微西至義州三百里。」本書卷一六四梧州同，則義州（北宋太平興國初改爲南義州）、梧州間爲三百里。

〔四〕秦始皇略取陸粱地置象郡今州則其地也　按輿地廣記卷三五、輿地紀勝卷九七、宋本方輿勝覽卷三七新州總皆云「秦屬南海郡」，此説誤。

〔五〕西北至舊勤州一百六里　「六」，萬本、中大本、庫本皆作「五」。

〔六〕貢　萬本、庫本皆作「舊貢」，傅校同，此蓋脱「舊」字。

〔七〕今廢　萬本、庫本皆無「今」字。新唐書卷四三地理志七上：「乾元後又省索盧。」是唐乾元後已廢，此「今」乃衍字。

〔八〕南海郡　「南海」，底本作「海南」，萬本、庫本同。史記卷六秦始皇本紀：三十三年，略取陸粱地，爲桂林、象郡、南海。」通典州郡一四：懷德郡竇州：「秦屬南海郡。」此「海南」爲「南海」之倒誤，據以乙正。

〔九〕西北至容州一百二十里　按通典州郡一四懷德郡竇州：「西至普寧郡（容州）二百里。」舊唐書地理志四同，本書卷一六七容州：「南至竇州二百里。」此里數蓋誤。

〔一〇〕干欄　「欄」，底本作「闌」，據萬本、庫本、輿地紀勝卷一一七、宋本方輿勝覽卷四二高州引本書及傅校改。

〔一一〕光影照林　「林」，萬本、庫本皆作「村」。庫本「光」下有「彩」字。

〔一二〕漢屬蒼梧郡　底本「漢」上有「平樂縣」三字，萬本作「本平樂縣地」，中大本同。按太平御覽卷一七二引十道志曰：「昭州平樂郡，秦桂林郡地，二漢屬蒼梧郡。」本書平樂縣序云「晉置平樂縣」，秦漢時無此縣，則此「平樂縣」三字衍，據删。

〔一三〕梁置樂州　按通典州郡一四平樂郡昭州總序：「齊屬始安郡，隋亦然。」太平御覽引十道志同。隋書卷三一地理志下始安郡、輿地紀勝卷一〇七昭州總序皆不載梁置樂州事，舊唐書地理志四、新唐書卷四三地理志七上皆云唐武德四年置樂州，此云「梁置樂州」，誠可疑。

〔一四〕東南至象州三百五十里　按昭州治平樂縣，在今廣西平樂縣西，象州治陽壽縣，即今象州縣，在昭州西南，此「東南」疑爲「西南」之誤。

〔一五〕西北至桂州荔浦縣八十里　按荔浦縣在今縣西荔江濱，在昭州西南，此「西北」疑爲「西南」之誤。

〔一六〕晉置平樂縣　輿地紀勝昭州引本書云「吴置平樂縣」，按宋書卷三七州郡志三始建内史平樂侯相：「吴立。」元和郡縣圖志卷三七昭州平樂縣序云「吴於此置平樂縣」，此「晉」爲「吴」字之誤。

〔一七〕唐貞觀二年省沙亭縣併入也　原校：「按新唐書地理志平樂縣：『武德四年析置沙亭縣，貞觀七年省。』今記不載置沙亭之始，又以七年爲二年，恐誤。又下文序廢沙亭縣云：『唐證聖元年置，聖曆二年廢。』與總序不合，當是記最後廢置，前後互見耳。」按舊唐書地理志四亦云「貞觀七年省沙亭併入」，原校是也。

〔一八〕精器木理也　「器」，萬本、庫本皆作「別」，傅校改同，當是。

〔一九〕犂壁湍　「湍」，庫本同，萬本作「灘」，嘉慶重修一統志卷四六七平樂府引本書同。

〔二〇〕桂州荔浦　萬本作「桂州荔浦縣」，庫本同。按新定九域志卷九昭州：「荔浦水，源出桂州荔浦縣。」則此「荔浦」下脱「縣」字，「桂州」上蓋脱「源出」或「出」字。

〔二一〕唐證聖元年置聖曆二年廢　按新唐書地理志七上云「武德四年析置沙亭縣，貞觀七年省沙亭。」此疑誤，參見本卷校勘記〔一七〕。

〔二二〕東南一百六十二里　「東南」，底本脱，萬本、庫本同，據元豐九域志卷九、輿地紀勝昭州補。

〔二三〕屬富州　按元和郡縣圖志卷三七富州總序云：「武德五年重置靜州，貞觀八年改爲富州。」舊唐書地理志四、新唐書地理志七上亦云武德四年置靜州，貞觀八年改爲富州，此云梁時已有富州，誤。

〔二四〕尋又分蒼梧豪靜開江三縣置富州　舊唐書地理志四：「武德四年平蕭銑，置梧州，領蒼梧、豪靜、開江三縣。」新唐書地理志七上同，此「富州」當爲「梧州」之誤。

〔二五〕彈丸溪　「丸」，萬本同，庫本作「圓」，傅校改同，同輿地紀勝昭州，與本書下文「溪中石如彈圓」

合，此「丸」應作「圓」。

〔二六〕池澤中有鼠　「有」，萬本、庫本皆作「多」。

〔二七〕在縣北三十里　底本「十」下衍「五」字，據萬本、中大本、庫本、輿地紀勝昭州、嘉慶重修一統志平樂府引本書及傅校删。

〔二八〕長慶三年　新唐書地理志七上同，唐會要卷七一州縣改置下謂在長慶二年十二月。

〔二九〕嶺政縣　舊唐書地理志四同，新唐書地理志七上作「欽政縣」，嘉慶重修一統志平樂府謂「嶺政縣，即欽政之訛」。

〔三〇〕領縣三　萬本、庫本「領」上皆有「元」字。

〔三一〕南至龔州陸路三百五十里　「南」，底本作「西」，據萬本、中大本、庫本及元和郡縣圖志卷三七蒙州改。

〔三二〕西北至桂州九十里　按蒙州治今蒙山縣南古眉，西北去桂州三百里以上，此誤。

〔三三〕尋改爲恭州　按本書及元和郡縣圖志蒙州總序，此「恭州」應作「南恭州」。

〔三四〕二鄉　萬本、庫本「二」上皆有「元」字。

〔三五〕不出絲蠶　庫本同，萬本無此四字，而作「金銀貢」。按新唐書地理志七上潯州：「土貢：金、銀。」元豐九域志卷九潯州土貢：「銀一十兩。」此疑有誤。

〔三六〕唐武德二年屬貴州　「二年」，萬本作「四年」，庫本闕。按舊唐書地理志四云「武德年屬貴州」，新唐書地理志七上謂「本隸貴州，武德五年隸鸞州。」皆異。

〔三七〕貞觀七年復置屬龔州　「七年」，舊唐書地理志四作「六年」。「屬」，底本脱，據萬本、中大本、庫本及舊唐書地理志補。

〔三八〕民以皮裹手涂鹽　「民」，底本脱，據萬本、中大本、庫本補。輿地紀勝卷一一〇、宋本方輿勝覽卷四〇潯州皆作「里人」。

太平寰宇記卷之一百六十四

嶺南道八

康州領廢瀧州　封州　梧州

康州

康州，晉康郡。今理端溪縣。秦屬南海郡。二漢屬蒼梧郡。晉分置晉康郡，宋、齊已下因之。隋平陳，廢晉康郡，以所領縣屬端州。大業三年罷州爲信安郡，今高要郡是也。唐武德四年分置南康州都督府，〔一〕督端、康、封、新、宋、瀧等州，九年廢都督府及康州。貞觀元年又置南康州，十一年廢，十二年又置，去「南」字。天寶元年改爲晉康郡，乾元元年復爲康州。皇朝開寶五年平廣南，仍廢康州，諸縣入端溪縣，隸端州；尋復舊，從部民之告請也；至六年又廢瀧州，開陽、建水、鎮南等縣入瀧水一縣來屬康州。

元領縣四。今一：端溪。三縣廢：晉康，悦城，都城。已上三縣廢入端溪。

廢瀧州元領縣四，今一：瀧水。三縣廢：開陽，建水，鎮南。已上三縣併入瀧水。

州境：東西三百三十五里。南北五百九十里。

四至八到：北至東京四千七百六十里。西北至西京舊圖經五千一百五十里。西北至梧州一百三十里。南至高州五百八十里。北至廣州化蒙縣一百九十里。東北至新州新興縣一百八十里。〔二〕東南至竇州三百二十里。〔三〕東北至廣州懷集縣二百里。西北至封州一百里。

户：康州唐開元户八千。廢瀧州唐開元户七百一十四。皇朝管二州户主、客共一千四十九。

風俗：康、瀧一同，並夷獠相雜。

康州土産：大甲香，鉤藤，烏藥，鮫魚皮，荆楊樹。一名豕樹，皮白，味如脂。異物志云：「斯調州有木名摩樹，汁如脂。」

廢瀧州土産：舊貢石斛，其土草多卷施，拔心不死，離騷謂之「宿莽」。出禹餘糧，果有桬棠，山海經云：「其味如李而無核，食之使人不溺。」又有古斗樹。猶番禺多荔枝。

端溪縣，今四鄉。漢舊縣，屬蒼梧郡。晉于縣分置晉康郡。隋廢郡，併入端州。唐武德

後分置康州。〔四〕

端山。吴録云：「端溪縣有端山。」輿地志云：「有樹冬榮，其子號曰猪肉子，大于杯，即此也。」

定林山，下有石方正似牀，其傍羅生韶子，堪食。又有金林山，一名思黄金山。俚人有岑班者入山採伐，遇一寶珠，圓徑五寸，始以爲石，遂取以歸，及夜，光明照燭，舉栅朗然。俚人甚懼，以火燒之，光雖小損，頓更明徹，猶照一室如白日也。客有請之千金，遂秘而不出也。

廢晉康縣，在州西南七十里。本隋安遂縣，唐至德二年改爲晉康。

廢悦城縣，在州東八十里。本隋樂城縣，屬端州。唐武德五年割屬康州，改爲悦城縣。今爲悦城鎮。

廢都城縣，在縣西南四十五里。漢端溪縣地。已上三縣，併入端溪縣。今爲都城鎮。

思耆山。〔五〕

程溪水，在都城縣東百步，亦名零溪水。南越志云：「昔有温氏媪者，端溪人也，常居澗中捕魚，〔六〕以資日給。忽于水側遇一卵，其大如斗，乃將歸，〔七〕置器中，經十許日，有一物如守宫，長尺餘，穿卵而出，媪因任其去留。稍長五尺，便能入水捕魚，日得十餘頭，再長二尺許，得魚漸多，常遊波中，縈迴媪側。媪後治魚，誤斷其尾，遂逡巡而去。數年乃還，媪見其輝光炳耀，謂曰：「龍子，今復來也。」因得之蟠旋遊戲，親馴如初。秦始皇聞之曰：『此龍子也，朕德之所致，』詔使者以赤珪禮聘媪。媪戀土，不以爲樂，至始安江，去端溪千餘里，龍輒引船還，不踰夕至本所，如此數四，使者懼而止，卒不能召媪。媪殞，葬于江陰，龍子常爲大波至墓側，縈浪轉沙以成墳。土人謂之掘尾龍，南人爲船爲龍掘尾，即此也。」

龍母媪墓，在悦城鄉東。

瀧水縣，東北一百八十里。〔八〕舊二鄉，今四鄉。本漢端溪縣地，屬蒼梧郡。晉分端溪立龍鄉縣，即今州理。梁分廣熙郡置建州，又分建州之雙頭洞立雙州。隋改龍鄉爲平原縣，又改爲瀧水縣。

廢開陽縣，在縣東三十五里。本隋廢縣，唐武德四年分瀧水置。今爲開陽鎮。

廢鎮南縣，在縣北九十里。本隋安南縣，唐至德二年改爲鎮南縣。今爲鎮南鎮。〔九〕

廢建水縣，在縣北六十里。唐置。已上三縣，皇朝開寶六年廢入瀧水縣，併廢州額，仍隸康州，入爲建水鎮。

廢瀧州，本開陽郡。土地所屬自漢以上與康州同。晉分端溪置龍鄉縣，今州即其地。南越志云：「龍鄉縣屬廣熙郡。梁大同中分廣熙置建州，又分建州之雙頭洞立雙州，即此是也。」隋煬帝初廢州置永熙郡。唐武德四年平蕭銑，置瀧州。天寶元年改爲開陽郡。乾元元年復爲瀧州。

廢永寧縣，唐武德四年于安遂縣置藥州，領安遂、永寧、安南、永業四縣。貞觀中廢藥州，以永寧屬瀧州。本隋永熙縣，武德五年改爲永寧。

三鼎石，今名三奠石。

鼎石神。郡國志云：「有鼎石之神在于江中，隨波出沒，即赤松子鍊水玉金丹處。側有赤松子祠存。」

思勞洞，有思勞之水出焉。

按南越志云：「晉康郡，本屬蒼梧端溪縣，晉之咸康四年分置。〔一〇〕端溪縣古氓之營，〔一一〕去郡上水一百里。又古茫石，大而極高。有樹冬榮，子曰猪肪，大如杯，其肉如肪，炙而食之，其味似猪肉而美甚焉。有夫阬音純。縣，其俗柵居，實惟俚之氓落焉。民夷曰猺，夷名也。」

又異物志云：「悦城縣北一百餘里有山，中出樵石，〔一二〕每歲人採之，琢爲燒器，民亦賴也。」

封州

封州，臨封郡。今理封川縣。即漢蒼梧郡之廣信縣也。晉以前土地與晉康郡同。梁置梁信郡，兼置成州。隋平陳，廢梁信郡，改成州爲封州。煬帝初州廢爲封川縣，屬蒼梧郡。唐武德四年平蕭銑，復置封州。天寶元年改爲臨封郡。乾元元年復爲封州。

領縣二：〔一三〕封川，開建。

州境：東西一百一十七里。南北二百九十四里。

四至八到：北至東京水陸相兼五千里。西北至西京水陸相兼五千五百里。西北取桂州路至長安六千五百八十里。東至廣州五百餘里。西至梧州六十九里。南至康州一百三十里。北至賀州三百六十六里。東南至康州一百二十四里。西南至康州一百一十三里。東北至廣州溶水縣一百六十里。西北至梧州五十五里。

户：唐開元户八百。皇朝户主、客共一千一百三十二。

風俗：同康州。

人物：陳欽。漢書云：「封川縣陳欽，字子逸。漢武時，治左氏傳。」故三輔決録云：「元傳左氏，遠在蒼梧。」

即欽也。

土產：貢鮫魚皮，春紫筍茶，夏紫筍茶，榛牛，都落布，牛黄。

封川縣，五鄉。州所理。漢元鼎六年置廣信縣，屬蒼梧郡，在封水之陽。梁置梁信郡。隋平陳，改置成州。隋末州廢爲封川縣，移理封川口，屬蒼梧郡。唐武德初置封州于此縣。

豐壽山，在縣東南四十里，高一百三十丈。多藏雷電霹靂，土人呼爲霹靂山。

麒麟山，在縣北八十里，高五百丈。以居人莫麒麟所居姓名名之。

西江水，在縣西一百三十步。源出邕州，經潯、融、象、郴等州，〔一四〕入藤、容、梧至當州，合桂江水。按南越志云：「漢元鼎六年自巴、蜀徵夜郎兵，下牂柯，會番禺，即此水。」

封溪水，在縣北十四里。源出賀州馮乘縣，經州界。

班石山，在縣東六十里。其石五色，故曰班石。山有風穴，類苑云：「風出蒼梧者，草多芳蘭。」

龍石山。出石膏。

開建縣，北一百七十里。今二鄉。〔一五〕漢封陽縣地，〔一六〕屬蒼梧郡。晉永嘉三年析置開建縣，屬南靜郡。〔一七〕隋大業十三年因賊廢。〔一八〕唐武德五年依舊置，〔一九〕仍隸封州。

忠黨山，〔二〇〕在縣北七十里。高六百丈。

波羅水，在縣北二十八里。出廣州浛水縣，南流入縣界。

靈鼠石，在縣東二十里。

萬家石，在縣北五十里。

梧州

梧州，蒼梧郡。今理蒼梧縣。秦屬桂林郡。漢爲蒼梧，漢書云即漢武帝元鼎六年開置也，兼置交州，〔三二〕領郡七，理于此。晉以後，並因之。梁初廢，〔三三〕屬成州。隋平陳，改爲封州。煬帝初州廢，入蒼梧、永平二郡地。〔三四〕唐武德四年平蕭銑，置梧州，領蒼梧、豪靜、開江三縣。貞觀八年割藤州之孟陵、賀州之綏越來屬，十二年廢豪靜縣。天寶元年改爲蒼梧郡。乾元元年復爲梧州。

元領縣三。今二：蒼梧，戎城。　一縣廢：孟陵。併入蒼梧。

州境：東西一百七十里。南北三百五十六里。

四至八到：西北至東京五千里。西北至西京五千四百里。西北取桂州路至長安六千三百里。東至封州五十里。西至藤州一百五里。南至義州二百七十五里。北至賀州二百六十里。西北沿流至舊富州三百二十里。西南泝流至藤州一百里。東北至賀州四百一十里。正南微西至義州三百里。

户：唐開元户一千一百六十。皇朝户主一千一百八十八，客四百九十九。

風俗：南越志：「新寧縣多俚、獠，善爲犀渠。左太沖所謂『户有犀渠』。又云暘夷之甲，以錫箔飾之，雜以丹漆，照輝昱晃，左思所謂『暘夷勃盧』。」

人物：士燮。蒼梧人，爲交趾太守。弟壹，合浦太守。次弟䵋，音洧。〔二四〕九真太守。䵋弟武，南海太守。兄弟並爲列郡，震服百蠻，尉佗不足踰也〔二五〕。

土產：白石英，石栗，白栗，〔二六〕龍眼，荔枝。按地理志，廣信縣多龍眼、荔枝，生于山溪，人家亦種之。

蒼梧縣，舊二鄉，今六鄉。漢蒼梧郡治廣信縣，〔二七〕即今州治也。隋立蒼梧縣，于此置郡。

白鶴觀，在州西隔江。壇側生白石英。唐開元二十七年置。咸通末，鄭畋自翰林承旨學士謫官蒼梧太守，增修觀宇，臨江建水閣，因題詩云：「松陰如幄水如羅，秋盡山青白鳥過；獨坐一菴心正寂，數聲何處竹枝歌。」

戎城縣，南二十里。舊二鄉，今五鄉。本遂城縣，屬永平郡。隋開皇十一年屯軍于縣南歌羅洞，改爲戎城縣，屬感義郡。〔二八〕唐永徽六年復隸梧州。

廢孟陵縣，在州北九十里。本漢猛陵縣，屬蒼梧郡。蕭銑僭號于此，改置孟陵縣。〔二九〕皇朝開寶四年併入蒼梧縣。

通星山，在城外。昔太守劉曜常登之，仰觀星斗，故以通星爲名。

金石山，在州東南四里。

石乳山，在州西四里。

石英山，在州西桂江之上，〔三〇〕生石英。下有靈泉，因置神祠。

鶴奔岡，在州西一里。

班石。輿地志云：「廣信縣之東有孤巖，山有班石，皆五色。」

金坑。孟陵縣古錢村有金坑三所。

火山，直對州城，隔桂江水。〔三一〕嶺表録云：「梧州對岸西火山，山形高下，大小如桂林獨秀山，山下水澄，潭深無極，〔三二〕其火每三五夜一見于山頂，每至一更初火起，匝其頂，如野燒，〔三三〕甚者廣十餘丈，食頃而息。或言其下水中有實珠，光照于上如火。上有荔枝，四月先熟。以其地熱，故名火山也。」核大而味酸。其高、新二州與南海産者甚佳，五月、六月方熟。沈佺期常有詩云：「身經火山熱，顔入瘴鄉銷。」即此山也。

冰泉，在城内。〔三四〕一郡人民皆飲此水。唐大曆三年，容州經署使元結撰冰泉銘：「蒼梧郡城東二三里有泉焉，出在郭中，清而甘寒若冰，在盛暑之候，蒼梧之人得救渴，泉與火山相對，故命之曰冰泉，以變舊俗。銘曰：『火山無火，冰泉無冰。火山冰井，甘寒可徵。鑄金磨石，篆刻此銘。置之泉上，〔三五〕彰厥後生。』」

三河口。漢陳稚升爲太守，〔三六〕嘗釣魚于此。

鰐魚池，在州北一里。

西安江，大雷江，〔三七〕銅石江，倒銅江，〔三八〕皆郡邑之江水也。

長洲，在州西七里潯江心，對戎城縣。周迴六十里，闊五里。有居人百餘户，多以糟酒爲業。又土諺云，郡中甘橘多被黑蟻所食，人家買黄蟻投于樹上，因相鬭，黑蟻死，甘橘遂成。

思良江，在州北二十里，一名多賢水。〔三九〕其中鰐魚狀如鼉，有四足，長者二丈，皮如鮧魚鱗，南方謂之鰐魚，亦以爲鮓，口長七寸，兩邊生齒如鋸，恒在山澗伺鹿，亦能啖人，故谷汲者往往遇害焉。乳如沙土，〔四〇〕卵如鴨卵，或白或赤，可食。死後頭骨枯，牙骨朽落，隨更生，如此一歲一生骨，朽爛都盡則已。

盧躭祠。常時設祀，頗有靈。昔躭仕爲州治中，有棲仙之術，善解飛步，每日輒淩虚歸家，曉則還州。常元會，至曉不至，不及朝列，化爲白鵠，飛至閣前迴翔欲下，威儀以帚擲之，得一隻履，躭乃驚還就列，内外左右莫不駭異。時步騭爲刺史，意甚惡之，便以狀列聞，遂至誅滅。後數載，躭出遊半載，每還，〔四一〕莫有識之者，乃題城門曰：「城郭雖存

無時年，欲知此書盧躭還。」太守削之，而隨削更生焉。〔四二〕

又搜神記云：「扶南傳云扶南王范尋，常養虎五六頭，養鰐魚十頭，〔四三〕若有犯罪者，與虎不噬，投以鰐魚不噬，〔四四〕乃赦之。無罪者，皆不噬。」

又南越志云：「建陵縣在建水中，因爲名。有山，多鍾乳及石英，開烟採影，潤達風雨。」

又猛陵縣，西接永平安析縣也。〔四五〕山檗翠羽，故周書王會篇云「蒼梧翡翠，亦出于交趾」。

又新寧縣，西接臨賀、富川二縣。有獨足鳥，啄脚皆赤，藻縟相輝。

又遂成縣有夫任山，有巨人跡，文理分明，〔四六〕在山頂，長三尺六寸。山東有銀穴，俚人常採，煉沙成銀。

又廣寧故縣，去郡東。沿流有金翰鳥，喙如玉，脚如金，〔四七〕號曰「商羊」，水之神也。

又思安縣，去郡沿流七百里，北接廣信縣。隔大江有石井，泉源騰湧，〔四八〕注而不竭。

又多苦竹，竹醜苦也。有黄苦竹，有白苦竹，東越謂之高苦竹也。

又安析縣，突波羅樹生絶石懸崖，〔四九〕性至堅白，壅腫盤結，堪爲器焉

籠都縣，刺史陸徽所立。有巨石，四面峻嶮，俚人謂之乳石，以爲名也。西北二百里

有孫皓分州立石之處。

又丹城縣，〔五〇〕西南有銅山，有銅湖，有硃砂、銅、銀也。

又膂石縣，生膂石，因以爲名。今冷石也。古人鑿之爲器用，號爲五侯石。

卷一百六十四校勘記

〔一〕唐武德四年分置南康州都督府　「府」，底本脱，萬本、庫本同，據舊唐書卷四一地理志四及本書下文補。原校：「按此按舊唐書地理志而書，然武德初但置總管，七年方改爲都督府，恐誤。又按新唐書地理志，置康州在武德六年，元和郡縣志、唐會要皆在五年，當考。」按唐會要卷七一州縣改置下載在六年，原校疏誤。

〔二〕東北至新州新興縣一百八十里　通典卷一八四州郡一四晉康郡康州：「東南到新興郡（新州）二百七十里。」按康州治端溪縣，即今廣東德慶縣，新州治新興縣，即今新興縣，在康州東南，此「東此」爲「東南」之誤。舊唐書地理志四云康州「南至新州二百七十里」，所載里數與通典合，此蓋誤。

〔三〕東南至竇州三百二十里　按竇州治信宜縣，在今信宜縣西南鎮隆，在康州治（即今德慶縣）西南，此「東南」蓋爲「西南」之誤。

〔四〕唐武德後分置康州　「後」，庫本同，萬本作「年」。舊唐書地理志四端溪縣序云「武德復置康州」，不記年代，同書康州總序云武德四年，元和郡縣圖志卷三四康州總序云武德五年，新唐書卷四三地理志七上、唐會要州縣改置下皆云在武德六年，皆異。參見本書校勘記〔一〕。

〔五〕思耆山　「耆」，底本作「嗜」，據萬本、庫本及輿地紀勝卷一〇一德慶府引本書改。

〔六〕常居澗中捕魚　「常居」，底本作「居常」，據萬本、庫本乙正。輿地紀勝德慶府引南越志作「常捕魚」，宋本方輿勝覽卷三五德慶府引南越志同。

〔七〕乃將歸　「將」，底本脱，據萬本、庫本及輿地紀勝德慶府引本書補。

〔八〕東北一百八十里　按嘉慶重修一統志卷四五七羅定州引本書作「東北至州一百八十里」，其引舊志云：「在今羅定州南一百里順仁鄉。」正位於康州治（即今德慶縣）西南，則此「東北」下脱「至州」二字。

〔九〕鎮南鎮　萬本、中大本、庫本、嘉慶重修一統志羅定州引本書皆作「鎮南鄉」，傅校改同。按輿地紀勝德慶府引本書作「鎮南鎮」，則底本是。

〔一〇〕晉之咸康四年分置　原校：「按晉書地理志云『穆帝置晉康郡』，今云咸康，乃成帝時。」按宋書卷三八州郡志四亦云晉康郡，「晉穆帝永和七年分蒼梧立」，此疑誤。

〔一一〕古岷之營　原校：「按此文多舛謬，古岷之營，他本文或作之。又古茫，他本或闕茫字，又實惟里之岷落。按太平御覽載沈懷遠南越志云夫阮縣（考宋書州郡志四晉康郡領有夫阮縣，此「阮」疑爲「阮」之誤。）民夷曰貍，其俗栅居，實惟俚之域落。又載南州異物志云廣州南有城曰俚，與今記所載大意畧同，而字畫訛誤者，如里作俚，岷落作域落之類，今無此書可考。」按輿地記勝德慶府亦作「古岷之營」。

〔一二〕悦城縣北一百餘里有山中出樵石　「餘里」、「樵」，底本作「里餘」、「樵」，據萬本、庫本及輿地紀勝德慶府引異物志乙改。嘉慶重修一統志卷四四七肇慶府引本書亦作「餘里」。

〔一三〕領縣二　萬本、庫本「領」上皆有「元」字，當是。

〔一四〕經潯融象郴等州　「郴」，底本作「彬」，據萬本、庫本、輿地紀勝卷九四封州及傅校改。按西江水即今鬱江，不經融州（治今融水縣）、郴州（治今郴州市），蓋誤。

〔一五〕今二鄉　「今」，萬本、庫本無，傅校删，同元豐九域志卷九封州。

〔一六〕漢封陽縣地　「地」，底本無，萬本、庫本同。按元和郡縣圖志卷三四、輿地廣記卷三五封州開建縣序皆云「漢封陽縣地」，輿地紀勝封州開建縣序同，此「縣」下脱「地」字，據補。

〔一七〕晉永嘉三年析置開建縣屬南靜郡　「晉永嘉」，萬本、庫本同，嘉慶重修一統志卷四四八肇慶府引本書作「宋元嘉」。按宋書卷三七州郡志三臨慶國（宋明帝改臨賀郡置）開建縣云文帝分封陽縣立，元和郡縣圖志開建縣序亦云「宋文帝分置開建縣，屬臨賀郡」，輿地紀勝封州引同，則此

「晉永嘉」爲「宋元嘉」之誤，「開建縣」下脱「屬臨賀郡」四字。又隋書卷三一地理志下開建縣：「梁置南静郡。」輿地廣記封州同，則此「屬南静郡」上脱「梁」字。

〔一八〕隋大業十三年因賊廢　「十三」，底本作「十一」，萬本、庫本作「十」，據中大本、嘉慶重修一統志肇慶府引書及傅校改。

〔一九〕唐武德五年依舊置　「五年」，新唐書地理志七上作「四年」。

〔二〇〕忠黨山　「忠」，底本作「定」，據萬本、中大本、庫本、輿地紀勝、宋本方輿勝覽卷三五封州及傅校改。「黨」，紀勝、勝覽皆作「讜」。

〔二一〕兼置交州　按漢武帝置交趾刺史部，東漢建武十八年改稱交趾爲交州，此「交州」應作「交趾」，參見本書卷一六一校勘記〔二〕。

〔二二〕梁初廢　按隋書地理志下蒼梧縣：「舊置蒼梧郡，平陳，郡廢。」元和郡縣圖志卷三七梧州總序云：「自漢至陳，爲（蒼梧）郡不改，隋開皇十年罷郡爲蒼梧縣。」此疑誤。

〔二三〕入蒼梧永平二郡地　「入」，萬本、庫本皆作「屬」，同通典州郡一四蒼梧郡梧州，當是。

〔二四〕音淯　萬本、庫本皆無此二字。

〔二五〕尉佗不足踰也　「踰」，底本作「喻」，萬本同，據庫本及三國志卷四九吴書士燮傳改。

〔二六〕石栗白栗　二「栗」字，萬本、庫本皆作「粟」。

〔二七〕漢蒼梧郡治廣信縣　「郡」，底本作「縣」，萬本、庫本同，據漢書卷二八地理志下、舊唐書地理志四改。

〔二八〕屬感義郡　按隋書地理志下載，戎成縣屬永平郡，隋無感義郡，舊唐書地理志四云天寶元年改藤州爲感義郡，此誤。

〔二九〕改置孟陵縣　底本「縣」下衍「潯江」二字，萬本、庫本作「潯江縣」，據中大本及嘉慶重修一統志卷四六九梧州府引本書删。

〔三〇〕在州西桂江之上　「之」，底本空缺，據萬本、庫本、永樂大典卷二三四〇引本書及輿地紀勝梧州補。

〔三一〕隔桂江水　底本「隔」下衍「潯」字，庫本同，據萬本及嘉慶重修一統志梧州府引本書删。

〔三二〕潭深無極　底本「潭」下衍「其」字，萬本、庫本同，據太平御覽卷四九引嶺表録及輿地紀勝梧州、永樂大典卷二三四〇引本書删。

〔三三〕如野燒　輿地紀勝梧州引本書作「如野燒之狀」，永樂大典引本書作「如焚燒之狀」，此「野燒」下蓋脱「之狀」二字。

〔三四〕在城内　萬本無「内」字，庫本同，嘉慶重修一統志梧州府引本書同。按輿地紀勝梧州冰井：「在州東北一里。」宋本方輿勝覽卷四〇梧州同，本書下文云：「蒼梧郡東二三里有泉焉，出在郭中。」則底本是。

〔三五〕在盛暑之候至置之泉上　底本「候」作「時」，「得」下衍「以」字，「救」作「解」，「泉上」作「石上」，皆據萬本、庫本及永樂大典卷二三四〇引本書改删。「火山冰井」四字底本空缺，庫本同，據萬本及永樂大典引本書補。

〔三六〕陳稚升　「稚」，底本作「雉」，據輿地紀勝梧州改。萬本、庫本作「程升」，誤。

〔三七〕大雷江　「大」，底本作「天」，萬本及永樂大典卷二三四〇引本書作「夫」，庫本作「大」，按輿地紀勝梧州雷水：「方輿記又名云大雷江。」此「天」蓋爲「大」字之誤，據改。

〔三八〕倒銅江　「倒」，底本作「側」，萬本、庫本同，據永樂大典卷二三四〇引本書及輿地紀勝梧州改。

〔三九〕一名多賢水　「賢」，底本作「鹽」，據萬本、中大本、庫本、嘉慶重修一統志梧州府引本書、傅校及輿地紀勝梧州改。

〔四〇〕乳如沙土　「如」，萬本、庫本作「於」；「土」，萬本、庫本作「上」，傅校改同。

〔四一〕躭出遊半載每還　「每」，萬本、庫本皆作「即」，傅校改同，當是。

〔四二〕而隨削更生焉　萬本、庫本皆作「隨更生字」，傅校改「焉」爲「字」。

〔四三〕養鰐魚十頭　底本「十」下衍「數」字，據萬本、庫本、永樂大典卷二三四二引本書及輿地紀勝梧州引搜神記删。

〔四四〕投以鰐魚不噬　「投以」，底本作「與」，據萬本、庫本、永樂大典引本書改補，輿地紀勝引搜神記作「投與」。

〔四五〕永平安析縣　「按宋書州郡志四永平郡領有安沂縣，南齊書卷一四州郡志上同，此「析」蓋爲「沂」字之誤。下同。

〔四六〕文理分明　「分明」，萬本、庫本皆作「明朗」，傅校改同。

〔四七〕沿流有金翰鳥喙如玉脚如金　萬本、庫本皆作「沿流有金鳥，翰如玉，喙脚如金」。按輿地紀勝梧州作「沿流有金鳥，翰羽如玉，喙脚如金」，萬本、庫本與之相合，但脱「羽」字。

〔四八〕泉源騰湧　「騰」，底本脱，據萬本、庫本、永樂大典卷二三四一引本書及輿地紀勝梧州改。

〔四九〕突波羅樹生絶石懸崖　按永樂大典卷一四五三六作「蜜波羅樹生絶石懸崖間」，此「突」蓋爲「蜜」字之誤，「崖」下脱「間」字。

〔五〇〕丹城縣　「城」，底本作「成」，據萬本、庫本及輿地紀勝梧州改。

太平寰宇記卷之一百六十五

嶺南道九

鬱林州領廢牢黨平琴三州　**賓州**　**澄州**　**象州**

鬱林州

鬱林州，鬱林郡。今理興業縣。〔一〕秦爲桂林郡。漢改爲鬱林郡。後漢亦同。梁置定州，又改爲南定州。隋平陳，又改爲尹州。煬帝初爲鬱州，尋改爲鬱林郡。隋末廢。唐麟德三年分貴、容二州置鬱州。〔二〕乾封元年改爲鬱林州，領石南、興德、鬱平等縣。天寶元年改爲鬱林郡。乾元元年復爲鬱林州。皇朝開寶五年併鬱平、興德兩縣入興業縣，爲州治，七年又併牢州之定川宕川二縣入南流縣，〔三〕又併黨州之容山、懷義、撫康、〔四〕善勞四縣入南流縣，來屬鬱林州。

元領縣六。今二：興業，南流。二縣舊廢：石南，潭栗。二縣新廢：鬱平，興德。

廢牢州元領縣二：定川，宕川，並併入南流。

廢黨州元領縣四：平琴州廢入。容山，舊平琴州管。懷義，舊平琴州管。撫康，善勞。已上併入南流。

州境：東西九十里。南北一百三十六里。

四至八到：東北至東京六千一百里。東北至西京六千五百里。北至長安取象、桂州路六千六百里。北至貴州九十二里。東至容州一百五十里，不通水路。南至容州陸川縣八十里。西至太平軍石康縣地名土竇分界五十里。東南至舊牢州五十里。〔五〕西南至太平軍永鄉界六十里。西北至貴州八十九里。東北至容州四十里。

户：鬱林州唐開元户一千九百一十七，口九千六百九十九。廢牢州唐開元户一千六百四十一，口一萬一千七百五十二。廢黨州唐開元户一千三百，口七千四百。皇朝二縣管户。缺。

鬱林州風俗：廢牢州與此同。夷人居山谷，食用手摶，酒名都林，合糟共飲，夜泊以縱媱。音瑶。〔六〕死則打鼓助哀，孝子尤恐悲泣。刻木契焉。

廢黨州風俗：古黨洞夷人索婦，必令媒人引女家自送，相見後復即放女歸家，任其野合，胎後方還，前生之子，例非己胤。女以烏色相間爲裙，用緋點綴裳下，或腰領處爲冶艷。男椎髻，女散髮，徒跣吹笙，巢居夜泊。

土産：貢布。

興業縣，舊二鄉，今四鄉。本石南縣地，唐乾封元年置，〔七〕今爲州理所。

廢石南縣，漢鬱林郡之地，梁置定州，陳置石南郡，隋改爲縣，初置于此。廢潭栗縣。

以上二縣，舊廢。

廢鬱平縣，隋爲縣，屬貴州，後來屬。廢興德縣，在縣西二十七里。〔八〕唐武德四年分鬱林置。以上二縣，皇朝開寶七年併入興業。〔九〕

北斗山，在州西北十里。

東斗山，在州東北十二里。

南流縣，東南九十里。舊三鄉，今四鄉。唐武德四年析容州北流縣置，屬容州。貞觀十一年改智州爲牢州，以縣來屬。皇朝徙于定州水口爲理。

廢牢州，本定川郡，理南流縣。秦爲象郡地。二漢屬日南郡。〔一〇〕吴省。晉平吴復置。宋分置南流郡，齊、梁爲定川郡。隋屬合浦郡。唐武德二年于今夷州義全縣置義州，五年改爲智州。貞觀十二年改爲牢州，以牢石爲名。天寶元年改爲定川郡。乾元元年復爲牢州。本蜀郡徼外蠻夷地，漢牂柯郡地。

廢定川縣，在廢州西北四十五里。廢宕川縣。〔一二〕以上二縣，是貞觀十一年分南流縣置，皇朝開寶七年同廢入南流。

牢石，高四十丈，周迴二十里。州因此爲名。

馬援營。

平烏石，獸頭石，以上皆郡界之山名。

廢黨州，本寧仁郡，理善勞縣。即古西甌所居。秦置桂林郡，漢爲鬱林郡。唐置黨州，或爲寧仁郡，與平琴州同土俗。西至平琴治所二十里。建中二年廢平琴州，入理容山縣，其善勞縣，在容山縣東二十里。

廢善勞縣，舊黨州之理所。廢撫康縣，〔一三〕在廢州東十五里。廢容山縣，曾爲黨州之治所。廢懷義縣，在舊州西北二十里。以上四縣，與州同置，皇朝開寶七年同廢入牢州南流縣，屬鬱林州。

京觀。征古黨洞，殺俘虜處。

北有漸大山，〔一三〕狀如寶塔，一曰寶塔山。

大龍山，山形似龍。以上並廢黨州之事。

廢平琴州，本平琴州理容山縣。漢鬱林郡地。唐置平琴州，建中二年併入黨州。元領容山、懷義二縣。尚列于廢黨州。其福陽、古符二縣，〔一四〕已絶基址。舊長慶時，管户七百四十。西至鬱林州九十里，東至黨州二十五里。其蠶歲八熟，多翡翠、孔雀。其地近海。

鮫魚，狀如團扇，口在腹中而方，〔一五〕尾間有刺，傷人甚毒，皮可裝刀靶。鰐魚，狀如鼉，四足，身長二丈，口長四尺，齒如鋸，食人，爲窠生卵如鵝子大，死後骨已枯，齒落更生，朽盡始止。

猩猩。郡國志云：「封溪有猩猩，如黄狗，人面善言，聲音如婦人。」

蚺蛇。長十丈，以婦人衣投之則蟠，牙六七寸，辟不祥。

沈懷遠南越記云：「鬱林郡，其地常隆隆有聲音，〔一六〕如踐空地。又鬱平縣有石井，半甘半淡，俗名司命井，井周給闔境也。又南有石室，空開虚映，皎潔凝明，中有石人，有石床，可容百許人坐。北有山枕倚，相望廛境，互寧越烏滸之民。」

檳榔樹。如椶櫚，高七八丈，無柯枝，上有十許葉，正月結房，一房二百餘子，花甚香，每生即落一㩗，㩗堪爲扇，至五月熟，大如雞子，以海蠡殼燒作灰，名曰蚶奔灰，共扶留藤葉，和而嚼之，香美，除口氣，久食令人齒黑，故南中有「雕題黑齒」之俗。

椰子樹。似檳榔而高大，葉長一尺，〔一七〕無陰陽，結實，一房生三十餘子。如瓜，其殼中有肉如熊白，味似胡桃，内有漿汁，清如水，甜如蜜，飲之愈渴，殼堪爲酒器，皮堪縛船，土人多種，

人面木。春花，夏實，秋熟，皮味甘酸，實有核似胡桃，兩邊如人面。

龍眼木。實大如彈子，肉大甜也。

桄榔木。似椶櫚，心中出麵。

益智子。似廉薑，香如荳蔻。

犀牛。有角在額上，其鼻上又有一角。食荆棘，冬月掘地藏而出鼻，辟不祥。〔一八〕

銅船。郡國志云：「馬援造銅船濟海，既歸，付程安令沈于渚，天晴水澄，往往望見船樓，上恒有以四寸水，不知幾十丈也。一名越王船。」

賓州

賓州，安城郡。今理嶺方縣。古越地。秦桂林郡也。漢改桂林爲鬱林，又爲鬱林郡之嶺方縣。自漢迄隋，並爲嶺方縣地。唐貞觀五年析南方州之嶺方思干琅琊三縣，南尹州之安城，凡四縣，置賓州；十二年省思干縣。天寶元年改爲安城郡。至德二年改爲嶺方郡。乾

元元年復爲賓州。皇朝開寶六年州廢，〔一九〕省琅琊、保城二縣入嶺方一縣，隸邕州；當年復置賓州，從本部民之所請也。

元領縣三。今一：嶺方。二縣廢：琅琊，保城。

州境：東西。缺。南北。缺。

四至八到：東北至東京五千里。東北至西京五千五百三十五里。北至長安五千五百一十五里。西北至邕州二百四十五里。西北至澄州八十八里。通典云一百二十里。南至淳州二百五十里。東至貴州二百二十五里。東至貴州潮水縣界九十七里。東北至嚴州一百九十里。東北至象州三百二十里。北至象州武化縣馬嶺爲界一百里。

户：唐開元户一千九百七十六。皇朝户主、客五百四十七。

風俗：嶺外邑居，猶有冠冕之風。其姓陸者，績之遺嗣，尚有銀章、青緺、銅虎符，鄉宗重之，皆云績物也。説文曰：「緺，青綬也。」其俗有禮會，擊皮鼓，吹葫蘆笙，以爲樂。

土産：貢藤桌，生思磨竹，思禮竹，蟛蜞蟲，郡國志云：「形如蟬，〔二一〕新美可食。子如蠶種，著草葉中，得其子則母飛來，就謂之青蚨。束皙云青蚨可以還錢，或云青蚨。」錦鳥，似鵲而大。〔二二〕又有丹翠鳥。

嶺方縣，七鄉。漢舊縣，屬鬱林郡。武德四年屬南方州。貞觀五年改爲賓州。

廢琅琊縣，在州東二十里。唐武德四年析嶺方縣置。

廢保城縣，在州東八十里。梁置安城縣于此。〔二三〕唐至德二年改爲保城縣。已上二縣，皇朝併入嶺方縣。

澄州

澄州，賀水郡。今理上林縣。漢鬱林郡嶺方縣地，唐武德四年平蕭銑，置南方州，領無虞、琅琊、思干、上林、止戈、賀水、嶺方七縣。貞觀五年以上林、止戈、琅琊、嶺方屬賓州，八年改南方州爲澄州。天寶元年改爲賀水郡。乾元元年復爲澄州。皇朝開寶六年併爲上林一縣，〔二四〕屬邕州；當年復置，從本部民之請也。

元領縣四。今一：上林。三縣廢：止戈，無虞，賀水。以上併入上林。

州境：東西。缺。南北。缺。

四至八到：東至東京四千里。東至西京四千六百九十五里。〔二五〕北至長安五千六百三十五里。東至賓州一百六十五里。東南至賓州八十八里。西南至邕州二百四十里。東至嚴州二百二十六里。西北至泰山四百三十五里。〔二六〕

户：唐開元户一千八百二十。皇朝户。缺。

風俗：同柳州。

土產：貢金、銀。

上林縣，三鄉。州理所。漢嶺方縣地，唐武德四年析置上林縣。

廢止戈縣，在州西八十里。本漢嶺方縣地。

廢無虞縣，在州東北三十七里。唐武德四年析嶺方縣置。

廢賀水縣，在州東北一百一十里。〔二七〕唐武德四年析柳州馬平縣置。以上三縣，皇朝併入上林。

博邪山，羅富山，賀水，武齊水，吉東水，以上皆郡邑之山水也。

象州

象州，象郡。今理陽壽縣。秦屬桂林郡。二漢屬鬱林郡。吴又分置桂林郡。晉、宋、齊皆因之。隋平陳，置象州，因象山以爲名。煬帝廢州爲始安郡之桂林縣。唐武德四年平蕭銑，復置象州，領陽壽、西寧、桂林、武仙、武德五縣。〔二八〕貞觀十五年省西寧，〔二九〕割廢晏州之武化、長風來屬。天寶元年改爲象山郡。乾元元年復爲象州。皇朝開寶七年廢嚴州，〔三〇〕併歸化入來賓縣，屬象州。

元領縣三：〔三一〕陽壽，武化，武仙。

廢嚴州元領縣二，今一：來賓。割屬象州。一縣廢：歸化。併入來賓。

州境：東西四百二十七里。南北二百五十七里。

四至八到：東北至東京四千二百六十里。北至西京四千六百八十五里。北至長安五千九百二十五里。東至龔州二百六十五里，不通馬。西至柳州馬平縣二十七里。〔三二〕南至貴州三百里。北至柳州象縣一百六十里。東南至潯州桂平縣一百五十里。西南至澄州界二百一十七里。東北至西唐州一百九十里。〔三三〕西北至柳州二百里。

户：象州唐開元户五千五百。廢嚴州唐開元户一千八百五十九。皇朝户主一千一百三十四，客一千三百六十。

風俗：同繡州。

土産：人面子樹，葉似龍眼而長也。有古紵。俚人績以爲布。尚書云「島夷卉服」，此也。

陽壽縣，舊二鄉，今四鄉。漢中留縣地，屬鬱林郡。吴于縣置鬱林郡，〔三四〕又改爲桂林郡。隋改爲象州，仍改中留爲桂林縣。〔三五〕唐武德四年改爲武德縣，〔三六〕于縣界置象州。貞觀中移州于武化。天寶元年八月改武德爲陽壽。大曆十一年復移州歸陽壽，即今理。

武化縣，東六十里。舊四鄉，今二鄉。漢潭中縣地，屬鬱林郡。隋置建陵縣，屬桂州。唐武德四年析建陵置武化縣，屬晏州。貞觀十二年廢晏州來屬，仍自武德縣移象州于縣置。非秦之象郡，秦象郡，今合浦縣也。〔三七〕大曆十一年移州歸陽壽樂宜舊城。

程郎水，一名思傍水，在邑界。

武仙縣，東南九十九里。〔三八〕舊五鄉。唐武德四年析桂林置。

仙人山。嶺表録云：「象州武仙縣舊有神仙集衆高山，羽駕時見，如建州武夷山，皆有仙人换骨函存。〔三九〕」

象山，在州城西岸，去城五里。高四十丈，其形如象，山因得名。

銅鼓灘，又有銅鼓山，俱在郡界。

涚泥溪，〔四〇〕雜夷山居之所。

鬱林水，合鬱水，出相陵南山。〔四一〕以上皆郡邑之山水。

風母獸。似猿無尾，眼赤，見人則低頭藏面，如似有罪，輒向人叩頭，打死，人開其口，向風便生。異物志云謂之平猴。

鼠獸。長四尺，馬啼牛尾，如猿，有兩乳，其聲如嬰兒，一母唯一子，其溺地一瀝成一鼠，出則歲災。

苦姑鳥。聲如人音，多懷慘悽。異物志云謂之苦姑鳥。

懶婦獸。異物志云：「昔有懶婦織于機中常睡，其姑以杼打之，恚死，今背上猶有杼文瘡痕。大者得膏三四斛，若用照書及紡績則暗，若以會衆賓歌舞則明。

來賓縣，西一百五十里。舊二十四鄉，今二鄉。元屬嚴州，與州同置。皇朝開寶七年廢嚴州，併歸化入來賓縣，屬象州。

牂柯水。郡國志云：「嚴州州門有長水，深八丈，從牂柯流下。」

廢嚴州，禹貢荆州之域。漢武帝平南越，即象郡之地也。歷晉、宋、齊、梁不改，後爲獠所據。唐乾封三年招致生獠，〔四三〕置嚴州及三縣地，在嚴岡之側，因爲名。天寶元年改爲修德郡。乾元元年復爲嚴州。

廢歸化縣，與州同置，亦同廢。

卷一百六十五校勘記

〔一〕今理興業縣　「興業」，萬本、中大本、庫本皆作「石南」。按舊唐書卷四一地理志四鬱林州石南縣：「州所治。」通典卷一八四州郡一四鬱林郡鬱林州：「今理石南縣。」是唐開元天寶至大曆時期鬱林州治石南縣，新唐書卷四三地理志七上鬱林州首縣鬱平，云「建中二年省石南入興業縣」，則唐建中時已省石南縣，遷鬱平州治於鬱平縣。本書下文云：「開寶五年併鬱平興德兩縣入興業縣，爲州治。」則北宋開寶又徙州治興業縣，萬本、中大本、庫本誤。

〔二〕唐麟德三年分貴容二州置鬱州　按新唐書地理志七上云「麟德二年析貴州之石南、興德、鬱平置鬱州」，設州在麟德二年，被分析之州爲貴州，無容州，與此異。

〔三〕宕川　「宕」，底本作「岩」，萬本、庫本作「巖」，據永樂大典卷二三四一引本書及舊唐書地理志四、新唐書地理志七上牢州、輿地紀勝卷一二一鬱林州改。

〔四〕撫康　宋會要方域七之二二、輿地紀勝鬱林州廢黨州同；通典州郡一四、新唐書地理志七上、輿地廣記卷三七鬱林州皆作「撫安」，輿地紀勝又單列廢撫安縣，則撫康或名撫安。

〔五〕東南至舊牢州五十里　「五」，萬本、庫本皆作「九」。

〔六〕夜泊以縱媱音瑶　「媱」，萬本、庫本皆作「淫」。「音瑶」，萬本、庫本皆無此二字或注文，傅校刪，蓋非樂史原文。

〔七〕唐乾封元年置　按新唐書地理志七上謂麟德二年置，與此異。

〔八〕廢興德縣在縣西二十七里　底本作「在興業」，萬本作「興業」，庫本作「興德縣」，據永樂大典卷二三四一引本書改補。舊唐書地理志四興德縣：「武德四年分鬱林置。」即此也。

〔九〕皇朝開寶七年併入興業　「七年」，元豐九域志卷九、輿地廣記、輿地紀勝鬱林州皆作「五年」。

〔一〇〕二漢屬日南郡、按牢州治南流縣，即今廣西玉林市，其地二漢屬合浦郡，二漢日南郡在今越南中部，此誤。下文云「本蜀郡徼外蠻夷地，漢牂柯郡地」，亦誤。

〔一一〕廢宕川縣　「宕」，底本作「岩」，萬本、庫本同，據永樂大典卷二三四一引本書及舊唐書地理志四、新唐書地理志七上、輿地紀勝鬱林州改。

〔一二〕廢撫康縣　「康」，萬本、庫本、輿地紀勝鬱林州永樂大典卷二三四一引本書皆作「安」，傅校改同。按通典州郡一四、新唐書地理志七上、輿地廣記鬱林州皆作「撫安」，宋會要方域七之二一、輿地紀勝廢黨州下又作「撫康」，則撫康或名撫安。參見本書校勘記〔四〕

〔一三〕北有漸大山　永樂大典卷二三四〇引本書作「漸大山」，郡國志云：「黨州山北漸大」，此處脱誤。

〔一四〕其福陽古符二縣　「二縣」，底本脱，據萬本、中大本、庫本及永樂大典卷二三四〇引本書補。

〔一五〕口在腹中而方　「中」，輿地紀勝鬱林州作「下」，此「中」疑爲「下」字之誤。

〔一六〕常隆隆有聲音　「隆隆」，底本作「龍龍」，萬本、庫本同，據永樂大典卷二三四二引本書及傅校改。

〔一七〕葉長一尺　「一」，萬本、庫本皆作「二」。

〔一八〕辟不祥　萬本、庫本同，永樂大典卷二三三九引本書作「其角辟不祥」，此蓋脱「其角」二字。

〔一九〕開寶六年州廢　按續資治通鑑長編卷一三云開寶五年廢，輿地紀勝卷一一五賓州總序引國朝會要同，此誤。

〔二〇〕西北至邕州二百四十五里　通典州郡一四安城郡賓州：「西南到朗寧郡（邕州）二百五十七

里。」元和郡縣圖志卷三八賓州：「西南至邕州二百四十五里。」元豐九域志卷九賓州：「西南至本州界六十四里，自界首至邕州一百二十八里。」此「西北」爲「西南」之誤。

〔二二〕形如蟬　「蟬」，底本作「彈」，萬本同，據庫本及初學記卷二七、太平御覽卷八三六、九五〇引搜神記改。

〔二三〕似鵲而大　「鵲」，底本作「雀」，據萬本、庫本及輿地紀勝賓州引本書改。

〔二三〕梁置安成縣　按隋書卷三一地理志下：「安成，梁置安成郡。平陳，郡廢。」元和郡縣圖志卷三八賓州保城縣：「梁置安成郡，隋改縣。」則梁置安成郡，隋改置安成縣，此疑誤。

〔二四〕開寶六年併爲上林一縣　按續資治通鑑長編卷一三云開寶五年廢澄州，宋會要方域七之二一、輿地紀勝賓州引國朝會要同，此云「六年」，恐誤。

〔二五〕東至西京四千六百九十五里　萬本、庫本皆無「五」字。

〔二六〕西北至泰山四百三十五里　通典州郡一四賀水郡澄州：「北至脩德郡（嚴州）四百三十五里。」所云里數與此同，但所至地名異，當考，萬本「泰山」作「何州」，誤。

〔二七〕在州東北一百一十里　「一百一十里」，元和郡縣圖志卷三八澄州賀水縣作「一百九十里」。

〔二八〕武德　「武」，底本作「五」，萬本、庫本同，據元和郡縣圖志卷三七、舊唐書地理志四、新唐書地理志七上、輿地廣記卷三六象州改。

〔二九〕貞觀十五年　「十五年」，舊唐書地理志四、新唐書地理志七上皆作「十二年」，此疑誤。

〔三〇〕開寶七年　「七年」底本作「元年」。宋會要方域七之一八、輿地紀勝象州總序引國朝會要作「七年」，本書來賓縣序同。按北宋開寶四年平南漢，此「元年」當爲「七年」之誤，據改。

〔三一〕元領縣三　「元」，底本無，據萬本、庫本及傅校補。

〔三二〕西至柳州馬平縣二十七里　按象州治陽壽縣，即今廣西象州縣，馬平縣即今柳州市，在象州西北一百三十里，此誤，或「二十七」上脱「一百」二字。

〔三三〕東北至西唐州一百九十里　「東北」，庫本同，萬本作「東」，中大本作「東南」。按唐無「西唐州」，元和郡縣圖志卷三七思唐州：「西至象州一百八十里。」此「西」爲「思」字之誤，萬本作「東」是，此「北」字衍。

〔三四〕吴于縣置鬱林郡　萬本、庫本皆無此七字，輿地紀勝卷一〇五象州陽壽縣序引本書同。按晉書卷一五地理志下、宋書卷三八州郡志四，鬱林郡治布山縣，仍漢之舊，吴並未遷中留縣，此文當爲衍誤。

〔三五〕仍改中留爲桂林縣　按元和郡縣圖志象州陽壽縣序云：「隋開皇十一年廢中溜縣入桂林縣，又析桂林置陽壽縣。」此恐誤。

〔三六〕唐武德四年改爲武德縣　舊唐書地理志四同，新唐書地理志七上云武德四年析桂林置武德縣，此説誠可疑。

〔三七〕秦象郡今合浦縣也　按漢書卷一高帝紀下顔師古注："「臣瓚曰：『茂陵書象郡治臨塵。』」即今廣西崇左縣，而北宋初合浦縣即今廣東合浦縣東北石康，此誤。

〔三八〕東南九十九里　底本「南」作「北」，脱後一「九」字，萬本、庫本同，據嘉慶重修一統志卷四七〇潯州府引本書及元豐九域志卷九象州改補。輿地紀勝象州武仙縣："「在州東南九十里。」"按武仙縣在今武宣縣東南下江，在象州（治今象州縣）東南。

〔三九〕皆有仙人换骨函存　「存」，底本作「在」，據萬本、庫本、嘉慶重修一統志潯州府引本書及傅校改。

〔四〇〕涀泥溪　萬本、庫本皆作「涀涀溪」，未知是否。

〔四一〕出相陵南山　按輿地紀勝象州引本書云「在湘陵南山」，此「相」蓋爲「湘」字之誤。

〔四二〕乾封三年　「三年」，元和郡縣圖志卷三七嚴州總序作「二年」，新唐書地理志七上同，舊唐書地理志四作「元年」，皆異。

太平寰宇記卷之一百六十六

嶺南道十

融州

融州，融水郡。今理融水縣。隋始安郡之義熙縣。唐武德四年平蕭銑，置融州，復開皇舊名，領義熙、臨牂、黄水、安修四縣，六年改義熙爲融水。貞觀十三年省安修入臨牂。天寶元年改爲融水郡。乾元元年復爲融州。

元領縣二。今三：融水，武陽，羅城。新割到。　場一：沛溪場。

州境：東西三百六十二里。南北九百三十七里。

四至八到：東北至東京四千七十二里。東北至西京四千四百七十里。北至長安取桂州路五千二百七十里。東至柳州洛容縣界三百一十里。西至宜州東零縣界二百里。〔一〕東南至柳州二百三十里。北至敘州一千六百里，以朗溪縣分界，水路去郡三百八十五里。東南至柳州龍城縣界一百五十里。〔二〕東北至桂州古縣埸界一百里。西北至古州水路八百九十里。〔三〕西南至宜州三百五十里。

户：唐開元户一千三百三十三。皇朝户主一千八百，客七百一十八。

風俗：同柳州。

土産：金，貢。桂心，苧密布。

融水縣，舊二鄉，今無鄉，管七里。本漢潭中縣地，宋元嘉七年置齊興縣。〔四〕唐武德六年改爲融水縣。

融水，在州北六百里。連接敘州朗溪縣界。

潯水溪，源出敘州西界。

潭江，出黄水縣西北當麗山。

武陽縣，西南八十里。三鄉，今無鄉，管八里。舊黄水、臨牂二縣，隋開皇十九年析融水縣置。後併合爲武陽縣。

古黎山，在州西北一百一十里。連宜州界，古溪水出其下。

武陽水，在縣東南。流一百里會潯溪，經柳州。〔五〕

羅城縣，西南九十里。無鄉，管七里。皇朝開寶五年割到。〔六〕圖經上不言州。

沛溪場，西北一百八十里。本融水縣沛溪洞，以其偏遠，輸賦甚艱，故置場，以便于民。

管羈縻州一：

樂善州，在州西北一百五十里。皇朝雍熙二年歸化。

邕州

邕州，朗寧郡。今理宣化縣。古南越地。秦爲桂林郡地。漢改桂林爲鬱林郡，又爲鬱林之領方縣地。晉置晉興郡。隋開皇初廢郡爲宣化縣，〔七〕屬簡州。大業三年州廢，以縣屬鬱林郡。唐武德四年于此置南晉州，領宣化一縣。貞觀六年改爲邕州，近邕溪，因名。乾封二年置都督府。天寶元年改爲朗寧郡。乾元元年復爲邕州。長慶二年以安南經略副使崔結爲刺史，〔八〕充本州經略等使，自此邕州獨置經略使。其州邊在鬱江，百姓先居一岸，每年秋夏，江水泛溢，郭邑沈溺。景雲年中，司馬呂仁高于南岸引開小水，若有泛濫，分流而過，不没人家，今百姓兩岸分居。晉天福七年改爲諴州，以避廟諱。漢初復舊。皇朝平廣南後，開寶五年廢朗寧、封陵、思籠三縣入宣化、武緣、如和三縣。至太平興國二年，邕州上言管内左江谿洞七源州狀稱廣源、武勒、南源、西農、萬涯、覆和、温弄等州，〔九〕古拂、八䑸二洞，〔一〇〕計十處首領，乞依七源州例歸屬當州，輸納租稅，朝廷因授首領官。今爲建武軍節度。

元領縣八。今五：宣化，樂昌，武緣，如和，上林。三縣廢：朗寧，入宣化。思籠，入如和。封陵。入武緣。

州境：東西八百八十里。南北三百七里。

四至八到：北至東京五千里。北至西京五千三百二十七里。北至長安五千三百二十七里。〔一一〕東水路至舊巒州三百四十二里。西水路至舊田州六百四十二里。南至舊瀼州二百八十里。北至舊澄州二百七十六里。東南陸路至欽州三百二十五里。西南至田州六百四十二里。西北陸路至思州四百九十二里。東北至賓州二百五十七里。

户：唐開元户二千八百九十。皇朝户主、客五千九百五十。

風俗：今鄉村皆戴白頭巾，邕州圖經云：「俗慘嗇澆薄，内險外惷，椎髻跣足，尚雞卜及卵卜。提佤、音已。俚、獠有四色，語各别，譯而方通也。」又在州晉城縣，蠻渠歲時於石溪口通商，有馬會。説文云：「馬會，今之獠布。」以竹灰爲鹽，不事五味。

土産：苧麻，蚺蛇膽，越鳥，飛生鳥，荔枝，桄榔，橄欖子，木威，鼓公，邕州有鼓公，大如犬，而色白黑。鵲姑，有青鵲如雞，即鵲姑。飛蟲，博物志云：「晉興郡有飛蟲，大如麥，或云有甲，嘗伺病者居舍上，候人氣絶，便入食之，雖撲殺不止，如風雨之至，肉盡便去。貧者或殯殮不時，皆受此弊。蟲惡梓木，〔二二〕有力者以梓木板掩之，兼用爲器，蟲不入也。桂林、寧浦二郡亦有之。」懶婦獸。南越志云：「晉城縣有懶婦獸，古有織女卧機上，其姑怒之，遂忿赴水，姑遂以杼投其背，化爲此獸。今背上有文如杼形。大者可得脂三斛，燃之，照紡績即暗，照歌舞即明。習懶之性，化而不革。」

宣化縣，五鄉。今州所理。漢領方縣地，屬鬱林郡。秦爲桂林郡地。

驩水，在縣北。本牂柯河，俗呼鬱林江，即駱越水也，亦名温水。古駱越地。

樂昌縣，東北六十里。二鄉。本晉之晉興郡，隋改爲縣。皇朝開寶五年改爲樂昌縣。南越志云：「晉興縣泉源與寧建、都興二郡分境，陶侃既開此郡，貢賦由是日盛。有陶侃碑。」

武緣縣，東北六十里。二鄉。〔二三〕隋廢。唐武德五年復置。

如和縣，西南九十里。十二鄉。開谿洞漸置。

上林縣，北二百七十六里。十二鄉。

廢朗寧縣，在州西北八十里。

廢思籠縣，在州西南三百里。

廢封陵縣，在州東一百里。

都茗山，在縣西六十里。其山出茶，土人食之，因呼爲都茗山。
思玉山，在府東六十里。其山有石似玉，名爲思玉山。
一横山，在府西四百里，周迴五百里。其山横截江河，故名。〔一四〕
都籠山，在府西北九十里。周迴二百四十里，連大山，石壁内平外嶮，〔一五〕號爲都籠石。
左水，源從籠州中出六百里，〔一六〕流入鬱江。
武離水，水在府西。源出上思州，五百八十里西流入左江。
右水，源出西北田州，流入鬱江。
羅陸水，在府西二百里。水源出文身野老，北流入左江。
渭籠水，〔一七〕在府西一百五十里。水源出澄州止戈縣，南入右江。〔一八〕
鬱江，在府西。源從左右江入鬱水，流百里入府城，三百四十二里流入巒、横、貴、龔、梧、封、康、端、廣等一十八州，〔一九〕入于南海。
如和水，在府西南五十里。源出如和縣，並架爲陂。
邕水，在府西六十里。北流入鬱水，源出欽州安水縣。〔二〇〕
小武緣水，在府東一百九十里。〔二一〕

如離水，在府東四十五里。南流入可邏水，〔三二〕並架爲陂。

都轄水，在府東北六十里。水南流入可邏水，並架爲陂。元有大石高二丈，遥望巍峨，連延數里。

可邏水，在府東八十七里。源出封陵大山，南流入鬱水。

大武緣水，在府東一百八十三里。源出瀆州界，流入鬱江。以上邕州所管山水。

管羈縻州：

瀼州，在邕府南。陸路二百八十二里。管縣四，鄉九。

左州，在西。水路三百里。管縣五，鄉十。

思誠州，在西。陸路四百五十里。管縣三，鄉十。

田州，在西北。水路五百五十里。管縣三，鄉五。

歸樂州，在西北。水路七百二十三里。管縣七，鄉九。

龍州，在西北。水路八百三十二里。〔三三〕管縣七，鄉二。

右六州，舊羈縻州，先屬桂府，景雲元年八月割入邕州。

譚州，在西。水路三百五里。管縣四。

石西州，在西。水路一千二百里。管縣七。

七源州，在西。水路二千六十五里。管縣五。

思恩州，在西。陸路四百九十里。管縣四。

右四州陷漏，不屬都督府，檢校户口既多，景龍二年十月勅邕州置都督府，管上件州卓牌。

鶇州，在西北。陸路一千二里。〔二四〕管縣七。

右件州屬桂管，内近邕州，西北遠屬桂州，不便，司馬吕仁高奏，景雲二年勅屬邕州。

左州。　思誠州。　譚州。　渡州。　籠州。　七源州。　思明州。

石西州。　上思州。　思琅州。　思同州。〔二五〕　波州。　員州。

以上左江道。

思恩州。　鶇州。　歸樂州。　思剛州。　武峨州。　倫州。

萬德州。　蕃州。　昆明州。　婪鳳州。〔二六〕　侯唐州。　歸恩州。

田州。　萬承州。　功饒州。〔二七〕　歸誠州。　武龍州。〔二八〕

以上右江道。

右件並是羈縻卓牌州，承前先無朝貢，州縣城隍不置立，司馬吕仁高唐先天二年奏：「奉勅差副使韋道楨、滕崇、黄居左等巡諭，勸築城隍。其州百姓悉是雕題鑿齒，畫面文身，并有赤裩、生獠、提㐌相雜。承其勸諭，應時修築，自後毀壞，不復重修。」

貴州

貴州，懷澤郡，今理鬱林縣。虞舜暨周並爲荒裔。秦併天下，畧定揚越，立桂林郡，以謫人徙之。輿地志云：「故西甌、駱越之地，秦雖立郡，仍有甌、駱之名。」漢武元鼎六年改秦桂林郡爲鬱林郡。輿地志：「梁武以鬱林郡爲桂州，後割桂州之鬱林、寧浦二郡立定州，後改爲南定州。」隋開皇九年平陳，十年罷南定州爲尹州。唐武德四年平蕭銑，置南尹州總管府，管南尹、南晉、南簡、南方、白、藤、容、〔二九〕越、繡九州，南尹州領鬱林、馬嶺、安城、鬱平、石南、桂平、嶺山、興德、潮水、懷澤十一縣；五年以桂平屬燕州，嶺山屬橫州。貞觀五年以安城屬賓州，七年罷都督，九年改南尹爲貴州。天寶元年改爲懷澤郡。乾元元年復爲貴州。

元領縣四。今一：鬱林。三縣廢：懷澤，潮水，義山。

州境：東西一百五十里。南北一百二十里。

四至八到：北至東京五千里。西北至西京五千四百里。西北至長安五千八百九十里。東至潯州一百五十里，舟行下水三日程。西至橫州一百五里，船行上水四日程。南至鬱林州一百六十里，無水路。北至象州二百五十里，水路轉潯州上水八日程。東南至容州普寧縣一百五十里，無水路。西南至廉州石康縣二百五十里，〔三〇〕無水路。東北至象州武仙縣一百四十里，水路轉潯州卻上水計六日程。西北至嚴州來賓縣二百六十里，水路轉潯州上水一十二日程。

户：唐開元户三千二十六。皇朝户主、客共五百一十四。

風俗：風俗多何、滕、黄、陸等姓。以水田爲業，不事蠶桑。生以唱歌爲樂，死以木鼓助喪。又郡連山數百里，有俚人，皆爲烏滸諸夷，率同一姓。男女同川而浴，生首子即食之，云宜弟。居止接近，葬同一墳，謂之合骨，非有戚屬，大墓至百餘棺。凡合骨者，則去婚，異穴則聘。女既嫁，便缺去前一齒。

土産：葵山多葵葉，堪爲笠。金、銀、鉛，作貢。古貝布，古貢。

鬱林縣，元四鄉，今三鄉。漢廣鬱地，屬鬱林郡。古西甌、駱越所居。後漢谷永爲鬱林太守，降烏滸人十萬，開置七縣，此鬱林縣也，在鬱江之西。

廢懷澤縣，在州南一百五十里。宋廢縣，唐武德四年又置。

廢潮水縣，在州西五十里。武德四年分鬱林縣置。

廢義山縣，在州北八十里。唐末置。以上三縣皇朝開寶五年廢入鬱林縣。

馬嶺山。南中志云：「嶠多虺，其毒殺人，有冷石可以解之，屑著瘡内即活。」

烏滸夷。異物志云：「烏滸，南蠻之别名也。巢居鼻飲，射翠取毛，割蚌求珠爲業。無親戚，重寶貨，賣子以接衣食。若有賓客，易子而烹之。」

泥牛。郡有洞池，周十數丈，下有石牛，時出泥閒。旱歲，殺牛祈雨，以血和泥，置石牛背上，祈畢便雨，泥盡則晴，以爲常。

藉細布，一號鬱林布。比蜀黄潤，古稱云「筩中黄潤，一端數金。」淮南子云：「弱緆，細布也。」漢書云「白越」，即此布也。

銅符。俚人滕氏有竹使、銅虎符，傳云漢朝所假，至今存。

顯朝岡。孫權統事，陸績爲奏曹掾，以直道見憚，出爲鬱林太守，加偏將軍。績意在儒雅，雖有軍事，而著述不輟，每造此岡。制渾天圖。

司命井。半甘半淡，潛通江波，冬夏常盈，闔境之人用以日給。按其井水竭，即土人疫，稼穡不登，以爲候。

提石山、龍石山、石室山、温水、香溪水、羅舍溪水，馬度山，一名馬嶺山〔三二〕以上皆郡之山水。

横州

横州，寧浦郡。今理寧浦縣。古越地。〔三二〕秦象郡地。漢爲合浦郡之高涼縣地。高涼縣，今在高州界。吴録云：「吴以合浦北部爲寧浦郡。」廣州記云：「吴分鬱林郡置。」〔三三〕隋開皇十年廢寧浦、簡陽二郡，仍于此置簡州，十八年又改簡州爲緣州。煬帝初廢，以地屬鬱林郡之寧浦縣。唐武德四年置簡州，領寧浦、樂山、蒙澤、淳風、嶺山五縣，六年改爲南簡州。貞觀八年改爲横州，以横槎爲名。天寶元年改爲寧浦郡。乾元元年復爲横州。皇朝開寶五年併淳風、〔三四〕樂山、嶺山三縣入寧浦縣，又廢巒州武羅、靈竹二縣入永定一縣，隸當州。

横州領縣四。〔三五〕今一：寧浦。三縣廢：從化，樂山，嶺山。以上三縣併入寧浦。

廢巒州元領縣三，今一：永定。二縣廢：武羅，靈竹。以上二縣併入永定。

州境：東西二百四十五里。南北二百五十里。

四至八到：北至東京四千二百一十里。北至西京四千四百五里。北至長安五千一百三十五里。西至邕州界二百二十里。東至貴州界八十里，至廣州一千一百一十五里。南至欽州界一百二十里。北至賓州抵大山無路，約二百六十里。東南至大江五十步。西北至賓州一百五十三里。西南至欽州一百七十五里。東北至貴州一百三十五里。

户：橫州唐開元户一千九百二十一。廢巒州唐開元户七百七十。皇朝管二縣户一百五十九。

風俗：三梁故縣，烏滸所巢。

土産：金。

寧浦縣，去州一百六十四步。舊五鄉，今三鄉。漢廣鬱縣地，隋煬帝置寧浦縣，〔三六〕屬鬱林郡。唐武德復置橫州，縣來屬。

廢從化縣，在州東北九十里。漢高涼縣地，唐初置淳風縣，永貞元年十月以犯憲宗廟諱，改爲從化縣。

廢樂山縣，在州東南一百七十六里，水路八十里。〔三七〕漢高涼縣地，隋置樂山縣。

廢嶺山縣，在州西一百里，此縣見貞元録。以上三縣，皇朝開寳五年併入寧浦縣。

按南越志云：「寧浦，地名金城。」

寧洲，名宋降，〔三八〕去蜀二千里，號曰中蜀。

烏蠻山，在州東八十里。烏蠻所居。〔三九〕

簡陽嶠，在郡界。

蘇摩嶠。董奉死後，人見于此。

鳴石山。山海經云：「長石之山，共水出焉。〔四〇〕山多鳴石。」即此也。

永定縣，西七十里。舊二鄉，今三鄉。元屬巒州，與州同置。

廢巒州，今永定縣理是也，本永定郡。秦桂林郡地，唐武德四年置淳州。天寶元年改爲永定郡。乾元元年復爲淳州。永貞元年避廟諱改爲巒州，以郡内最多山巒爲稱。

廢武羅縣，在舊州西北七十里。

廢靈竹縣，在舊州東九十二里。縣與州同置，皇朝開寶五年與州同廢，併入永定縣，卻屬横州。

田州唐貞元時已廢。

田州，横山郡。今理都救縣。土地與邕州同。唐開元中置。天寶元年改爲横山郡。乾元元年復爲田州。

元領縣五：〔四一〕都救，惠佳，〔四二〕一鄉。武籠，一鄉。横山，一鄉。如賴。

以上五縣，與州同置。

户：四千一百六十八。

山州唐貞元時已廢。

山州，龍池郡。今理龍池縣。土地與嚴州同。唐開元中置。天寶元年改爲龍池郡。乾元元年復爲山州。

領縣二：〔四〕龍池，盆山。

以上二縣，與州同置。

户：一千三百二十。

以上二州屬邕州都督。

卷一百六十六校勘記

〔一〕西至宜州東零縣界二百里　按新唐書卷四三地理志七上及本書卷一六八宜州領有東璽縣，無「東零縣」，此「零」爲「璽」字之誤。

〔二〕東南至柳州龍城縣界一百五十里　「一」，底本作「六」，據萬本、中大本、庫本及傅校改。

〔三〕西北至古州水路八百九十里　按古州，其今地确址無考，通典卷一八四州郡一四樂古郡古州：「土地與臨潭郡（瀼州）同。」本書卷一六七古州：「土地與瀼州同置。」據中國歷史地圖集第五册唐嶺南道，瀼州在今廣西上思縣西南一帶，古州概亦在此附近，在融州(治今融水縣)西南，相去遼遠，此「西北」恐爲「西南」之誤。

〔四〕宋元嘉七年置齊興縣　「元」，底本作「永」，萬本、庫本同。按南朝宋無「永嘉」年號，據輿地紀勝卷一一四融州融水縣序引本書改。文南齊書卷一四州郡志上載有齊熙郡，元和郡縣圖志卷三七融州總序云「蕭齊於此置齊熙郡」，正合南齊志，此説恐非。

〔五〕經柳州　按嘉慶重修一統志卷四六三柳州府引本書作「達柳州」，此「經」疑爲「達」字之誤。

〔六〕皇朝開寶五年割到　按宋會要方域七之一八、元豐九域志卷九、輿地廣記卷三六、輿地紀勝融州皆云開寶五年置，此云「割到」，非。

〔七〕隋開皇初廢郡爲宣化縣　隋書卷三一地理志下：「宣化縣，舊置晉興郡。平陳，廢爲縣。開皇十八年改名焉。」元和郡縣圖志卷三八邕州宣化縣，「隋開皇十四年于此置晉興縣，十八年改爲宣化縣。」此云「開皇初爲宣化縣」，誤。

〔八〕崔結　「結」，底本空缺，萬本、庫本同，據永樂大典卷八五〇六引本書補。舊唐書卷一六穆宗紀：長慶二年六月，「以安南副使崔結爲邕管經略使。」新唐書卷一四七下南蠻傳下：「長慶初，黄少度攻邕州，『邕州刺史崔結擊破之。』」即此。

〔九〕邕州上言管内左江谿洞七源州狀稱廣源武勒南源西農萬涯覆和温弄等州　底本「言」作「年」，

「左江」作「江左」，萬本、庫本同，皆據永樂大典卷八五〇六引本書改乙。「覆和」，元豐九域志卷一〇、宋史卷九〇地理志六作「覆利」。

〔一〇〕古拂八䑣二洞　「拂」，宋史地理志六作「佛」。「䑣」，底本作「耽」，萬本作「𣶏」，據永樂大典卷八五〇六引本書及宋史地理志六改。

〔一一〕北至長安五千三百二十七里　萬本、庫本皆無此一二字。通典州郡四：朗寧郡邕州：「去西京五千六百里。」唐都長安，爲西京，此載里數有誤。

〔一二〕蟲惡梓木　「惡」，底本作「畏」，據萬本、庫本及永樂大典卷八五〇七引本書改。

〔一三〕二鄉　萬本、庫本「二」上皆有「元」字。

〔一四〕其山橫截江河故名　「截」、「故名」，萬本、庫本皆作「絶」、「呼一橫山」，傅校改同。

〔一五〕連大山石壁內平外嶮　萬本、庫本同，嘉慶重修一統志卷四七一南寧府引本書作「山石壁立，內平外險」。

〔一六〕源從籠州中出六百里　萬本、庫本皆無「中」字，當是。

〔一七〕渭籠水　「籠」，庫本同，萬本作「龍」，嘉慶重修一統志南寧府引本書同。

〔一八〕南入右江　「右」，底本作「左」，庫本同，萬本、嘉慶重修一統志南寧府引本書作「右」。按本書云「水源出澄州止戈縣」，澄州治今上林縣南，止戈縣在今上林縣西，則渭籠水由今上林縣南流，必入右江。又據嘉慶重修一統志云渭龍水之逕流即今武鳴縣南、隆安縣東之武鳴河，南流入右江，則此「左」爲「右」字之誤，據改。

〔一九〕一十八州　萬本、庫本皆作「一十一州」。

〔二〇〕欽州安水縣　按本書卷一六七欽州領縣無「安水縣」，有保京縣，隋置安京縣，唐至德二年改爲保京縣，元和郡縣圖志卷三八、舊唐書卷四一地理志四、新唐書地理志七上欽州皆同，疑此「安水」爲「安京」之誤。

〔二一〕小武緣水在府東一百九十里　「緣」，底本作「源」，據萬本、中大本、庫本及傅校改。又底本「九十」下有「六」字，據萬本、庫本及傅校删。

〔二二〕可邏水　「邏」，庫本同，萬本作「瀘」，未知是否。下都轄水、可邏水條同。

〔二三〕八百三十二里　「三十二」，萬本、庫本皆作「二十二」。

〔二四〕陸路一千二里　「二」，萬本、庫本皆作「二百」。

〔二五〕思同州　底本作「同思州」，據新唐書卷四三地理志七下、元豐九域志卷一〇、宋史地理志六乙正。萬本作「思思州」，庫本作「思恩州」，皆誤。

〔二六〕棼鳳州　「棼」，底本作「楚」，據萬本、中大本、庫本及元豐九域志卷一〇、宋史地理志六改。

〔二七〕功饒州　「功」，底本作「邛」，據萬本、中大本、庫本及新唐書地理志七下、元豐九域志卷一〇、宋史地理志六改。

〔二八〕武龍州　新唐書地理志七下作「龍武州」，元豐九域志卷一〇作「籠武州」，武經總要前集卷二〇、宋史地理志六作「武籠州」。

〔二九〕容　舊唐書地理志四作「南容」。

〔三〇〕西南至廉州石康縣二百五十里　「廉州」，底本作「康州」，萬本、庫本同。按本書卷一六四康州治端溪縣，即今廣東德慶縣，貴州治鬱林縣，即今廣西貴港市，康州在貴州之東，距離遼遠，且不相鄰，康州又無石康縣。本書卷一六九太平軍總序云本廉州，太平興國八年廢州，建爲太平軍，「廉州併入石康一縣」，領石康縣，其地正在貴州南稍西，此「康」爲「廉」字之形訛，據改。如以本書太平興國年間爲准，此「廉州」應作「太平軍」。

〔三一〕一名馬嶺山　「山」，底本脱，據萬本、中大本、庫本及輿地紀勝卷一一一貴州補。

〔三二〕古越地　按輿地紀勝卷一一三横州引本書作「古百越之地」，宋本方輿勝覽卷三九横州總序亦云「古百越之地」，而元和郡縣圖志卷三八横州總序云「古越地」。

〔三三〕吴録云吴以合浦北部爲寧浦郡廣州記云吴分鬱林郡置　按宋書卷三八州郡志四：寧浦郡，「晉太康地志：『武帝太康七年改合浦屬國都尉立。』廣州記：『漢獻帝建安二十三年，吴分鬱林立，治平山縣。』吴録：『孫休永安三年分合浦立爲合浦北部尉。』」輿地紀勝卷一一三横州總序：「吴孫休分合浦立合浦北部，以都尉領之。晉武平吴，改合浦屬國都尉立寧浦郡。」則此説不足據。

〔三四〕淳風　據唐會要卷七一州縣改置下：「横州從化縣，舊名淳風，與憲宗廟諱同，永貞元年十二月改爲從化縣。」舊唐書地理志四、新唐書地理志七上皆作「從化」，此誤用舊名。

〔三五〕領縣四　庫本同，萬本「領」上有「元」字。

〔三六〕隋煬帝置寧浦縣　按宋書卷三八州郡志四寧浦縣：「晉太康地記本名昌平，武帝太康元年更名。吴録有此縣。」則吴置昌平縣，晉改名寧浦，非隋煬帝時置。

〔三七〕在州東南一百七十六里水路八十里　按元和郡縣圖志卷三八横州樂山縣：「西至州水路一百二十里。」則樂山縣在横州東北，濱臨鬱江，此云「在州東南」，蓋誤，其里數恐亦誤。

〔三八〕寧洲名寀降　原校：「本文寧洲名寀降，疑爲一名寀降，闕以俟考。」

〔三九〕烏蠻山在州東八十里烏蠻所居　二「蠻」字，底本作「巒」，據嘉慶重修一統志南寧府引本書及輿地紀勝横州引九域志改。

〔四〇〕共水　「共」，底本作「洪」，萬本、庫本同，據山海經中山經改。

〔四一〕元領縣五　「元」，底本無，據萬本、庫本及傅校補。

〔四二〕惠佳　「佳」，底本作「往」，萬本同，據通典州郡一四、舊唐書地理志四、新唐書地理志七上改。

〔四三〕領縣二　萬本、庫本「領」上皆有「元」字，當是。

太平寰宇記卷之一百六十七

嶺南道十一

容州　化州　白州　欽州　瀼州舊廢　古州舊廢

容州

容州，普寧郡。今理北流縣。古越地。秦屬象郡。二漢屬合浦郡。宋泰始七年分合浦縣于此立南流郡。有陳紹伯僭稱王，尋平，復爲郡。歷齊、梁、陳不改。隋廢郡，又爲合浦、永平二郡地。唐武德四年平蕭銑，于今州東北置銅州，〔一〕領北流、豪石、宕昌、〔二〕渭龍、南流、陵城、普寧、新安八縣。貞觀八年改爲容州，以州西容山爲名，〔三〕十一年省新安。開元中升爲都督府。天寶元年改爲普寧郡。乾元元年復爲容州都督府，仍舊置防禦、經畧、招討等使，以刺史領之，兼充經畧軍使。皇朝開寶五年併欣道、渭龍二縣入普寧，陵城入北流縣，仍廢繡、禺、順三州地入容州，仍改爲寧遠軍節度。

元領縣六。今三：北流，普寧，陸川。　三縣廢：欣道，入普寧。渭龍，入普寧。陵城。入北流。

廢繡州領縣三：常州，阿林，羅繡。以上廢入普寧等縣。

廢禺州領縣四：峩石，温水，羅辯，扶萊。以上廢入普寧等縣。

廢順州領縣二：龍豪，南河。〔四〕以上廢入普寧等縣。

州境：東西。缺。南北。缺。

四至八到：東北至東京五千六十里。東北至西京五千四百八十里。北取藤州路至長安五千九百一十里。東至藤州二百五十九里。南至竇州二百里。西至禺州一百八十里。〔五〕北至龔州二百里。東北至藤州陸路二百一十里，水路三百二十里。西南至牢州一百二十里。西北至黨州一百五十里。東北至南儀州九十里。

户：容州唐開元户二千。廢繡州唐開元户六百六十一。廢禺州唐開元户五百二十。〔六〕廢順州唐開元户五百九。皇朝户主都管二千九百二十二丁。此州供丁不供户。

風俗：十道志云：「夷多夏少，鼻飲跣足，好吹葫蘆笙，擊銅鼓，習射弓弩，無蠶桑，緝蕉葛以爲布。不習文學，呼市爲墟，五日一集。人性剛悍，重死輕生。」郡國志云：「此地多瘴氣，春爲青草瘴，秋爲黄茹瘴。瘴江水，即馬援云『仰視飛鳶跕跕墮水中』，即此地也。」

土産：硃砂，水銀，竹子布，蕉布皮，竹茶，茶經云：「容州黄家洞有竹茶，葉如嫩竹，土人作飲，甚甘美。」䂬石，輿地志云：「南人謂䂬石爲滑石也。」土人以䂬石燒爲器用，以烹魚鮭，亦號爲「五侯燋石」。火爛則可兩三熟。〔七〕

北流縣，舊六鄉，今二鄉。州所理。漢合浦縣地，隋置北流縣，在廉州界。〔八〕

鬼門關，在北流縣南三十里，有兩石相對，其間闊三十步，俗號爲鬼門關。漢伏波將軍馬援討林邑蠻，路由于此，立碑，石龜尚在。晉時趨交趾，〔九〕皆由此關。其南尤多瘴癘，去者罕得生還，諺曰：「鬼門關，十人去九不還。」唐宰相李德裕貶崖州，日經此關，因賦詩云：「一去一萬里，千去千不還；崖州在何處，生度鬼門關。」

普寧縣，舊五鄉，今三鄉。隋置。〔一〇〕

陸川縣，西南九十里。二鄉。〔一一〕按通典作羅竇縣。〔一二〕

廢渭龍縣，在州東七十里。〔一三〕武德四年析普寧縣置。

廢欣道縣，在州東六十里。唐置。以上二縣，皇朝併入普寧。

廢陵城縣，在州西三十八里。武德四年析北流置。皇朝併入北流。

容山。其山迴闊，無所不容，故曰容山。

牛山。其山有石如牛。

崑崙水。水中有石，似崑崙。

銅石山。上有銅湖，出硃砂、水銀。

新婦石。有石似婦人狀。

金溪。水中常出金。

五侯石、羅漢溪，皆在郡邑。〔一四〕

廢繡州，本常林郡，理常林縣，土地所屬與梧州同。〔一五〕漢阿林縣之地，隋開皇十年以阿林縣屬尹州。大業二年改尹州爲鬱州。〔一六〕唐武德四年析貴州之鬱平縣置林州，領常林、阿林、皇化、歸誠、羅繡、盧越等縣；六年改爲繡州。貞觀六年省歸誠、盧越二縣，七年以皇化屬潯州。天寶元年改爲常林郡。乾元元年復爲繡州。皇朝開寶六年州與縣俱廢入容州。其州元有俚獠三種，言語不同，偶月爲婚，不知禮節。

廢常林縣，本漢阿林縣地，唐武德四年置常林郡，縣屬林州。貞觀六年省歸誠入常林縣，仍移理廢歸誠縣故城。

盧越水，亦名靈溪水，在邑界。

廢阿林縣。在廢州東北五十里。本漢舊縣，元屬鬱林郡。

白石山。山色潔白，〔一七〕四面懸絶，上有飛泉瀑布。下有勾芒木，可以爲布，俚人斫之，新條更生，取皮績以爲布。

廢羅繡縣，在廢州東六十四里。唐武德四年析阿林縣置。

石袍山。山多竹木，葱翠如袍。〔一八〕山有肉翅虎，下山食人，食訖即飛還絶巖。

鶴洞山。山上多野鶴。

廢禺州，本温水郡，理峩石縣。故越地，婺女之分野。秦屬象郡地，隋合浦郡之定川縣。唐武德四年置南宕州，〔一九〕領南昌、定川、陸川、思城、温水、宕川六縣，〔二〇〕治南昌縣。貞觀六年移治定川，八年改爲潘州，仍廢思城縣。總章元年改爲東峩州，移理峩石縣；二年改爲禺州，以番禺地爲名。其州有三梁烏滸之民。天寶元年改爲温水郡。乾元元年復爲禺州。皇朝開寶五年州與縣俱廢入容州。〔二一〕

廢峩石縣，本秦象郡地，晉宕昌郡之邊邑，〔二二〕爲禺州所治也。

廢温水縣，唐武德四年析南昌置。

廢羅辯縣，在舊州西南一百里。本隋高涼郡。唐武德四年置，名陸川。貞元中改爲羅辯縣。

廢扶萊縣，在舊州東南八十里。唐武德四年置。

石印。郡國志云：「禺州石印，似印形石，文如篆。」

金山。昔人藏金之處。

帽山。山形似帽。

石湖。

不邏饒山。山多韶石果，味如荔枝，俚人謂之不邏饒。

鳴石山。郡國志云：「董奉死，人見于鳴石之山。」山海經云：「長石之山，共水出焉，〔三〕山多鳴石。」即此也。

三梁故縣，烏滸所巢。俗云三梁烏滸，即此地也。毒霧恒昏，上饒瘴氣。

峨石山。以石嵯峨故也。

象石。石似象故也。以上並禺州之山水也。

廢順州，本順義郡，在白州之東北。皇朝開寶五年廢州與縣，仍入容州。

廢龍豪縣，在廢州之郭下。

廢南河縣，在廢州四十里。

化州

化州，陵水郡。今理石龍縣。古越地。秦屬象郡。漢合浦郡之高涼縣地。隋高涼郡之石龍縣。唐武德五年置羅州；六年移羅州于石城，于舊所置南石州，領石龍、陵羅、龍化、羅辯、慈廉、羅肥六縣。貞觀九年改南石州爲辯州，〔二四〕省慈廉、羅肥二縣。天寶元年改爲陵水郡。乾元元年復爲辯州。州在陵、羅二水之閒。皇朝太平興國五年改爲化州，廢陵羅、龍化、羅辯三縣，〔二五〕但領石龍一縣，并割到廢羅州之石城、廉江、幹水、零緑四縣爲吴川一縣，〔二六〕入當州，與石龍共二縣，煎鹽納本州，其廢縣三廉江、幹水、零緑人户煎鹽輸廉州。

化州元領縣四。今一：石龍。三縣廢：陵羅，龍化，羅辯。〔二七〕以上併入石龍。

廢羅州元領縣五，今一：吴川。四縣廢：石城，廉江，幹水，零緑。已上併入吴川。〔二八〕

州境：東西三百一里。南北三百七十九里。

四至八到：北至東京五千五百九里。北至西京五千九百三十里。西北至長安取恩州路六千四百九十里。西至白州三百二十里。南至談州水灣雷州界一百九十五里。〔二九〕東至廣州一千一百四十四里。北至高州茂名縣界一百八十里。東南至磠州鎮大海二百二十里。〔三〇〕西南至廢羅州一百三十里。西北至佛子嶺與容州陸川縣分界一百六十里。

户：化州唐開元户一百四十二。〔三一〕廢羅州唐開元户九十五。皇朝都管户六百四十四。

風俗：夷俗悉是椎髻左袵，漢書云「荆人鬼語」。

土産：煎鹽，採珠，廢羅州出孔雀、鸚鵡，廉水、吴川中多益智子。

石龍縣，二鄉，今四鄉。〔三二〕州所理。漢高涼縣地，屬合浦郡。唐武德五年屬羅州，六年改爲辯州。

石龍岡，在州西南三里。上有石，高六尺，周迴六丈，左邊有文似龍形，其江即鼎之見也。

廢陵羅縣，在州北一百二十里。漢高涼縣地，唐武德五年置羅州，六年改爲南石州，即此縣。

羅水，在縣西北。源從禺州來，南合陵水。〔三三〕

陵水，從禺州扶萊縣界流入，會羅水，二水相合爲羅陵水。

廢羅辯縣，漢高涼縣地，唐武德五年分置。

廢龍化縣，漢高涼縣地，唐武德五年分置。以上三縣，皇朝開寶五年廢入石龍縣。

韶山，龍化水，在羅之邑界。

吴川縣，南一百十里。今三鄉。本漢高涼縣地，隋置縣，〔三四〕屬羅州。皇朝割入化州。

吴川，在縣西。水中有三川石。又有孱洲，在海中。

洞雷水，〔三五〕在縣東一百七十步。無水源，隨潮上下。

廢羅州，在縣西北一百一十里。本招義郡，理石城縣。秦屬象郡。二漢屬合浦郡。宋元嘉三年，鎮南將軍檀道濟巡撫于陵羅江口築造此城，因置羅州，以江爲名，屬高涼郡。齊至陳因之。隋平陳，郡廢，而羅州如故。煬帝初州廢，其地入高涼郡。唐武德五年于石龍縣地復置羅州，領石龍、吴川、陵羅、龍化、羅辯、南河、石城、招義、零緑、慈廉、羅肥等十一縣；六年移羅州于石城縣，于舊所置南石州，割石龍、陵羅、龍化、羅辯、慈廉、羅肥屬南石州。〔三六〕天寶元年改招義郡。乾元元年復爲羅州。皇朝太平興國五年州廢。

廢石城縣，本合浦郡地，宋將檀道濟于陵羅江口築石城，因置羅州，屬高涼郡。梁、陳復置羅州。隋廢州入高涼郡。唐復置羅州于縣。

廢廉江縣，本漢高涼縣地，唐武德五年析石龍縣置。

廢零緑縣，在廢羅州西南一百二十里。本漢高涼縣地，唐武德五年析置。〔三七〕

零烈水，在廢縣南三十里。源從廉江，流入大海。

廢幹水縣，在廢羅州西七十三里。本漢高涼縣地，〔三八〕按南越志云：「招義縣，昔流人營也。義熙元年立爲縣，後廢。唐再置。本名招義，近改爲幹水。」〔三九〕皇朝太平興國五年廢入吴川縣。

幹水，在廢縣西二百步。從廉州大廉縣界來，合廉江。

招義山，在廢縣西北二里。圖經云：「昔有譚氏招義于此山聚會，以討僭耳，因此爲名。」

白州

白州，南昌郡。今理博白縣。古越地。秦畧取陸梁地，置象郡，今州即其地也。漢爲合浦縣地，唐武德四年平蕭銑，于此置南州，領博白、朗平、周羅、龍豪、淳良、建寧六縣，六年改爲白州。貞觀十二年省朗平、淳良二縣。天寶元年改爲南昌郡。乾元元年復爲白州。

元領縣四。今一：博白。　三縣廢入博白：建寧，周羅，南昌。

州境：東西二百七十里。南北一百五十里。

四至八到：東北至東京五千四百里。東北至西京五千九百一十五里。〔四一〕北至長安六千一百七十五里。東至化州三百里。東至羅州二百二十里。西至太平軍石康縣界一百二十里。北至鬱林州南流縣三十里。〔四二〕東北至順州七十五里。西南至廉州二百三十里。東南至化州廉江縣界一百三十里。西北至鬱林州南流界三十里。

户：唐開元户二千五百。皇朝户主、客共一千四百九十一。

風俗：俗重卜，吉凶取決于雞髀。漢書郊祀志云：「越巫，雞卜也。」建寧縣有三種夷：獋、犽、臺。臺人稍類夏人，犽人之婦人偏襜皆露，獋人縵襠半股，並椎髻，與諸夷異焉。

土產：出真珠。

博白縣，舊一鄉，今四鄉。〔四三〕州所理。唐武德四年析合浦縣地置博白縣，以博白江爲名。

博白山，在邑界。

廢建寧縣，在縣西。〔四四〕唐武德四年析合浦縣置。貞觀十二年省淳良縣入。

廢周羅縣，在縣東九十里。武德四年析金寧縣置。〔四五〕

周羅山，周羅水，在縣界。

廢南昌縣，在縣北九里。舊縣在潘州，後割來屬。

盤龍，洞房山，在舊縣界。以上三縣，皇朝開寶六年併入博白縣。

緑珠江。嶺表録云：「白州界又有一派水出自雙角山，合容州江，呼爲緑珠江，亦猶

歸州有昭君村，蓋取美人生處爲名矣。」〔四六〕

緑珠井。嶺表録云：「緑珠井，在白州雙角山下，昔梁氏之女有容貌，石季倫爲交趾採訪使，以真珠三斛買之梁氏之居。〔四七〕舊井今已塞焉。」

大荒山。山上池中有婢妾魚，大如楯，兩翼及臍下有三條似練帶，長四尺，摇動有光。

宴石。昔越王宴處。〔四八〕

欽州

欽州，寧越郡。今理靈山縣。本合浦縣地，隋寧越郡。唐武德四年平蕭銑，改爲欽州總管府，管一州，領欽江、安京、南賓、遵化、内亭五縣；五年置如和縣；其年置玉州、南亭州，並隸欽府，以内亭、遵化二縣屬亭州。貞觀元年罷都督府；二年廢玉州，以安海、海平二縣并廢亭州，以内亭、遵化並來屬；十年省海平縣。天寶元年改爲寧越郡。乾元元年復爲欽州。皇朝開寶六年廢遵化、欽江、内亭三縣入靈山縣。〔四九〕

元領縣七。今二：靈山，保京。　三縣新廢：遵化，欽江，内亭。　二縣舊廢：安海，南賓。

州境：東西。缺。南北。缺。

四至八到：北至東京五千四百里。北至西京五千八百二十里。北至長安取横、貴、象州路六千六百六十里。東至廣州三百三十里。〔五〇〕西至瀼州五百八十里。南至大海一百三十里。北至横州三百一十里。東北至横州同上。〔五一〕西南至陸州七百四十里。東南至廉州七百里。東北至貴州四百六十里。

户：唐開元户二千七百。皇朝户主、客共二千八百四十二。〔五二〕

風俗：今鄉村人皆戴白頭巾。又别有夷人，名高梁人，不種田，入海捕魚爲業，婚嫁不避同姓，用臘月爲歲。俚人不解言語，交肱椎髻，食用手摶，水從鼻飲之也。又有獠子，巢居海曲，每歲一移。椎髻鑿齒，赤褌短褐，專欲喫人，得一人頭，即得多婦。高梁以下送葬，皆打鼓，春堂吹笙。箭用藥箭。

土産：有麵、桂二山出餘甘子，一名菴羅果。貢。〔五三〕

靈山縣，舊二鄉。漢合浦縣地。舊在州北六十六里。今爲州所理。

保京縣，西南七十里。舊二鄉。漢合浦縣地，隋置安京縣。唐至德二年改爲保京縣。

羅浮山，在縣北十里。俗云形勢如循州博羅浮山，因以爲名。

武郎江，經邑界。

廢欽江縣，舊爲州所理。漢合浦縣地，宋分置宋壽郡及宋壽縣。隋改爲欽州，仍改宋壽爲欽江。

欽江水，出來田山，自内亭縣東北，由遵化流入。

廢遵化縣，隋縣，屬南亭州。唐貞觀元年州廢，來屬。

武牙山，在邑界。

廢内亭縣，隋縣，因水爲名。唐武德五年于縣置南亭州。貞觀元年州廢，來屬。

靈伏山，在邑界。以上三縣，唐廢入靈山縣。

廢安海縣，漢羸𨻻縣地。

廢南賓縣，漢合浦縣地。以上二縣，皆唐時廢。

瀼州 唐貞元時廢。

瀼州，臨潭郡。今理臨江縣。隋大將軍劉方始開此路，置鎮守，尋廢，不通。貞觀十二年，清平公李弘節遣欽州首領寧師京，〔五四〕尋劉方故道，行達交趾，開拓夷獠，置瀼州。州在鬱林之西南，交趾之東北界，有瀼水，以爲名。天寶元年改爲臨潭郡。乾元元年復爲瀼州。

領縣四：臨江，波零，鵠山，弘遠。以上與州同置。

四至八到：東至欽州六百三十里。北至容州二百八十里。〔五五〕

户：一千六百六十六。

古州唐貞元時廢。

古州，樂古郡。今理樂古縣。土地與瀼州同置。天寶元年改爲樂古郡。乾元元年復爲古州。

領縣三：樂古，古書，樂興。

户：二百六十五。

樂古縣，本樂預縣。寶應元年改爲樂古縣，州所治。古書，樂興，此二縣與州同置。

以上二州，元屬容州都督。

卷一百六十七校勘記

〔一〕于今州東北置銅州　「今」，底本作「合」，據萬本、中大本、庫本及傅校改。輿地紀勝卷一〇四容州總序云「于今州理北置銅州」。

〔三〕宕昌　「宕」，底本作「巖」，萬本、庫本同，據舊唐書卷四一地理志四、新唐書卷四三地理志七上改。

〔三〕以州西容山得名　「容山」，底本作「容川」，萬本、庫本同。舊唐書地理志四：容州，「以容山爲名。」輿地紀勝容州引郡國志、宋本方輿勝覽卷四二容州皆云容州「以容山得名」，此「川」爲「山」字之誤，據改。

〔四〕廢禺州領縣四峩石温水羅辯扶萊廢順州領縣二龍豪南河　原校：「按新唐書地理志，禺州領峩石、羅辯、扶萊、宕昌四縣，國朝會要，開寶五年廢禺州，省峨石、扶萊、羅辯三縣入容州北流，詳此，似是五代以來，又廢岩昌五縣，國初但廢所領三縣耳。今記廢禺州下乃增温水一縣。按新唐書、國朝會要温水並隸順州，廢入陸川，今記但見禺州爲温水郡，又温水初隸禺州，故附于此，蓋誤也。又按新唐志，順州領龍化、温水、南河、龍豪四縣；國朝會要，開寶五年廢順州入容州陸川，所省四縣，與新唐志同，今記爲順州，元領縣二，遺龍化、温水，故于陸川縣下但叙龍豪、南河二縣，而以温水附禺州，龍化附化州，亦誤也。」

〔五〕西至禺州一百八十里　按容州治即今廣西北流縣，禺州治在今北流縣東南，此云「西至禺州」，疑誤。

〔六〕廢禺州唐開元户五百二十　「二十」，萬本、庫本同，永樂大典卷二三三九引本書作「二」，無「十」字，疑衍。

〔七〕火爛則可兩三熟　「火」，底本作「灰」，據萬本、庫本及永樂大典卷二三三三九引本書改。

〔八〕廉州　「廉」，底本作「溓」，據萬本、庫本、輿地紀勝容州引本書及傅校改。

〔九〕晉時趨交趾　「晉」，萬本、庫本、嘉慶重修一統志卷四七四鬱林州引本書同，通典州郡一四、舊唐書地理志四皆作「昔」，此「晉」爲「昔」字之形訛。

〔一〇〕隋置　按輿地紀勝容州引本書云：牢馬山「在普寧縣之西北」；獨繡峰「在普寧縣」；桄榔山「在普寧縣」；都嶠山「在普寧縣，山上有八峯，曰兜子、馬鞍、八疊、雲蓋、香爐、仙人、中峯、丹竈，而八疊奇秀，視諸峯最高，亦號蕭韶山，有南北兩洞，俱有石室，南洞寬坦，中刻浮屠大像，儀制甚古，北洞差狹，爲星壇，北八二洞虚爽，天造地設，非他處洞穴幽翳之比，中峯絶頂有室，曰中宫院」，宋本方輿勝覽卷四二容州引本書略同；讀書臺「在普寧縣之東一十五里，兩峯峭立，擁溪東下，舊傳漁者夜聞山顛琅琅有絃誦聲，因目之爲讀書臺」，此皆缺脱，今附録於此。

〔一一〕二鄉　萬本、庫本「二」上皆有「元」字。

〔一二〕按通典作羅竇縣　「羅」，底本作「樂」，萬本、庫本同，據永樂大典卷二三三三八引本書及通典卷一八四州郡一四容州改。

〔一三〕在州東七十里　「七十」，萬本、庫本及嘉慶重修一統志卷四六九梧州府引本書作「十」，蓋此「七」字衍。

〔一四〕皆在郡邑　「郡邑」，萬本、庫本皆作「邑界」。輿地紀勝容州引本書：「五侯石，『在陸川縣。』」則萬本、庫本是。

〔一五〕本常林郡理常林縣土地所屬與梧州同　「理常林縣」，底本脱，萬本、庫本同，據永樂大典卷二三四一引本書及傅校補。「所」，底本脱，據永樂大典引本書補。萬本、庫本皆脱「土地所屬與梧州同」八字。

〔一六〕鬱州　「州」，底本作「林」，萬本、庫本同，據永樂大典卷二三四一引本書及隋書卷三一地理志下改。

〔一七〕白石山山色潔白　「石」，萬本、嘉慶重修一統志鬱林州引本書作「羊」，按庫本及輿地紀勝、宋本方輿勝覽卷四二容州皆作「石」，則作「羊」者誤。「山色」之「山」，底本脱，據萬本、庫本及輿地紀勝、宋本方輿勝覽補。

〔一八〕石袍山山多竹木葱翠如袍　二「袍」，底本作「抱」，據萬本、庫本、輿地紀勝容州、嘉慶重修一統志鬱林州引本書及傅校改。

〔一九〕南宕州　「宕」，底本作「岩」，萬本、庫本同，據輿地紀勝容州、永樂大典卷二三四一引本書及舊唐書地理志四改。

〔二〇〕宕川　「宕」，底本作「岩」，萬本、庫本同，據永樂大典卷二三四一引本書及舊唐書地理志四改。

〔二一〕開寶五年　「五年」，底本作「元年」，萬本、庫本同，據永樂大典卷二三四一引本書及宋會要方域七之二三、元豐九域志卷九、宋史地理志六容州改。

〔二二〕晉宕昌郡　「宕」，底本作「岩」，萬本、庫本同，據輿地紀勝容州引本書改。按舊唐書地理志四作「南昌郡」，又列有温水縣云「武德四年析南昌置」，本書下文同，則作「南昌」是。

〔二三〕共水　「共」，底本作「洪」，萬本、庫本同，據山海經中山經改。

〔二四〕辯州　「辯」，萬本作「辨」。按庫本及通典州郡一四、舊唐書地理志四、新唐書地理志七上、太平御覽卷一七二皆作「辯」，元豐九域志卷九、輿地紀勝卷一一六、宋本方輿勝覽卷四一、宋史地理志六化州同；而續資治通鑑長編卷一一：太平興國五年二月，「改南辨州曰化州。」宋會要方域七之二〇亦作「辨」，「辯」、「辨」字通。

〔二五〕太平興國五年改爲化州廢陵羅龍化羅辯三縣　元豐九域志化州：「唐辯州，皇朝太平興國五年改化州。開寶五年省陵羅、龍化二縣入石龍。」本書下文載羅辯、龍化二縣，開寶五年廢入石龍縣。此以廢陵羅、龍化、羅辯三縣叙于太平興國五年，誤。

〔二六〕并割到廢羅州之石城廉江幹水零緑四縣爲吴川一縣　原校：「按新唐書地理志，羅州領縣四，其一爲石城，更名廉江。又按國朝會要吴川縣注：『開寶五年省廉江、零緑、幹水三縣入吴川。』與唐志同，今記以石城、廉江爲二縣，又吴川縣下有廢石城、廉江二縣，恐誤。」按輿地廣記卷三七化州：廉江縣，本石城縣，「天寶元年更名。」輿地紀勝化州總序：唐天寶元年改石城縣曰廉江縣，開寶五年「省廉江、幹水、零緑入吴川，隸辯州。」則廉江縣乃石城縣之更名，此誤以爲二縣，原校是也。

〔二七〕陵羅龍化羅辯　原校：「按新唐志，龍化、羅辯本辯州屬縣，然乾封三年已割羅辯入禺州，大曆八年又割龍化入順州，辨州後改爲化州，今記既訛于化州存龍化、羅辯二縣，故龍化不復載于廢順州之下，而羅辯又重見于廢禺州，且于容州之陸川、化州之石龍兩序廢羅辯縣，亦誤也。又按國朝會要，又羅辯廢入容州之北流，九域志同，今記廢入石龍，亦誤也。」按宋會要方域七之二三云開寶五年廢禺州，省羅辯縣入容州北流縣，輿地紀勝容州載同，本書容州記廢禺州羅辯縣入容州普寧縣，北流（今北流市）、普寧（今容縣）二縣，西東接境，故列入北流或普寧，此列于化州石龍縣（今化州市）誤，原校是也。又宋會要方域云開寶五年廢順州，省龍化縣入容州陸川縣，輿地紀勝容州載同，本書序于化州石龍縣，乃廢龍化縣入石龍縣；元豐九域志化州載開寶五年省陵羅、龍化二縣入石龍縣，陸川（今縣）、石龍二縣，北南接境，省龍化入于陸川或石龍，皆是，則此所記與宋會要、九域志皆合，原校不确。

〔二八〕已上併入吴川　「已上」，底本無，據萬本、庫本及傅校補。

〔二九〕談州　萬本、庫本皆作「淡州」，傅校改同。按新唐書卷四三地理志七下，邕州都督府領有談州，則作「淡州」誤。

〔三〇〕東南至礀州鎮大海二百二十里　萬本、中大本「鎮」下有「抵」字，傅校補，萬本、庫本無「鎮」而有「抵」。按嘉慶重修一統志卷四四九高州府引本書無「抵」字。

〔三一〕開元户一百四十二　「二」，萬本、庫本同，中大本作「一」。

〔三二〕今四鄉　庫本同，萬本無此三字。

〔三三〕在縣西北源從禺州來南合陵水　「在縣西北」，輿地紀勝化州引本書云「在廢陵羅縣西北五里」，與此異。「南合陵水」，底本作「南至會陵」，萬本、庫本同。輿地紀勝引本書作「南流下合陵水」，宋本方輿勝覽化州同，嘉慶重修一統志卷四四九高州府引本書作「南會陵水」，則此「至」字衍，脱「水」字，皆據删補，「會」從紀勝、勝覽改爲「合」。

〔三四〕隋置縣　舊唐書地理志四同，輿地紀勝化州引元和郡縣圖志云宋置，則異。

〔三五〕洞雷水　「洞」，底本作「涸」，據萬本、中大本、庫本及輿地紀勝化州引本書改。

〔三六〕割石龍陵羅龍化羅辯慈廉羅肥屬南石州　「屬」，底本作「入」，據萬本、庫本、輿地紀勝化州引本書及舊唐書地理志四改。

〔三七〕唐武德五年析置　按輿地紀勝化州引本書作「武德五年析石龍縣置」，此「析」下疑脱「石龍縣」三字。

〔三八〕本漢高涼縣地　「漢」，底本脱，萬本、庫本同，據輿地紀勝化州、嘉慶重修一統志高州府引本書補。

〔三九〕近改爲幹水　「近」，萬本、庫本無，輿地紀勝化州引本書作「後」。按新唐書卷四三地理志七上：幹水，「本石龍，武德五年曰招義，天寶元年更名，以幹水名。」則紀勝作「後」是。

〔四〇〕舊自潘州割到　「到」，底本作「入」，萬本、庫本皆作「到」，傅校改同。按新唐書地理志七上白州南昌：「本隸潘州，後來屬。」則作「到」是，據改；萬本「舊」作「俱」，誤。

〔四一〕東北至西京五千九百一十五里　「北」，底本脱，萬本、庫本同，據中大本補。

〔四二〕北至鬱林州南流縣三十里　按白州治博白縣，即今博白縣，南流縣即今玉林市，西南去博白縣九十里，此里數誤。

〔四三〕今四鄉　「四」，萬本、庫本皆作「三」。

〔四四〕在縣西　按永樂大典卷二三四一引本書作「在縣西六十里」，此「西」下蓋脱「六十里」三字。

〔四五〕武德四年析金寧縣置　原校：「按舊唐書地理志、元和郡縣志皆云武德四年析合浦縣置，今云析金寧縣，當考。」

〔四六〕蓋取美人生處爲名矣　「爲」，底本作「而」，據萬本、庫本、永樂大典卷二三四〇引本書及傅校改。

〔四七〕以真珠三斛買之梁氏之居　「買」，底本作「置」，萬本、庫本同，據太平御覽卷一七二引嶺表録、輿地紀勝卷一二一鬱林州改。
〔四八〕昔越王宴處　「昔」，底本作「西」，據輿地紀勝鬱林州、永樂大典卷二三四一引本書改。
〔四九〕開寶六年　「六年」，元豐九域志卷九、輿地廣記卷三七、輿地紀勝卷一一九欽州皆作「五年」。
〔五〇〕東至廣州三百三十里　按舊唐書地理志四云「東南至廣州七百里」，此里數誤。
〔五一〕東北至横州同上　萬本、庫本皆無此七字。按上文已敍「北至横州三百一十里」，此當重出。
〔五二〕皇朝户主客共二千八百四十二　「四十二」，萬本、庫本皆作「四十七」，傅校改作「四十三」，未知孰是。
〔五三〕貢　萬本作「舊貢」，庫本作「舊供」。
〔五四〕寧師京　「京」，底本作「宗」，萬本、庫本作「宋」，據舊唐書地理志四改。
〔五五〕北至容州二百八十里　按瀼州治臨江縣，在今上思縣西南，容州治北流縣，即今北流縣，容州位於瀼州東北，里距約七八百里，此誤。

太平寰宇記卷之一百六十八

嶺南道十二

柳州　宜州

柳州

柳州，龍城郡。今理馬平縣。漢爲桂林郡，又爲鬱林郡之潭中縣地。隋開皇十八年改潭中爲桂林縣，即象州桂林縣是也。隋末析爲始安郡之馬平縣。〔一〕唐武德四年平蕭銑，置昆州，領馬平、新平、文安、賀水、歸德五縣；其年改歸德爲修德，改文安爲樂沙，仍加昆州爲南昆州；八年以賀水屬澄州。貞觀七年省樂沙入新平縣，以龍州之龍城來屬，八年改南昆州爲柳州，九年置崖山縣，十二年省新平入馬平。天寶元年改爲龍城郡。乾元元年復爲柳州，以州界柳嶺爲名。郡國志云：「當柳星之下，故曰柳州。」

領縣五：〔二〕馬平，龍城，象縣，洛曹，洛容。
州境：東西。缺。南北。缺。
四至八到：東北至東京四千一百六十里。東北至西京五千六百里。北至長安五千四百七十里。東至桂州五百四十里。東南至象州一百六十里。南至貴州三百里。南至羈縻歸化州二百里。〔三〕西南至舊嚴州二百四十里。西至宜州二百里。北至桂州四百七十里。北至融州陸路三百三十里，水路三百八十里。
户：唐開元户二千二百二十。〔四〕皇朝户主八百四十八，客二千八百六十二。
風俗。缺。
土産：銀。貢。
馬平縣，舊二鄉，今三鄉。所置州境，漢潭中縣地，屬鬱林郡。隋置馬平縣。唐武德中于縣置昆州，又改爲柳州。
羅池神廟，在州北半里。即故刺史柳宗元也。韓愈爲碑文，事具于碑中。
仙人山，在州西南。山上有石，形如仙人。
潯江，在州南三十步，亦名柳江。
龍城縣，西北八十里。舊四鄉，今二鄉。隋縣。唐武德四年置龍州，領龍城、柳嶺二縣。貞觀七年廢州，省柳嶺縣。

象縣，東北六十五里。舊一鄉，今二鄉。漢潭中縣地，唐貞觀中置。

洛曹縣，西北一百七十里。元一鄉。舊洛封縣，唐元和十三年，觀察使奏：「洛封縣元置在洛曹山側，〔五〕請改爲洛曹縣。」詔從之。

洛容縣，西北一百七十里。元一鄉。皆漢潭中縣地，〔六〕唐貞觀中置。

銅盤山，破額山，龍岡山，潭水，賀水，降蠻山，〔七〕犀角山，白露水，落艷水，以上並郡界之山水。此郡多大蟒，若害人，不聞哭聲，則不去。

不死樹。食之乃壽。〔八〕

宜州

宜州，龍水郡。今理龍水縣。按郡同環州之地，招降所置。按投荒録云：「宜州乃桂之屬郡，州有河，其水如桂之陽江，水深岸斗，形勢異于衆水，〔九〕故老流傳舊神龍所開，其郭邑名龍水。」此一郡見貞元録，即不述創置年月，通典與諸志不載。〔一〇〕按圖經云：「見管四縣一場，又管羈縻十六州，砂銀兩監。數内温泉、〔一一〕思順等十二州，地理相近。見管逐州山川、四至、户口、城縣、河江、古跡，可得而觀。其文、蘭等四州，最居偏僻，有州縣，且無廨宇。所有賦租，宜州差人徵催。皇朝因之。

元領縣四場一：龍水，崖山，東璽，天河，都感場。

州境：東西二百二十八里。南北二百四十三里。

四至八到：北至東京五千里。西北至西京五千四百里。西北至長安五千九百里。東至柳州二百里。南至芝忻州接澄州上林縣界一百三里。西至富仁監接南丹州界二百一十里。北至融州羅城鎮界一百四十里。東北至桂州一千六百里。

户：舊户圖籍不載。皇朝户主一千七百八十六，客五百九十六。

風俗：江山險峻，人風獷戾，〔二〕常持兵甲以事戰爭。皆左衽椎髻，禮異俗殊，以巖穴爲居止。

土産：朱砂，元不貢物。〔三〕出都落麻，狹幅布。

龍水縣，州西三百步。二鄉。

龍江，在州北一百步。源從撫水等州，合流至城北，東流二十三里，至柳、象、潯、潭、龔、梧等州，歸于南海。

宜水，在州北。隔龍江二里。

朱砂山，在州東北。隔龍江三里。

崖山縣，南三十里。〔一四〕管二鄉。

疊石溪，在縣北六里。源從蕃州界流來。

思黎山，在縣東七里。

東璽縣，〔一五〕西六十里。管二鄉。

都龍山，在縣北三十步。

天河縣，二鄉。元在州西八十里，元和八年移于龍水縣古波里，在州北一百七十里。以上四縣，唐貞觀四年置。

龍德山，在縣西五里。

都感場，北六十里。無鄉，管二里。出花布。

管羈縻温泉等一十二州：

温泉州，理温泉縣，在宜州東六十里。

領縣二：温泉，無鄉。管四里。洛富。西二十二里。管二鄉。

四至：東至柳州龍城縣界二十里。南至柳州馬平縣界二十里。西至宜州崖山縣界三十里。北至柳州洛曹縣界十五里。

户：今管主、客户一百七十四。

思順州，理安寧縣，在宜州東一百四十里。

領縣三：安寧，二鄉。欽化，西八里。管二鄉。巖栖。〔一六〕西三十五里。二鄉。

四至：東至柳州馬平縣界十里。南至歸化州洛迴縣一十五里。西至歸恩州都恩縣界四十里。北至柳州馬平縣界三十五里。〔一七〕

户：今管主、客户三百五。

歸化州，治歸朝縣，在宜州東一百六十五里。

領縣四：歸朝，東三十步。三鄉。洛迴，南四十步。三鄉。洛都，東三十里。管一村。洛巍。西二十五里。管一村。

四至：東至柳州馬平縣界十五里。南至象州來賓縣界二十五里。西至思順州欽化縣界三十里。北至柳州馬平縣界一十里。

户：今管户一百一十六。

歸恩州，〔一八〕理履博縣，在宜州南一百三十里。

領縣五：履博，南一百八十步。二鄉。羅遵，西十五里。二鄉。都恩，北十五里。二鄉。吉南，西二十里。管二鄉。許水。南十五里。無鄉村，無廨署，僞漢時，縣印納在宜州。

四至：東至思順州欽化縣界一十五里。南至象州來賓縣界二十五里。西至紆州賓安縣界二十五里。北至思順州巖栖縣界二十五里。

户：今管主、客户二百一。

紆州，理東區縣，在宜州南一百三十五里。

領縣六：東區，西一百二十步。一鄉。吉陵，東一百二十里。二鄉。賓安，東三十里。管二鄉。南山，西北十里。管一鄉。都邦，南七十里。管二鄉。紆質。西北十里。管一鄉。

四至：東至象州來賓縣界三十里。西至芝忻州多靈縣界十五里。南至象州來賓縣界八十里。北至歸恩州吉南縣界六里。

户：今管户二百九十一。

芝忻州，理忻城縣，在宜州南八十五里。土地與交州同。

領縣五：〔一九〕忻城，管三里。平西，南二十里。管二鄉。富録，北三十里。管二鄉。思龍，東二十五里。管二鄉。多靈。東二十三里。管一鄉。

四至：東至紆州紆質縣界二十里。南至述昆州夷水縣界二十里。〔二〇〕西至邕州羅目鋪界十五里。北至宜州崖山縣界五十里。

户：今管户六百五十二。

述昆州，理夷蒙縣，〔二一〕在宜州西八十里。

領縣五：夷蒙，管二里。〔二二〕夷水，南四十里。一鄉。古桂，西九十里。二村。臨山，西二百里。二村。都隴。北一百里。一村。

四至：東至宜州東璽縣界三十八里。南至富安監三十里。西至智州界三百里。〔二三〕北至金城州界一百一十里。〔二四〕

户：今管户三百七十一。

蕃州，理蕃水縣，在宜州南四十五里。

領縣三：蕃水，管一鄉。都伊，西五十步。五鄉。思寮。西十里。無鄉村，〔二五〕無廨署。

四至：東至龍水縣界一十里。南至芝忻州古隴場十五里。西至龍水界二十里。北至龍水界十里。

户：今管户三十七。

琳州，治多梅縣，在宜州西六十里。

領縣四：多梅，一鄉。古陽，西十五里。二鄉。歌良，北十五里。二鄉。多奉。南二十里。二鄉。

四至：東至龍水界三十里。南至本州武律鋪界三十里。西至本州都江鋪四十里。北至環州都亮縣界二十里。

户：今管户二百四十。

整水西。

環州，治思恩縣，在宜州西一百里。本正平郡理正平縣，唐貞觀十二年，太史清平公李弘節遣融州、柳州首領慰安，由是歸附。環落洞是諸洞要衝，故以環名州。在遊盧水南，整水西。

元領縣八。今二：思恩，無鄉。管三里。〔二六〕都亮。東二十二里。管四鄉。二縣割出：福零，入鎮寧州。歌良。入琳州。四縣廢：正平，龍源，武石，饒勉。

四至：東至琳州歌良縣界三十里。南至古陽縣界二十二里。西至金城州界一十五里。北至鎮寧州界三十里。

户：今管户二百四十。

金城州，治金城縣，在宜州西一百十五里。

領縣二：金城，二鄉。元無廨署。寶安。

四至：東至琳州都江鋪界二十里。南至述昆州五十里。西至智州界五里。北至。缺。

户：管一百三十一。

智州，治英羅縣，在宜州西一百三十五里。

領縣五：英羅，管二里。無廨署。富力，西五十二里。〔二七〕三鄉。智本，東三十里。二鄉。蘭江，西三里。無鄉村、廨署。平林。東南十三里。無鄉村、廨署。

四至：東至金城州界三十里。南至述昆州界三十里。西至金城州河池縣界一十二里。〔二八〕北至金城州河池縣界一十里。〔二九〕

户：管三十七。

管文、蘭、鎮寧、撫水等四州最僻遠者，所入賦租，宜州差人去催徵：

文州，在宜州西，山路七百二十里。州縣並無廨署。

領縣三：思陽，州南百二十里。芝山，北一百二十里。都黎。東二里。

户：管主户五十二。

蘭州，在宜州西，山路六百五十里。州縣並無廨署，不曾供通户口。

領縣三：都夷，南一百八十里。〔三〇〕阮平，南六十里。如江。東六十里。

鎮寧州，在宜州西北，山路三百里。

領縣二：福零，東六十里。禮丹。西三里。

户：管五十一。

撫水州，在宜州西北一百八十里。元無州縣廨署，亦不供通户口。

領縣四場一：撫水，南一百二十步。古勞，東南二十里。〔三一〕多蓬，西北三十里。京水，西北七里。

固屑場。出硃砂。

管監二：

富安砂監，在宜州西一百三十里。並是桂州差人主轄。〔三〕管人户一百六十八丁，採朱砂一千八十斤。

富仁銀監，在宜州西二百一十里。屬文州，並是桂州差人主轄。管人户元無定數。

卷一百六十八校勘記

〔一〕隋開皇十八年改潭中爲桂林縣即象州桂林縣是也隋末析爲始安郡之馬平縣　按元和郡縣圖志卷三七柳州總序云：「隋開皇十一年改潭中縣爲桂林縣，仍析桂林爲馬平縣，屬象州。」馬平縣序亦云：「隋開皇十一年析桂林縣置，屬象州。」則改潭中縣爲桂林縣，又析置馬平縣並在開皇十一年，此云恐誤。

〔二〕領縣五　萬本、庫本「領」上皆有「元」字。

〔三〕南至羈縻歸化州二百里　「化」，底本作「儀」，據萬本、中大本、庫本、傅校及通典卷一八四州郡一四改。按本書後列歸化州云「在宜州東一百六十五里」，宜州治龍水縣，即今宜山縣，則歸化州在今宜山縣東一百六十餘里；柳州治馬平縣，即今柳州市，依方位推斷，歸化州在柳州西北，里數約七、八十里，則此方位里數皆誤。

〔四〕唐開元户二千二百二十　「二十」，萬本、中大本、庫本皆作「三十」。按舊唐書卷四〇地理志四云「天寶户二千二百三十二」，新唐書卷四三地理志七上記户數同。

〔五〕元置在洛曹山側　萬本、庫本、嘉慶重修一統志卷四六四慶遠府引本書皆無「側」字，此「側」字蓋衍。

〔六〕皆漢潭中縣地　「皆」，輿地紀勝卷一一二柳州引本書作「本」，當是。

〔七〕降蠻山　「山」，底本作「水」，據萬本、庫本、輿地紀勝柳州引本書及傅校改。

〔八〕食之乃壽　萬本作「今之乃樹」，庫本作「食之乃樹」，未知孰是。

〔九〕形勢異于衆水　「衆」，底本作「泉」，萬本、庫本同，據輿地紀勝卷一二二宜州總序引本書改。

〔一〇〕此一郡見貞元録即不述創置年月通典與諸志不載　原校：「按通典、舊唐書地理志皆有粵州，但皆無起置之因。新唐書地理志云『宜州本粵州，乾封中更名』，今記偶未詳故耳。」按「通典與諸志不載」，輿地紀勝宜州總序引本書作「元和郡縣諸志亦不載」，此「通典」疑爲「元和郡縣」之誤。

〔一一〕温水　「泉」，底本作「水」，萬本、庫本同，據輿地紀勝宜州引本書及本書卷後列温泉州改。

〔一二〕人風獷戾　「風」，底本作「民」，據萬本、庫本、輿地紀勝宜州、宋本方輿勝覽卷四一慶遠府引本書及傅校改。

〔一三〕元不貢物　庫本同，萬本無此四字。

〔一四〕南三十里　「三」，中大本及嘉慶重修一統志慶遠府引本書皆作「二」，此「三」蓋爲「二」字之誤。

〔一五〕東璽縣　原校：「諸本皆作『東陵』，今從通典諸書作『東璽』。」按舊唐書地理志四亦作「東璽」。

〔一六〕巖栖　「栖」，萬本、庫本同，嘉慶重修一統志慶遠府引本書作「溪」。

〔一七〕北至柳州馬平縣界三十五里　「界」，底本脱，據萬本、庫本補。

〔一八〕歸恩州　原校：「按新唐書地理志作歸思州，闕所領縣，而思順州領縣五，曰羅遵、履博、都恩、吉恩、許水，今記歸恩所領五縣，乃唐志思順州之屬邑，而思順自别領安寧、欽化、巖栖三縣，疑新唐志爲舛闕，當考。」按「吉恩」，新唐書卷四三地理志七下及本書下文皆作吉南，原校寫誤。元豐九域志卷一〇作歸恩州，領邏遵、履博、都恩、吉南、許水五縣，輿地紀勝宜州忻城縣下引國朝會要亦作歸恩州。

〔一九〕芝忻州領縣五　原校：「按新唐志云芝州忻城縣領縣七，曰忻城、曰平西、曰思龍，與今記同；曰富川，今記作富録，曰多雲，今記作多靈，曰樂光，曰樂艷，今記所無，未知孰是。」按新唐書地理志七上云芝州忻城郡，則此芝忻州又名芝州，原校「忻城縣」乃「忻城郡」之誤。

〔二〇〕南至述昆州夷水縣界二十里　萬本、庫本皆作「西至述昆州夷水縣二十里」，此「南」蓋爲「西」字之誤。萬本、庫本「夷水縣」下當脱「界」字。

〔二一〕理夷蒙縣　「理」，底本作「領」，據萬本、庫本及嘉慶重修一統志慶遠府引本書改。

〔二二〕管二里　萬本、庫本皆作「二鄉」，當是。

〔二三〕西至智州界三百里　「西」，萬本、庫本皆作「西南」。

〔二四〕北至金城州界一百一十里　「北」，萬本、庫本皆作「西」。

〔二五〕無鄉村　「村」，底本作「坊」，據萬本、庫本及傅校改。

〔二六〕管三里　「三」，底本作「二」，據萬本、中大本、庫本改。

〔二七〕西五十二里　「二」，底本脱，據萬本、中大本、庫本、永樂大典卷一三四九四、嘉慶重修一統志慶遠府引本書及傅校補。

〔二八〕西至金城州河池縣界一十二里　「界」，底本脱，據萬本、庫本補。

〔二九〕北至金城州河池縣界一十里　「界」，底本脱，據萬本、中大本、庫本補。

〔三〇〕南一百八十里　「里」，萬本、庫本同，嘉慶重修一統志慶遠府引本書作「步」，按作「步」是，「里」字誤。

〔三一〕東南二十里　「東」，底本脱，據萬本、中大本、庫本、嘉慶重修一統志慶遠府引本書及傅校補。

〔三二〕桂州　萬本、中大本、庫本皆作「貴州」，據傅校改，下列富仁銀監桂州同。

太平寰宇記卷之一百六十九

嶺南道十三

太平軍　雷州　儋州　瓊州　崖州　萬安州

太平軍

太平軍，理海門。本廉州，皇朝開寶五年自舊州理移西南四十里地名長沙置州，併封山、蔡龍、大廉三縣爲合浦一縣；仍廢常樂州，以博電、零緑、鹽場三縣併爲石康一縣來屬。至太平興國八年廢廉州，移就海門三十里建太平軍，其廉州併入石康一縣。

廢常樂州元領縣四。〔一〕今一：石康。　三縣廢：博電，零緑，鹽場。

廢廉州元領縣四：合浦，封山，蔡龍，大廉。以上四縣並廢入石康。

軍境：東西三百五十里。南北四十里。

四至八到：新置軍未有至京里數。東至蓬彭與白州分界三百四十里。南至白沙枕大海一十五里。西過水至大灣隔海與欽州分界十五里。北至容木水與欽州分界二十五里。東南至寧海珠池，極海岸與瓊州相對處四十四里。〔二〕東北至鬱林州界三百四十里。〔三〕西南至鹿井與欽州烏土鎮接界。西北至射烏嶺與欽州分界二十里。

户：廢廉州唐開元户三千一十二。〔四〕皇朝丁四千七百六十二。〔五〕本州供丁，不供户。

風俗：夷人號越㐌，多採珠及甲香爲業。親戚宴會，即以匏笙銅鼓爲樂。

土産：蚌珠。

石康縣，二鄉。本屬常樂州。

廢廉州，在軍北七十里。〔六〕本秦象郡地。漢爲合浦郡，元鼎六年置九郡，即其一也。後漢因之。吴改名珠官。晉又爲合浦郡。〔七〕宋因之，兼置臨瘴郡，以界内瘴江爲名，及越州領郡三，理于此。時西江都督護陳伯紹請置州，遂以爲刺史，始立州鎮，穿山爲城門，威服俚獠。按郡國志云：「伯紹平夷，至合浦，見三青牛，圍之不獲，即于其處置城，俗號青牛城。」齊因之。隋煬帝初改爲禄州，尋廢州，又置合浦郡。唐武德五年置越州，領合浦、安昌、高城、大廉、大都五縣。貞觀六年置珠池縣，其年割大都屬白州，八年改越州爲廉州，十年廢姜州，以封山、東羅、蔡龍三縣來屬，十二年廢安昌、珠池二縣入合浦，廢高城入蔡龍。天寶元年改爲合浦郡。乾元元年復爲廉州。

廢合浦縣，在舊州郭下。漢縣，屬合浦郡。

大海，在州西南一百六十里。有珠母海，郡人採珠之所，古之合浦也。州界有瘴江，名爲合浦江。

廢封山縣，在舊州西北一百二十里。隋縣。唐武德五年置姜州，領封山、東羅、蔡龍三縣。貞觀十年廢州，以縣入廉州。

廢蔡龍縣，在舊州北一百五十里。唐武德中置。〔八〕

廢大廉縣，在舊州東南一百里。唐武德五年置。以上四縣，皆漢合浦縣地，並廢入石康縣。

姜山，思鄉水，性山，下溪水，以上皆廢廉州之山水。

陳王祠。南中有妖鬼，號曰陳王神，面黑眼白，形容醜陋，祈禱有驗，人多惡之。陳霸先刻木作影，自敬事之神，與之敘族，尊爲叔父。祭胙精潔，動静與神俱。每有施爲，多就擲珓，不得好卦，即云王叔不許，頗以惑人。其傍有墓。及受梁禪，尊神爲帝。

糠頭山，尉佗駐軍處。人舂穀，〔九〕積糠成山，山若鳴，則風飈立至。

殯山，即宋陳伯紹殯妻處。

蘇磨嶠。〔一〇〕南越志云：「寧浦郡東南有蘇磨嶠。」

麻嶺。屈璆道里記云：〔一一〕「沙麻嶺，在寧浦郡南，郡即嶺之北垠也。」

合浦水，一名馬渡，昔有野馬渡此，因名之。

銅船湖。馬援鑄銅船五隻，一留此湖中，四隻將過海征林邑。

珠母海，大海在縣西南一百六十里。珠母之海去縣八十里，採珠之所，即合浦也。凡珠璫出于蚌，蚌母廣數寸，長尺餘。後漢孟嘗，〔一二〕會稽上虞人，爲合浦守。先時守宰多貪，珠遂徙向交趾界。嘗到，革易前弊，珠復還，稱爲神明。桓帝徵還，吏人攀車請留。嘗入船，夜遁。

圍州。交州記云：「合浦十八里有圍州，周圍一百里，其地產珠。」

雷州

雷州，海康郡。今理海康縣。秦象郡地，漢合浦郡之徐聞縣地，梁分置合州，大同末以合肥爲合州，以此爲南合州。隋平陳，又爲合州。〔一三〕煬帝初州廢，以縣屬合浦郡。唐武德四年平蕭銑，置南合州，領海康、隋康、鐵杷、椹川四縣。貞觀元年改爲東合州，二年改隋康爲徐聞縣，八年改東合州爲雷州。天寶元年改爲海康郡。乾元元年復爲雷州。按投荒録云：「雷之南瀕大海，郡蓋以多雷爲名，以其雷聲近在簷宇之上。雷州之北，高州之南數郡，亦多雷聲，似在尋常之外。俗于雷時具酒肴奠焉，〔一四〕法甚嚴謹，有以彘肉雜置食者，霹靂即至。」

元領縣三。今一：海康。二縣廢：遂溪，徐聞。

州境：東西一百八十里。南北二百六十五里。

四至八到：北至東京五千一百里。北至西京五千九百三十一里。西至長安五千八百三十五里。北至羅州二百四十里。東至海岸二十里，渡小海抵化州界地名碙洲泛海，通恩等州并淮、浙、福建等路。〔一五〕南至海一百三十里。遞角場，瓊州對岸，又云渡小海至崖州四百二十里。西至海六十里圍洲，通連安南諸蕃國路。東北二十五里至化州界吴川縣入江，上水至化州五程，至廣州二千里。東南一百四十里至海，泛海入瓊州。西北至羅州零緑縣界一百六十里。西南一百三十里泛海至儋州岸，不尅里限交趾路。嶺表録云：「交趾迴人多捨舟取雷州陸岸而歸，不憚辛苦，蓋避海鰌之患也。」

户：唐開元户四千三百。〔一六〕皇朝户主一百一，〔一七〕客五，蜑户二。

風俗：地瀕炎海，人惟夷獠，多居欄，〔一八〕以避時鬱。

土産：州在海島上，地多沙鹵，禾粟春種秋收，多被海雀所損。相承冬耕夏收，號芥禾，少穀粒。又云再熟稻，五月、十一月再熟。徐聞縣諺曰：「欲拔貧，詣徐聞。」不宜蠶桑，唯績葛種紵爲衣。出烏藥，高良薑，益智子，海桐皮。

海康縣，五鄉。秦象郡地，漢徐聞縣地，屬合浦郡。梁分置南合州。隋廢州，置海康縣。朱梁開平三年曾移州于驚雷江源。至劉氏僞命日，卻歸海康。

廢遂溪縣，在州北九十里。舊齊鐵杷、椹川二縣，〔一九〕後廢，改爲遂溪縣。皇朝開寶五年併爲新福鄉。〔二〇〕

廢徐聞縣，在州南二百四十里。漢縣名。隋置隋康縣。〔二一〕唐貞觀二年改爲徐聞。漢志云：「自合浦徐聞南入海，略以爲儋耳、珠崖郡。」即此縣。皇朝開寶五年併爲時邑鄉。已上二縣，並入海康縣。

烏蛇山，在縣北百里。出烏藥，俚人呼藥爲蛇。

珠母海，出珠之處。

螺岡，在縣北八十里。

驚雷山，在縣南八里。雷震破成水。〔二二〕

鐵杷溪，溪有石，似鐵杷。

三鵶水，從舊羅州南流于西海，水南屬雷州。

雷公廟，在州西南七里。咸通十二年置。

竈山，山上有炭坑，又有木棉樹，一實得棉數兩，冬夏花而不實。

思靈島，在海中。有木豆，〔三三〕葉如柳，花如金，豆一年種，數年收。淮南子云「豆之美者有木豆」，是此也。又山海經云「崑崙之墟，有木禾」，〔三四〕此類也。

儋州

儋州，昌化郡。今理宜倫縣。州居南海之中。漢元鼎六年定越地，置儋耳郡，以其人鏤離其耳爲名。〔三五〕唐武德五年置儋州，領義倫、昌化、感恩、富羅四縣。貞觀元年分昌化置普安縣，尋廢。天寶元年改爲昌化郡。乾元元年復爲儋州。

元領縣五。今四：宜倫，昌化，感恩，洛場。一縣舊廢：富羅。

州境：東西六百六十里。南北三百六十五里。

四至八到：西北至東京七千九百六十八里。西北至西京八千五百四十七里。東至瓊州樂會縣界射狼山三百二十里。〔三六〕西至舊振州延德縣界白沙三百四十七里。南至舊州界馬鞍嶺三百四十里。北至大海二十五里。西南至大海四十五里。東北至舊崖州澄邁縣界合橋三百七十里。西北至大海八十五里。〔二七〕又東北至廣州二千三百七十里，若泛海乘船使便風至廣州七日七夜，如無便風則不可。

户：唐開元户三千三百。皇朝管丁六百八十五，不言户。

風俗：山海經曰：「儋耳，即離耳也。」皆鏤其頰皮，上連耳匡，〔二八〕狀如雞腸下垂，在海渚，不食五穀，食蚌及鼈而已。俗呼山嶺爲黎，人居其間，號曰生黎。殺行人，取齒牙貫之于項，以衒驍勇。弓刀未嘗離手，弓以竹爲弦。績木皮爲布。尚文身，豪富文多，貧賤文少，但看文字多少，以别貴賤。覩禽獸之産，識春秋之氣，占藷芋之熟，紀天文之歲。

土産：醞酒不用麴糵，有木曰嚴樹，取其皮葉，搗後清水浸之，以粳釀和之，數日成酒，香甚，能醉人。又有石榴，亦取花葉，和醞釀之，數日成酒。高良薑，白藤花，蒴沈香，出深洞。蘇木，出黎洞。苔塘香，〔二九〕相思子，貢金。

宜倫縣，二鄉。漢儋耳縣。〔三〇〕隋爲義倫縣。州所理。因義倫水爲縣名。皇朝改爲宜倫縣。

昌化縣，西一百八十里。二鄉。漢至來縣。隋爲昌化縣。

感恩縣，東至州二百二十五里。二鄉。漢九龍縣地，〔三一〕隋爲感恩縣，取感恩水以爲名。

洛場縣，新置。元縣在黎洞心，因黎賊作亂，今移入州城下。

廢富羅縣，東北一百二十里。一鄉。漢儋耳縣。〔三三〕隋爲毗善縣。唐武德五年改爲富羅縣。〔三三〕此縣人民是林黎夷。舊廢。

毗邪山，山頂有蟲似伏蟲，〔三四〕俚人以蟲爲毗邪也。

温湯，在感恩縣北七十里。夏即清冷，冬則沸熱，〔三五〕有患瘋疥瘴氣者，浴之皆愈。

浴泊石神，在昌化縣西北二十里。石形如人帽，其首面南，側有橘柚甘香，云不可攜去，〔三六〕即黑霧暴風駭人。池中有魚亦然，土人往往祈禱。

獅子石，在義倫縣西八十里。石在海中，形如獅子。

朋山。山有二石如人形，故老傳云有兄弟二人，向海捕魚，因化爲石，號曰兄弟石。

滔沿井，與倫水通，有人以竹置井中，于倫水得之。〔三七〕俚人呼竹爲滔沿，因名。

龍吟泉，魚鱗洲，黎吟泉，黎母山，黎粉山，感恩水，已上皆郡界之山水也。

瓊州

瓊州，瓊山郡。今理瓊山縣。本隋珠崖郡之瓊山縣。唐貞觀五年置瓊州，領瓊山、萬安二縣；其年又割崖州之臨機來屬；十三年廢瓊州，以瓊山屬崖州；尋復置瓊州，〔三八〕領瓊山、容瓊、曾口、樂會、顏羅五縣。天寶元年改爲瓊山郡。乾元元年復爲瓊州。貞元五年十月，嶺南節度使李復奏曰：「瓊州本隸廣府管内，乾封元年，山洞草賊反逆，遂滋淪陷，至今一百餘年。臣令判官姜孟京、崖州刺史張少逸，〔三九〕併力討賊，已收復舊城，且令降人權立城柵。竊以瓊州控壓賊洞，請升爲下都督府，〔四〇〕加瓊、崖、振、儋、萬安五州招討遊弈使，其崖州都督請停。」從之。皇朝開寶四年平南越，割崖州之地屬瓊州。〔四一〕

瓊州元領縣五。今三：瓊山，臨高，樂會。二縣廢：顔羅，容瓊。

舊崖州元領縣三：〔四二〕舍城，澄邁，文昌。三縣並屬瓊州。

州境：東西。缺。南北。缺。

四至八到：北至東京水陸七千五十里。東北至西京水陸七千四百三十里。西至長安水陸八千五十里。東至文昌縣極大海一百二十里。西至儋州五百里。南至萬安州五百里。北十五里極大海，泛大船，使西風，帆三日三夜，到地名崖門，從崖山門入小江，〔四三〕一日至新會縣，從新會縣入，或便風十日到廣州，路經黎磵州，皆海之險路，約風水爲程，如無西南風，無由渡海，卻迴船，本州石鑊水口駐泊，候次年中夏西南風至，方可行船。東南至大海一百七十一里。〔四四〕西北至舊崖州二百六十里。西南至舊振州四百五十里。

户：瓊州唐管户六百四十九。崖州唐管户六千六百四十六。皇朝兩州共管户三千五百一十五丁。户部牒不言户，只言丁。又别管蕃、蜑二坊户，在符江口東岸，不耕田，以捕魚爲業，官司亦差爲水工駕船。

風俗：有夷人，無城郭，殊異居，非譯語難辨其言。不知禮法，須以威伏，號曰生黎。巢居深洞，〔四五〕績木皮爲衣，以木棉爲毯。性好酒，每醖釀，用木皮草葉代麴糵，熟以竹筒吸之。打鼓吹笙以爲樂，男則髽首插梳，帶人齒爲瓔飾，好弓矢，削竹爲弦，箭鏃鋭而無羽。女人文領，穿耳垂環。病無藥餌，但烹犬羊祀神而已。

土產：瓊州出煎沈、黄熟等香，蘇木，蜜蠟，吉貝布，白藤，高良薑，益智子，乾栀皮。舊崖州出紫貝葉，真珠，金華，金有花綵者貢。金，碁子。又瓊崖州，〔四六〕有酒樹，似安石榴，其花著甕中即成美酒，醉人。

瓊山縣，舊一鄉，今三鄉。州所治。唐貞元七年省容瓊縣併入。

臨高縣，州東八十里。〔四七〕舊二鄉，今三鄉。本崖州平昌縣，唐開元元年改爲臨高。〔四八〕貞元七年割隸瓊州。

樂會縣，舊一鄉，今二鄉。唐貞觀元年先置瓊州，至顯慶五年方置此縣。

廢顏羅縣，廢容瓊縣，已上二縣，並唐時廢。按貞元七年合容瓊入瓊山爲一縣，又割崖州臨高縣以填闕額。其臨高在郡正東八十里。梁載言十道志有顏羅縣，無曾口，今二縣俱廢。

瓊山，陰陽山，連延水，龍眼水，以上郡内之山水。

容瓊洞，夷人居之。

舍城縣，舊崖州郭下縣。舊三鄉。漢瞫都縣地。〔四九〕隋舊縣。其崖、儋、振、瓊、萬安五州，都在海中洲之上，方千里，四面抵海。北渡海，揚帆一日一夜，至雷州。

澄邁縣，在舊崖州西九十里。舊四鄉，今三鄉。漢苟中縣地，隋置澄邁縣，以界内邁山爲名。〔五〇〕

文昌縣，在舊崖州東南一百四十里。元十二鄉，今二鄉。漢紫貝縣地，隋改爲平昌。唐貞觀元年改爲文昌縣，〔五一〕取偃武修文之意。已上三縣，舊崖州割到。

床栅山。

紫貝山，元屬紫貝縣。

玉陽山。

鄭彦瓊記：〔五二〕「山在古玳瑁縣。」已上舍城等三縣，今屬瓊州，山水隨之。

廢舊崖州，在瓊州東北二百六十里。本珠崖郡，理舍城縣。南裔蠻夷之地，州居南海之中。漢武帝元鼎六年，平呂嘉，開南海，置珠崖、儋耳二郡。崖岸之邊出真珠，故云珠崖。其土方千里，去雷州徐聞縣隔一小海，相望見崖，春秋便風，一日早過。漢時，郡縣吏卒多侵陵之，故率數歲一反。昭帝省儋耳，併珠崖郡。元帝用賈捐之言，乃棄之。唐武德四年平蕭銑，置崖州，領舍城、平昌、澄邁、顔羅、臨機五縣。貞觀元年置都督府，督崖、儋、振三州，其年改顔羅爲顔城，平昌爲文昌，三年割儋州屬廣府，五年又置瓊州，十三年廢瓊州，以臨機、容瓊、萬安三縣來屬。天寶元年改爲珠崖郡。乾元元年復爲崖州，在廣府東南。皇朝開寶五年平南越，卻廢崖州之域入瓊州。其俗以土爲金，器用瓠瓢，無水，人飲木汁，謂之木飲，州無馬與虎，有牛、羊、雞、犬。

新崖州

崖州，本振州也，即今隋臨振郡，又曰延德郡。唐武德五年置振州。天寶元年改爲臨振郡。乾元元年復爲振州。理寧遠縣。土地與珠崖郡同。皇朝開寶六年割舊崖州之地隸瓊州，卻改振州爲崖州。〔五三〕

領縣五：〔五四〕寧遠，延德，吉陽，臨川，落屯。

州境：東西。缺。南北。缺。

四至八到：北至東京七千六百八十五里。北至西京七千七百九十七里。北至長安八千六百六里。東至瓊州四百五十里。西南至大海一十五里。南至大海二十七里。西至儋州四百二十里。東至萬安州陵水縣一百六十里。

户：唐開元户八百一十九。皇朝户主三百四十，客一十一。

風俗：同瓊州。

土產：貢金。

寧遠縣，二鄉。漢臨振縣地，隋置。州所理。

延德縣，西四十里。二鄉。漢臨振縣地，隋置。

吉陽縣，東北九十里。二鄉。漢臨振縣地，唐貞觀二年分延德縣置。

臨川縣，東南八十里。二鄉。〔五五〕漢臨振縣地，隋置。

落屯縣，東北二百里。〔五六〕二鄉。

澄島山、〔五七〕澄浪牧、落澄山、織島山，下有黎水，〔五八〕落猿山，鐘延嶺，以上皆郡邑之山水。

萬安州

萬安州，萬安郡。今理萬寧縣。〔五九〕土地與珠崖郡同。唐龍朔二年分崖州之文昌縣置萬安州。開元九年移治于陵水縣。天寶元年改爲萬安郡。至德二年改爲萬全郡。乾元元年復爲萬安州。貞元元年以便百姓，移州于萬寧縣，〔六〇〕即今治也。

元領縣四。今二：萬寧，陵水。　二縣廢：富雲，博遼。

州境：東西三百八十四里。南北二百五十七里。

四至八到：北至東京水陸路七千三百里。西北至西京水陸路七千五百里。西北至長安水陸路八千五百里。東至海三十里。西北至崖州三百二十五里并陸路。〔六一〕南至海四十二里。北至瓊州四百五里。

户：唐舊户一百二十一。皇朝管户二百八十九。

風俗：女人以五色布爲帽，以斑布爲裙，似袋也，號曰「都籠」。以斑布爲衫，方五尺，當中心開孔，但容頭入，名曰「思便」。

土産：金。舊貢。

萬寧縣，舊二鄉，今一鄉。唐至德二年改爲萬全，後復舊。

陵水縣，西南二百里。今一鄉。

廢富雲縣。

廢博遼縣，唐末廢。

聲山，常有聲，如人言也。

赤土國，在州南渡海，便風十四日，經雞籠島，即至其國。亦海中之一洲。
丹丹國，振州東南舟行十日至。〔六三〕

卷一百六十九校勘記

〔一〕廢常樂州元領縣四　原校：「按國朝會要廉州石康縣注云『開寶五年廢常樂州，以博電、零緑、鹽場三縣地置』，九域志亦云以三縣地置石康縣，詳此，則常樂元領縣三，後改爲石康縣，今記爲元領縣四，以石康爲舊縣，恐誤。」

〔二〕極海岸與瓊州相對處四十里　「岸」，底本作「崖」，據萬本、庫本、嘉慶重修一統志卷四五〇廉州府引本書及傅校改。

〔三〕東北至鬱林州界三百四十里　「東北」，萬本、庫本皆作「東」，無「北」字。

〔四〕開元户三千一十二　「一」，萬本、中大本、庫本皆作「三」。按舊唐書卷四一地理志四云「天寶户三千三十二」，新唐書卷四三地理志七上記户數同，故傅校改「一」爲「三」。

〔五〕皇朝丁四千七百六十二　「六十二」，萬本、庫本皆作「十二」。

〔六〕在軍北七十里　「七十」，萬本作「七十五」；庫本作「四十」，疑誤。

〔七〕吴改名珠官晉又爲合浦郡　按宋書卷三八州郡志四合浦郡：「孫權黄武七年更名珠官，孫亮復舊。」輿地紀勝卷一二〇廉州總序引元和郡縣圖志云「黄武七年更名珠官郡，少帝改珠官郡爲合浦郡。」則非晉復合浦郡名。

〔八〕唐武德中置　萬本作「唐武德年分置」，中大本、庫本無「年」字，傅校改同。按舊唐書地理志四云「武德五年分置」，新唐書地理志七上同。

〔九〕人春穀　萬本、庫本同，嘉慶重修一統志廉州府引本書「人」上有「居」字。

〔一〇〕蘇磨嶠　「磨」，底本作「墓」，據萬本、中大本、庫本及傅校改。下同。

〔一一〕道里記　底本作「地志」，據萬本、中大本、庫本及傅校改。

〔一二〕孟嘗　「嘗」，底本作「常」，萬本、庫本同，據中大本及後漢書卷七六循吏列傳孟嘗改。下同。

〔一三〕隋平陳又爲合州　按隋書卷三一地理志下：「平陳，以此爲合州，置海康縣。」輿地紀勝卷一一八雷州總序同，此「合州」下當脱「置海康縣」四字。

〔一四〕俗于雷時具酒肴奠焉　萬本、庫本皆作「俗候雷時具酒肴奠焉」。按太平御覽卷一七二引投荒録作「俗俟雷時具酒肴設奠」。

〔一五〕通恩等州　萬本、庫本同，嘉慶重修一統志卷四五一雷州府引本書作「通恩廣等州」，此「恩」下蓋脱「廣」字。

〔一六〕開元户四千三百　「三」，萬本、中大本、庫本皆作「七」，傅校改同。按舊唐書地理志四云「天寶户四千三百二十，新唐書地理志七上記户數同。

〔一七〕皇朝户主一百一　「一百一」，萬本、庫本同，中大本作「一百」。

〔一八〕地濱炎海人惟夷獠多居欄　「炎」，底本作「邊」，萬本、庫本作「大」，據輿地紀勝、宋本方輿勝覽卷四二雷州、嘉慶重修一統志雷州府引本書改。「欄」，底本作「栅」，據萬本、庫本、輿地紀勝、宋方輿勝覽雷州引本書及傅校改。

〔一九〕舊齊鐵杷椹川二縣　舊唐書地理志四同。按隋書地理志下：「舊有椹縣，開皇十八年改爲椹川。」又云：「鐵杷，開皇十年置。」輿地廣記卷三七雷州云「隋鐵杷、椹川二縣」，輿地紀勝雷州亦云「開皇十一年於此置鐵杷縣」，則謂「齊鐵杷、椹川二縣」，恐誤。

〔二〇〕開寶五年併爲新福鄉　「鄉」，底本作「縣」，萬本、庫本同。按宋會要方域七之二一、輿地紀勝雷州引國朝會要皆云開寶四年廢遂溪縣入海康縣，元豐九域志卷九、宋史卷九〇地理志六皆謂開寶四年省遂溪、徐聞二縣入海康縣，並未併爲「新福縣」，嘉慶重修一統志雷州府引本書作「新海鄉」，則此「縣」爲「鄉」字之誤，據改。

〔二一〕隋置隋康縣　「隋置」，底本脱，萬本、庫本同，據舊唐書地理志四補。隋書地理志下隋康縣：「舊置齊康，置齊康郡。平陳，郡廢，縣改名焉。」可證隋改置隋康縣。

〔二二〕雷震破成水　「水」，底本作「山」，據萬本、庫本、輿地紀勝雷州、嘉慶重修一統志雷州府引本書改。宋本方輿勝覽謂「昔被雷震而有水」。

〔二三〕木豆　「木」，萬本、庫本及輿地紀勝雷州引本書同，中大本、嘉慶重修一統志雷州府引本書及輿地紀勝雷州引元和郡縣圖志作「米」，下同。

〔二四〕有木禾　「木」，底本作「大」，據萬本、庫本及山海經海内西經改。

〔二五〕以其人鏤離其耳爲名　「鏤」，底本作「鏤」，萬本、庫本同，據輿地紀勝卷一二五昌化軍引本書及山海經海内南經郭璞注改。

〔二六〕東至瓊州樂會縣界射狼山三百二十里　「界」，底本脱，據萬本、中大本、庫本及嘉慶重修一統志卷四五三瓊州府引本書補。

〔二七〕西北至大海八十五里　「西北」，萬本、庫本皆作「西南」。

〔二八〕上連耳匡　「匡」，底本作「作」，萬本、庫本作「斥」，據中大本及漢書卷六武帝紀顏師古注引張晏説、太平御覽卷一七二引張晏説改。

〔二九〕苔塘香　原校：「按十道四蕃志作占糖香。」

〔三〇〕漢儋耳縣　按輿地紀勝昌化軍宜倫縣序引本書作「本漢儋耳縣地」，此「縣」下脱「地」字。

〔三一〕漢九龍縣地　原校：「按元和郡縣志云『感恩，本漢『九説縣』，今記云九龍，又崖州舍城縣，元和志云『本瞫縣』，今記云潭都，漢既廢郡，地理志所不載，未知孰是。」按輿地紀勝昌化軍感恩縣序引元和郡縣圖志作「九龍」，作「九説」誤。

〔三二〕漢儋耳縣　按輿地紀勝昌化軍引元和郡縣圖志云「本漢儋耳縣地」，此「縣」下脱「地」字。

〔三三〕富羅縣　「羅」，底本作「樂」，萬本同，據舊唐書地理志四、新唐書地理志七上、輿地紀勝昌化軍引元和郡縣圖志改。

〔三四〕山頂有蟲似伏蟲　「頂」，底本作「嶺」，據萬本、庫本、嘉慶重修一統志卷四五二瓊州府引本書、傅校及輿地紀勝昌化軍引方輿記改。

〔三五〕冬則沸熱　「熱」，底本作「温」，據萬本、庫本及輿地紀勝、宋本方輿勝覽卷四三昌化軍引本書改。

〔三六〕側有橘柚甘香云不可攜去　萬本、庫本作「側有橘柚甘香之果，或攜去」，輿地紀勝昌化軍作「側有橘柚甘香，食之即可，攜去即黑霧暴風駭人」。

〔三七〕滔沿井至于倫水得之　「沿」，底本作「浴」，據萬本、庫本、輿地紀勝昌化軍、嘉慶重修一統志卷四五二瓊州府引本書及傅校改。下同。「得之」，底本作「流出」，萬本、庫本作「得」，據輿地紀勝、嘉慶重修一統志引本書改。

〔三八〕尋復置瓊州　「置」，底本脱，據萬本、庫本及舊唐書地理志四補。

〔三九〕乾封元年至崖州刺史張少逸　「乾封元年」，資治通鑑卷二三三貞元五年、唐會要卷七一州縣改置下皆作「乾封中」;「張少逸」,唐會要同,資治通鑑作「張少遷」。

〔四〇〕請升爲下都督府　「爲」,底本作「于」,萬本、庫本同,據輿地紀勝卷一二四瓊州總序引本書及舊唐書地理志四改。

〔四一〕開寶四年平南越割崖州之地屬瓊州　輿地紀勝瓊州總序引本書云「開寶五年割崖州之地入瓊州」。按續資治通鑑長編卷一二:開寶四年二月平南漢,四月「以嶺南儋、崖、振、萬安等四州隸瓊州。」則本書是。

〔四二〕舊崖州元領縣三　「元」,底本無,據萬本、中大本、庫本及傅校補。

〔四三〕從崖山門入小江　「崖山門」,萬本、庫本皆作「崖門山」。

〔四四〕東南至大海一百七十一里　後「一」字,底本脱,據萬本、中大本及傅校補。

〔四五〕巢居深洞　「深洞」,底本作「洞深」,庫本同,據萬本及輿地紀勝、宋本方輿勝覽卷四三瓊州引本書乙正。

〔四六〕瓊崖州　「瓊」,庫本同,萬本作「舊」。按宋本方輿勝覽瓊州記:崖州「以安石榴花着釜中,經旬即成酒,其味香美,仍醉人。」此「瓊」蓋爲衍字。

〔四七〕州東八十里　元豐九域志、輿地紀勝瓊州載:臨高縣,「州西一百二十里。」按瓊州治瓊山縣,在今海南瓊山市南,臨高縣在今縣東,位於瓊州之西,此方位里數蓋誤。

〔四八〕本崖州平昌縣唐開元元年改爲臨高　按輿地紀勝瓊州引元和郡縣圖志云「武德五年分平昌縣置臨機縣，新唐書地理志七上臨高縣：「本臨機，隸崖州，貞觀五年來屬，州没隸崖州。開元元年更名。」皆與此説不同。

〔四九〕瞫都縣　「瞫」，底本作「潭」，萬本、庫本同，據漢書卷六武帝紀顔師古注引茂陵書改。

〔五〇〕以界内邁山爲名　輿地紀勝瓊州引本書：「以界内澄邁山爲名。」又載：「澄邁山，在本縣。」輿地廣記卷三七瓊州澄邁縣：「有澄邁山。」此脱「澄」字。

〔五一〕隋改爲平昌唐貞觀元年改爲文昌縣　原校：「按隋書地理志，珠崖郡領縣十，無平昌縣，而舊唐書地理志云：『武德五年置平昌縣，貞觀元年改爲文昌。』新唐志亦同，今記謂『隋改爲平昌』，恐誤。

〔五二〕鄭彦瓊記　「記」，底本脱，萬本、庫本同，據輿地紀勝瓊州引本書補。

〔五三〕開寶六年割舊崖州之地隸瓊州卻改振州爲崖州　按續資治通鑑長編卷一二：開寶四年四月，「以嶺南儋、崖、振、萬安等四州隸瓊州。」同書卷一三：開寶五年六月，「徙崖州於振州，遂廢振州。」宋會要方域七之二四：「振州，開寶五年改崖州。」此云「六年」誤。

〔五四〕領縣五　萬本、庫本「領」上皆有「元」字。

〔五五〕二鄉　底本脱，據萬本、庫本及傅校補。

〔五六〕東北二百里 「百」，底本作「十」，據萬本、中大本、庫本及嘉慶重修一統志卷四五三瓊州府引本書改。

〔五七〕澄島山 「澄島」，底本作「落島」，庫本作「落島」，據萬本、輿地紀勝卷一二七、宋本方輿勝覽卷四三吉陽軍及嘉慶重修一統志卷四五二瓊州府引本書改。

〔五八〕織島山下有黎水 「織」，萬本、庫本同，中大本作「澄」，傅校改同。「下」，萬本、庫本無。按輿地紀勝吉陽軍引本書有育黎山，此或誤或脱，待考。

〔五九〕萬寧縣 萬本同，中大本、庫本作「萬安縣」。按輿地廣記卷三七萬安軍治萬寧縣：云本萬安，唐貞觀五年析文昌縣置，至德二年曰萬全縣，「後復故名，皇朝改爲萬寧。」則唐名萬安，宋名萬寧。

〔六〇〕貞元元年以便百姓移州于萬寧縣 新唐書地理志七上萬安州：「貞元元年復治萬全。」按唐貞觀時名萬安縣，至德時改名萬全縣，後復名萬安縣，北宋改名萬寧縣，貞元初萬安州治於萬全縣，此作「萬寧縣」，不確。

〔六一〕西北至崖州三百二十五里并陸路 萬本、庫本皆無「五」字。

〔六二〕振州東南行十日至 按輿地紀勝卷一二六萬安軍引本書云：陵栱水，「在陵水縣東北十五里。」此當脱載，今附録於此。

太平寰宇記卷之一百七十

嶺南道十四

交州　**峯州**

交州

交州，今理宋平縣。古越地。禹貢揚州之裔土，號爲百越。在周爲越裳重譯之地。秦屬象郡。漢交趾、日南二郡。史記云：「始皇南取百越，以爲桂林、象郡。」是也。趙佗王南越，地又屬焉。元鼎六年定越，以爲南海、蒼梧、鬱林、合浦、交趾、九真、日南、珠崖、儋耳九郡。元封五年置交州刺史以部之，〔一〕不稱州者，蓋别於十二州也。按交趾之稱，今南方夷人，其足大指開廣，若並足而立，其指相交。後漢因之，兼置交州領郡，理于此。又吴志：「吕岱爲交州刺史。到州，高涼賊帥錢博乞降，岱因承制，以博爲高涼西部都尉。多送金銀贖其罪。又鬱林夷賊攻圍郡縣，岱討破之。時桂陽、湞陽、〔二〕中宿、屬湘州始興郡也。臨賀、荔浦、馮乘、謝沐諸城賊王金、黃肅、梅伊、梅常、陳尤等尋復蜂起，〔三〕陸掠州郡。權又詔令岱討之。岱自討金，將軍曹枉、翟陽討尤，遂生縛金等斬之，〔四〕獲萬餘人。後岱遷安南將軍，假節，加鼓吹，封都鄉侯。黃武五年，吳王以交趾懸遠，乃分爲兩州，割合浦以北海東四郡立廣州，呂岱爲刺史，割交趾以南分海南三郡，〔五〕□徽爲安遠將軍，〔六〕領九真太守，以校尉陳時代燮爲交趾。岱留海南，徽不承制，興兵戍海口。岱上疏請討徽，督兵三千，晝夜浮海以襲之。徽聞岱至，震怖，不知所出，即率六人肉袒迎岱。岱擁節讀詔書，數徽罪而斬之。赤烏二年，將軍蔣秘南討夷賊，秘所領都督廖式殺臨賀太守嚴綱，自號平南將軍，與弟潛共攻零陵、桂陽，搖動交州蒼梧、鬱林諸郡。岱時領荆州，自表輒行，星夜兼進。權拜岱爲交州牧，遣唐咨等絡繹相繼，攻討歲餘破之。」又豫章熊睦爲廣州刺史，開桂林、高興二郡，陳襲以其交州印綬，自南海還治龍編，加安南將軍，今交州也。晉書云：「太康中，交趾徙理龍編，領郡七。」宋領郡五，〔七〕齊領郡九，皆理于此。迨宋置宋平郡，齊因之，亦爲交州郡地。〔八〕梁、陳因之。隋平陳，廢郡，置交州。煬帝初廢，置交趾郡。〔九〕唐武德五年改爲交州總管府，管交、峯、愛、仙、鳶、宋、慈、險、道、龍十州，其交州領交趾、懷德、南定、平道四縣；〔一〇〕其年又置玉州，〔一一〕隸交府；六年，澄、慈、道、宋並加「南」字，又改南道州爲仙州。

貞觀元年省南宋州以宋平縣，省南隆州以陸平縣，〔一二〕省鳶州以朱鳶縣，省龍州以龍編縣，並隸交府，仍省懷德縣及南慈州；二年廢玉州入欽州；十年廢仙州，以平道縣來屬。今督交、峯、愛、驩四州。調露元年八月改交州都督府爲安南都護府。至德二年改爲鎮南都護府，兼置節度。大曆三年罷節度府，置經略，仍改鎮南爲安南。

元領縣七：〔一三〕宋平，朱鳶，龍編，交趾，武平，平道，南定。〔一四〕

四至八到：北至東京。缺。北至西京陸路六千七百八十里。北至長安陸路七千四百五十里。東至大海水路約四百里。〔一五〕西至姚州水陸相兼約二千里。東至朱鳶縣界小黄江口水路五百三十里。〔一六〕南至朱鳶縣界何勞江口水路五百四十九里。〔一七〕西至愛州界小乍口水路四百一十六里。北至武平縣界武定江源二百五十二里。東北至新崖州水路五百里。西北至愛州陸路五百里。西北至岑州陸路一百三十里。西北至峯州嘉寧縣界漏江口水陸一百五十里。〔一八〕西南至長州文陽縣界靖江鎮一百五十里。

户：唐開元户二萬四千二百三十二。

風俗：有蠻夷之風。漢書云：「民皆服布如單被，穿中央爲貫頭。兵則矛、盾、刀，木弓弩，竹矢，或骨爲鏃。自初爲郡縣，吏卒中國人多侵陵之，故率數歲一反。元帝時，遂罷棄之。」又南中八郡志曰：「土人待婚族好客必先進檳榔，若邂逅不設，用相嫌恨。」又交州記云：「南定縣人足骨無節，身有毛，卧者更扶始得起，故曰交趾。」山海經曰：「交脛國人脚脛曲戾相交，所以謂之交趾。」朱鳶俗尚琴瑟，古風也。索婦之人未婚前，先送檳榔一盤，女食盡，則成親。又烏滸人生長子食之，〔一九〕曰宜弟。

土産：檳榔，貢。〔二〇〕翡翠毛，孔雀毛，蚺蛇膽，鸚鵡，蕉布，犀角，龍花蕊，黄屑，他綸木，〔二一〕由梧竹，〔二二〕花布，紫鉚，蟻窠內生，入貢。鉚同鏐。〔二三〕甘藷，似芋，剥去皮，肉肥白。〔二四〕南方以當米穀，賓客亦設之。出交趾。檳榔，樹如椶櫚，高七八丈，無枝柯，上有十許葉。正月結房，一房二百餘子。花甚香，每生即落一籜，籜堪爲扇。至五月熟，大如雞子，以海蠡殼燒作灰，名曰拾奔，〔二五〕共扶留藤葉和而嚼之，甚美，除口氣，令人齒黑，故南中有黑齒之俗。椰子，樹似檳榔而高大，葉長大無陰。〔二六〕結實，房生三十餘子，似瓜，其殼中有肉如熊白，味似胡桃，内有漿一升，清如水，甘如蜜，飲之愈疾。堪爲酒器，皮堪縛船。人面木，春花，夏實，秋熟，皮味甜酸，實有核如胡桃，兩邊如人面。龍眼木，果大如彈丸，食之甘。桄榔木，似椶櫚，心中出麪。益智子，子似廉薑，香如荳蔻。珊瑚，吴録云：「交州漲海中有珊瑚，以鐵網取之。」鼓，南越志云：「順帝永和二年，周敞爲交州刺史，採龍山之木爲州門鼓，下分一鼓給桂林郡，上分一鼓給交趾郡。雖根幹異器，杪末同歸，故擊一鼓，則二鼓皆鳴，所謂叩宮而商應。」鳥王，似鵲，色異，衆鳥從之，採蟲以給。白猴，梁天監起居注云：「交州刺史阮表言，林邑王范鑽云晝覲望天風，知中國有聖主，臣乞内附爲臣，兼獻白猴一頭。」鮫魚，狀如團扇，口在腹下，而尾門有刺，傷人甚毒，皮可爲刀鞘。鰐魚，解見前。〔二七〕鱟魚，形如惠文冠，〔二八〕青黑色，十三足，似蟹，長六寸。腹中有子如麻子，取以爲醬尤美。行失雌雄即死。猩猩。按交州界内有吴武平郡封溪縣有獸名猩猩，能言，嗜酒，形如狗，人面，聲如小兒啼。淮南子云：「猩猩知往。」謂知人家往事及前祖名號。在山谷中行無常路，百數爲羣，土人以酒若糟設于路側，〔二九〕又喜著屩子，土人織草爲屩子，數十兩相連結，猩猩見酒及屩，知是有人張者，即知張者之人祖先名字，即呼其張者名字而罵曰：〔三〇〕「奴欲張我。」捨之而去，去而又還相呼，試共嘗酒，初嘗少許，又取屩子著之，若進兩三斗便大醉，人出收之。既醉，且屩子相連綴，不得去，執還内牢中。人欲殺者，到牢邊語曰：「猩猩，汝可自相推肥者出之。」既擇肥，竟相對而泣。〔三一〕又云昔人以猩猩餉封溪令，令問餉何物，猩猩自于籠中曰：「但有酒及僕耳、無他飲食。」音聲妙麗如婦人。其肉甚美，可斷穀不厭也。斗音升。〔三二〕

宋平縣，十一鄉。漢西捲縣地，屬日南郡。自漢至晉，猶爲西捲縣。宋置宋平郡及宋平縣。隋平陳，置交州。煬帝改爲交趾郡。漢交州刺史理龍編。〔三三〕唐立交州都護，統制諸蠻。其海南諸國，大抵在交州南及西南，〔三四〕居大海中洲上，相去或三五百里，或三五千里，遠者二三萬里。乘船舉帆，道理不可詳知。自漢武以來朝貢，必由交趾之道。〔三五〕唐武德四年于宋平縣置宋州，領宋平、弘教、南定三縣，五年又分宋平置交趾、懷德二縣，六年宋州加「南」字。貞觀元年廢南宋州，以弘教、懷德、交趾三縣省入宋平縣，移交趾縣名于漢故交趾城置，以宋平、南定二縣屬交州。

泥黎城。劉欣期交州記云：「其城在定安縣東南，隔水七里。阿育王所造塔、講堂尚在，有採薪者時見金像。」

朱鳶縣，東南五十里。八鄉。漢縣名，屬交趾郡。今縣，吴軍平縣地。舊置武平郡。〔三六〕

朱鳶水。南越志云：「馬援昔鑄銅船于此以濟海，既歸，以付程安令沈于渚。天晴水澄，往往見船樓上但有四五寸水，不知其幾十丈。」

龍編縣，東南四十五里。十鄉。〔三七〕漢交趾郡守治羸𨻻。後漢周敞爲交趾太守，乃移治龍編。言立城之始，有蛟龍蟠編于江津之間，因爲城名。唐武德四年于縣置龍州，領龍編、武寧、平樂縣三縣。〔三八〕貞觀初廢龍州，以武寧、平樂縣入龍編，割屬仙州；十二年廢仙州，〔三九〕以龍編屬交州。

佛跡山。

烏延水。

朱鳶江。盧循之寇交州，刺史杜慧度率軍水步，晨出南津，以火箭攻之，燒其船艦，一時潰散，循赴水死，〔四〇〕即此也。

交州故城東有古井，井闊五尺，深七尺，故老云此井自然，非人穿鑿。其冬夏未嘗減數，水減則百姓飢饉，〔四一〕水盈則豐稔也。

萬春臺。故老云大同六年，交趾李賁竊號，作此臺。

石九子母祠。交趾記云：「石九子母者，坐高七尺，在今州寺中。九子悉附于石體，傳云浮海而至，士庶禱祀，求子多驗，于今不絶。」

交趾縣，西北七十里。〔四二〕十鄉。漢交趾郡之羸𨻻羸𨻻，音蓮樓。〔四三〕縣地，〔四四〕隋爲交趾縣，取漢郡名。唐武德四年置慈州，領慈廉、烏延、武立三縣，六年改爲南慈州。貞觀初州廢，三縣併入交趾。

樓山。

引山。

烏延水。

安陽王故城。南越志云：「交趾之地，最爲膏腴。有君長曰雄王，其佐曰雄侯，其地爲雄田。後蜀王子將兵討取之，因爲安陽王，治交趾。尉佗興軍攻之。安陽王有神人曰皋通輔佐之，造弩一張，一放殺越軍萬人，三放殺三萬人。佗知其故，便卻壘息卒，還戍武寧，乃遣其次子始爲質，請通好焉。後安陽王遇皋通不厚，皋通去之。安陽王之女曰媚珠，見始風姿閑美，遂私焉。始後誘媚珠求看神弩，請觀其妙，媚珠示之。因毁其機，即馳使報佗，佗復興師襲之，軍至，安陽王又如初放弩，弩散，衆皆奔散，〔四五〕遂破之。安陽王御生文犀入水走，水爲之開。」抱朴子云：「通天犀一尺以上刻爲魚形，御以入水，水嘗開三尺。故神弩之事，出于南越也。」

慈廉江，昔有李祖仁居此，兄弟十人並慈孝廉讓，因此名江。

武平縣，東北九十里。〔四六〕二鄉。吴置武平郡。隋爲縣。本後漢封溪縣，建武中，麊音縻。〔四七〕泠縣女子徵側叛，攻陷交趾，馬援率師討，三年方平。光武乃增置望海、封溪二縣，即此。隋曰龍平。〔四八〕唐武德四年改爲武平縣焉。

龍穴山。交趾記云：「武平縣有南嶺，有大蛇。永和九年，始興人袁勛□永興□過此嶺，〔四九〕見蛇出，腹如數十間屋狀，目如車輪黑色。太和三年，嶺人見蛇死于穴中，有大蛇皮，又得石鍾乳，不敢入，莫究其源。又云蚺蛇出南方，形長數丈，吞鹿率至角上，伺肉消爛乃噍。獠人啖之，其膏膽治百病。」

漏江，至武平縣，改爲武平水，西北自隆平縣流入。

平道縣，東南六十里。〔五〇〕四鄉。漢封溪縣地，南齊置昌國。南越志云：「交趾之地，最爲膏腴。舊有君長曰雄王，其佐曰雄侯，以其田曰雄田。後蜀王之子將兵三萬討雄王，滅之。蜀以其子爲安陽王，治交趾。其國城，在今平道縣東。其城九重，周九里，士庶蕃阜。尉佗在番禺，遣兵攻之。王有神弩，一發殺越軍萬人，佗乃與之和，仍以子始爲質。安陽王以女媚珠妻之，子始將神弩毁之。越兵至，乃殺安陽王，兼其地。」唐武德四年于縣置道州，領平道、昌國、武平三縣；六年改爲南道州，又改爲仙州。貞觀十年廢仙州，以昌國入平道，屬交州。

仙山。古老云昔有人入此山伐木，值仙人于鬼目樹下圍碁，其樹根盤今猶在焉。

南定縣，西南六十里。〔五一〕二鄉。漢日南郡西捲縣地。

正覺山。

東究山。

不慮山。

浮石山。交州記云：〔五二〕「海中有浮石山，峙而高數十丈，去永平營百餘里，浮在水上。」

銅隄江，十字江，蘇歷江，真義江，交村江，雙溪，武牢溪，以上皆郡之山水名。

峯州

峯州，承化郡。今理嘉寧縣。古文狼國，有文狼水，亦陸梁地。秦屬象郡。二漢屬交趾郡。吴分置新興郡。晉武改爲新昌郡。宋、齊因之。陳兼置興州。隋平陳，郡廢，改爲峯州。煬帝初州廢，併入交趾郡。唐武德四年復置峯州，領嘉寧、新昌、安仁、竹輅、石隄、封溪六縣。貞觀元年廢石隄、封溪入嘉寧，竹輅入新昌。天寶元年改爲承化郡。乾元元年復爲峯州。

領縣五：〔五三〕嘉寧，新昌，承化，嵩山，〔五四〕珠緑。

四至八到：北至西京六千八百四十五里。北至長安七千一百五里。東南至安南府陸路一百三十里。西北沿西道江至古勇步約八十里，至八平城約一千二百里，〔五五〕至桃州二千里。

户：唐開元户一千九百二十。

風俗：文狼城，在新昌縣。林邑記云：「蒼梧以南有文狼人，野居無室宅，依樹止宿，漁食生肉，採香爲業，與人交市，若上皇之民。」此蓋其地因以名也。

土産：荳蔻，貢。蚺蛇膽，銀，大竹。按南中八郡志：「龕泠縣有竹，大數圍，實中，作屋梁柱，覆之即當瓦，可庇風雨。」

嘉寧縣，五鄉。州所理。漢龕泠縣地，屬交趾郡。龕泠，古文狼夷之地。

繖圍山。〔五六〕

封山。

若耶溪，源出嘉寧縣西南。

新昌縣，一鄉。漢麊泠縣地。後漢朱鳶人詩索以麊泠雒將之女徵側爲妻，側爲人膽勇有智謀，乃與詩等共起兵，攻掠郡縣。于是雒將皆屬之，集六十五城，自稱爲王，治麊泠縣。後漢馬援傳云：「交趾女子徵側及女弟徵貳反，詔援討之，乃奔金溪穴中。二年乃得悉定。」郡縣即此其地也。

文牛山。

薛蘿溪水。〔五七〕

承化縣，西北五里。一鄉。漢麊泠縣地。

可瀨山。〔五八〕

仙頒山。

嵩山縣。

茂嘉山。

珠綠縣。按貞元錄只有嘉寧、永化二縣。通典、開元錄又有新昌。其餘未詳所置。

卷一百七十校勘記

〔一〕元封五年置交州刺史以部之　按漢元封五年置交趾刺史部，至東漢建武十八年後交趾改稱交州，此云西漢元封五年始置稱交州，不確。

〔二〕桂陽湞陽　「桂」，底本作「杜」，萬本、庫本同，「湞」，底本作「湞」，萬本、庫本作「須」，皆據中大本及三國志卷六〇吴書吕岱傳改。

〔三〕謝沐　「沐」，底本作「水」，萬本、庫本作「木」，據中大本及漢書卷二八地理志下、續漢書郡國志五、晉書卷一五地理志下改。

〔四〕岱自討金將軍曹枉翟陽討尤遂生縛金等斬之　「岱自討金將軍曹枉翟陽討尤」，萬本、庫本作「岱自將曹枉翟陽討之」，「縛」，底本作「獲」，據萬本、庫本、傅校及三國志吴書吕岱傳改。

〔五〕割交趾以南分海南三郡　按三國志吴書吕岱傳：「岱表分海南三郡爲交州，以將軍戴良爲刺史，海東四郡爲廣州，岱自爲刺史。」此「海南三郡」下當脱「爲交州，以將軍戴良爲刺史」十一字。

〔六〕□徽爲安遠將軍　按三國志吴書吕岱傳：「交阯太守士燮卒，權以燮子徽爲安遠將軍，領九真太守，以校尉陳時代燮。」此處當有脱誤。

〔七〕宋領郡五　校宋書卷三八州郡四，交州領郡八，數之祗交阯、武平、九真、九德、日南、義昌、宋平七郡，據南齊書卷一四州郡志上，脱新昌郡。

〔八〕亦爲交州郡地　按晉書地理志下、宋書州郡志四、南齊書州郡志上，交州治交阯郡，此「交州」爲「交趾」之誤。

〔九〕交趾郡　「趾」，底本作「州」，萬本、庫本同。按隋書卷三一地理志下宋平：「大業初置交趾郡。」舊唐書卷四一地理志四安南都督府：「隋交趾郡。」宋平縣：「隋平陳，置交州，煬帝改爲交趾。」此「州」爲「趾」字之誤，據改。

〔一〇〕平道　按舊唐書地理志四安南都督府總序作「宋平」。新唐書卷四三地理志七上宋平縣：「武德五年隸交州。」平道縣：貞觀十年仙州廢，「以平道來屬（交州）」。則此「平道」爲「宋平」之誤。

〔一一〕其年又置玉州　原校：「按新唐書地理志云：『陸州，本玉山州。』今記云玉州，當是省文。」

〔一二〕省南隆州以陸平縣　「陸平縣」，舊唐書地理志四同。按元和郡縣圖志卷三八交州太平縣：「隋開皇十年分武平置隆平縣，開元二年改名太平。」新唐書地理志七上：太平縣，本隆平，武德四年置，以縣置隆州，六年曰南隆州，貞觀元年州廢，「隆平來屬，先天元年更名。」隆平縣設置與改名年代，二書記載年代不一，但先天或開元以前爲隆平縣，屬南隆州，它書亦無「陸平縣」之記載，此「陸平」蓋爲「隆平」之誤。

〔一三〕元領縣七　「元」，底本無，據萬本、庫本及傳校補。

〔一四〕南定　萬本此下注：「按唐書地理志，縣八，有太平一縣。」按元和郡縣圖志卷三八安南府領縣八，亦有太平縣。

〔一五〕東至大海水路約四百里　「路」，萬本、庫本皆作「陸」。

〔一六〕東至朱鳶縣界小黄江口水路五百三十里　萬本、中大本皆無「十」字。通典卷一八四州郡一四：安南都護府，「東至朱鳶縣界水路五百里。」此「十」字衍。

〔一七〕南至朱鳶縣何勞江口水路五百四十九里　「四十九」，底本作「五十」，據萬本、中大本、庫本、通典州郡一四、舊唐書地理志四及傅校改。

〔一八〕漏江口　「漏」，庫本同，萬本作「滿」。按舊唐書地理志四作「論」，此「漏」蓋爲「論」字之誤。

〔一九〕烏滸人生長子食之　「生長子」，萬本作「初生子」。按後漢書卷八六南蠻傳：「噉人國，生首子輒解而食之，謂之宜弟。」太平御覽卷七八六四夷部七烏滸下引同，則二者皆是。

〔二〇〕檳榔貢　萬本、庫本無「貢」字。按新唐書地理志七上安南都護府貢檳榔，疑萬本、庫本誤。

〔二一〕他綸木　「綸」，底本作「羅」，萬本作「倫」，據庫本、本書卷一七一驩州越裳縣載及傅校改。

〔二二〕由梧竹　「由」，底本作「申」，據萬本、庫本及太平御覽卷九六三引南方草木狀、傅校改。

〔二三〕紫銔至銔同鏐　「銔」，萬本、庫本皆作「緋」，無「銔同鏐」三字。

〔二四〕肉肥白　萬本、庫本作「内肥肉」。按藝文類聚卷八七作「肥肉白」，汪紹楹校：「肥作肌。」太平御覽卷九七四引陳祈異物志作「肌肉正白」。此疑脱「肌」字，「肥」字衍。

〔二五〕拾奔　「拾」，萬本、庫本皆作「蛤」，傅校改同。原校：「按太平御覽載雲南記云：『海螺殼燒作灰，名曰蛤奔灰。』今作『捨奔』，未知孰是。」按太平御覽卷九七一引雲南記作「奔蛤灰」，蓋此誤脱。

〔二六〕葉長大無陰　庫本同，太平御覽卷九七二引左思吴都賦作「椰葉無蔭」，此「陰」蓋爲「蔭」字之誤。萬本作「花」，誤。

〔二七〕解見前　萬本無此三字，作「狀如鼉，四足，身長四尺，齒如鋸，食人。岸下爲窠，生卵如鵝子大。死後骨已枯，齒落更生」，傅校改同。庫本同，惟「身長四尺」作「身長二丈，口長四尺」，「岸下」作「岸上」。

〔二八〕形如惠文冠　「形」，底本脱，據萬本、庫本及傅校補。

〔二九〕土人以酒若糟設于路側　「設」，底本作「投」，據萬本、庫本及傅校改。

〔三〇〕即知張者之人祖先名字即呼其張者名字而罵曰　萬本、庫本無「之人」二字，「祖先」作「先祖」，「即」作「乃」，無後文「張者」二字，傅校删改同。

〔三一〕竟相對而泣　「對」，底本作「呼」，據萬本、庫本及傅校改。

〔三二〕斗音升　萬本、庫本皆無此三字，傅校删，蓋非樂史原文。

〔三三〕漢交州刺史理龍編　「州」，萬本、中大本、庫本皆作「趾」。按漢置交趾刺史，無理所，東漢建武十八年後改稱交州刺史，治龍編，此處有誤。舊唐書地理志四：「煬帝改爲交趾，刺史治龍編。」則此「漢交州」三字疑衍。

〔三四〕交州　「州」，底本作「趾」，據萬本、中大本、庫本、傅校及舊唐書地理志四改。

〔三五〕必由交趾之道　「必」，底本作「皆」，據萬本、庫本及舊唐書地理志四改。

〔三六〕漢縣名至舊置武平郡　同舊唐書地理志四。萬本無此文，而作「屬交趾郡，至齊不改。唐武德四於此置鳶州。貞觀九年廢，縣屬交州。」按元和郡縣圖志安南府、新唐書地理志七上皆不載「屬交趾郡，至齊不改」，「貞觀九年」作「貞觀元年」，萬本誤。

〔三七〕十鄉　「十」，底本作「二」，據萬本、中大本、庫本及傅校改。

〔三八〕平樂縣　「樂」，底本脱，萬本、庫本同，據舊唐書地理志四、新唐書地理志七上、輿地廣記卷三八補。下同。

〔三九〕十二年　按舊唐書地理志四、新唐書地理志七上皆作「十年」，疑此「二」字衍。

〔四〇〕循赴水死　庫本同，萬本作「循亦中矢，赴水而死」，同元和郡縣圖志安南府。

〔四一〕其冬夏未嘗減數水減則百姓飢饉　「數」，傅校作「若」，則連下文讀。萬本作「其冬夏味常不鹹，若水鹹則百姓饑饉」，庫本二「鹹」字作「減」，恐誤。

〔四二〕西北七十里　按元和郡縣圖志安南府交趾縣：「東南至府一十五里。」此里數有疑。

〔四三〕羸𨻻音蓮樓　底本繫於上條石九子母祠文末「于今不絶」下，據萬本、傅校及元和郡縣圖志安南乙正。

〔四四〕漢交趾郡之羸𨻻縣地　「地」，底本作「也」，據萬本、庫本及舊唐書地理志四改。
〔四五〕衆皆奔散　「奔散」，萬本、庫本皆作「崩潰」。
〔四六〕東北九十里　按元和郡縣圖志安南府武平縣：「西南至府九十里。」讀史方輿紀要卷一一二交州府謂「在府西北」，皆與此別。
〔四七〕音麋　萬本、庫本皆無此二字，傅校删，蓋非樂史原文。
〔四八〕隋曰龍平　隋書地理志下：隆平縣，舊曰武平，「開皇十八年改名焉。」舊唐書地理志四：武平縣，「隋曰隆平。」此作「龍平」，避唐玄宗李隆基諱，元和郡縣圖志避諱，改作「崇平」。
〔四九〕始興人袁勛□永興□過此嶺　萬本、庫本皆無「□永興□」四字。
〔五〇〕東南六十里　按元和郡縣圖志安南府平道縣：「西北至府五十里。」讀史方輿紀要交州府：「平道城在府西北。」皆與此別。
〔五一〕西南六十里　按讀史方輿紀要交州府：「南定城在府東北。」與此別。
〔五二〕交州記　「州」，底本作「趾」，據萬本、中大本、庫本及太平御覽卷四九改。
〔五三〕領縣五　萬本、庫本「領」上皆有「元」字。
〔五四〕嵩山　「嵩」，通典州郡一四、舊唐書地理志四同，新唐書地理志七上作「高」。下同。
〔五五〕至八平城約一千二百里　「二」，底本作「三」，據萬本、中大本、庫本及傅校改。

〔五六〕纖圍山　「圍」，底本作「圓」，據萬本、庫本及傅校改。

〔五七〕薛蘿溪水　萬本、庫本皆作「薛蘿水」。

〔五八〕可瀨山　萬本、庫本皆作「可瀨水山」。

太平寰宇記卷之一百七十一

嶺南道十五

愛州　驩州　陸州　福禄州　長州　武峩州　粤州
芝州　湯州　演州　林州　景州　籠州　環州
德化州　郎茫州　龍武州

愛州

愛州，九真郡。今理九真縣。秦象郡地，漢武帝置九真郡。後漢至宋、齊皆因之。梁置愛州。隋爲九真郡。唐武德五年復爲愛州，領九真、松源、楊山、安預四縣，〔一〕又於州界分置積、順、安、永、胥、前真、山七州；七年改永州爲都州；九年改積州爲南陵州。貞觀初廢都、前真、胥三州入南陵州，又廢安州以隆安縣，廢山州以建初縣，並屬愛州，又廢楊山、安預二縣入九真縣，〔二〕改南陵州復爲真州；八年廢建初入隆安；九年廢松源入九真；十年廢真州，以胥浦、軍安、日南、移風四縣屬愛州。天寶元年改爲九真郡。乾元元年復爲愛州。南與日南接界，西接牂柯界，北與巴蜀接，東北與鬱林州接，皆山險溪洞所居。

元領縣六：〔三〕九真，安順，崇平，日南，無編，軍寧。

四至八到：北至東京。缺。北至西京陸路一萬一千四百里。北至長安陸路一萬二千里。東至海陸路一百四十里。東至演州陸路二百五十里。〔四〕西至生獠界水路一百九十里。北至生獠界陸路三百里。東北至交州五百里，水路七百里。

户：唐開元户一萬四千七百。

風俗：同交州。

土産：蠶，一歲八績。稻，再熟。多温風，貢孔雀。

九真縣，九鄉。漢武帝開置九真郡，治胥浦縣，領居風、都龐、餘發、咸驩、無切、無編等七縣。今九真縣，即漢居風縣地，吴改爲移風。隋分置九真縣，〔五〕州所理。

安鎮山。

佛跡山。

松源山。

弼水。

安順縣，東南九里。九鄉。隋舊縣，唐武德五年置順州，又分置東河、建昌、邊河三縣，並屬順州。貞觀元年州廢，及三縣皆併入安順，屬愛州。

淳岳山。

路縵山。

崇平縣，南三十里。五鄉。隋隆安縣，唐武德五年于縣置安州及山州，又分隆安立教山、建道、都握三縣，並屬安州；又置崗山、真潤、古安、西安、建初五縣，〔六〕屬山州。貞觀元年廢安州及三縣，又廢山州及五縣，以隆安隸愛州，先天元年改爲崇安。〔七〕至德二年改爲崇平。

日南縣，東北二百二十里。四鄉。漢居風縣地。縣界有居風山，山有風門，常有風。其山出金牛，往往夜見，照耀十里。隋改爲日南縣。

鑿山，一名九真山。

古縵山。〔八〕

無編縣，未詳里數。三鄉。漢舊縣，屬九真郡。又有漢西于縣，故城在今縣東。

軍寧縣，西北二十一里。五鄉。隋軍安縣，唐武德五年于縣界置永州，七年改爲都州。貞觀元年改爲前真州，十年改屬愛州。至德二年改爲軍寧縣。

丹畫山。〔九〕

斧山。

扶緣山。

寧夷山。

思柳水。〔一〇〕

咢水。

鑿口，即馬援開石道處。按廣州記云：「馬援鑿九真山，即石爲隄，以遏海波，自是不復遇海漲。」

居風山。交州記云：「居風山在郡西四里，又南接射堋山，夜靜恒聞射聲。〔一一〕其山出金，昔有一嫗見金牛出食，斫得鼻鎖焉。」

珍山。交州記云：「九真去郡三里有珍山，山有神石廟，值天亢旱，二千石親到，以水洗石，即雲雨立降。」

堯山。清風靜夜時，聞法鼓之聲。

摇牛。南中八郡志云：「移風故縣有摇牛，生壑裏，時時共鬭，則海沸，或出岸上，家牛見則恐怖，人或遮捕，則霹靂隨至，俗號曰『神女牛』。又多潛牛，每登岸鬬，角軟，還入水復堅。」

銅柱。嶺表録：「舊有韋公幹，爲愛州刺史。郡有漢伏波銅柱，以表封疆，在其鏡。公幹利其財，〔二〕欲椎鎔，貨之于賈胡。土人不知援之所鑄，且謂神物，哭曰：『使君果壞是，吾屬爲海神所殺矣。』公幹不聽，百姓奔走，訴于都督韓約。約移書辱之，公幹乃止。」

風門山。上有風門，常吐風，俗曰「蕭瑟巖」。

銅船湖。交州記云：「九真有一湖，去合浦四十里，至陰雨日，百姓見有銅船出水上，又有一牛出湖中，〔三〕以雞酒爲祭，便獲魚倍常，若不設此祀，則漁得牛糞而已。」

弱水。交州記云：「九真郡西有弱水，毛羽皆沈，廣七八里，望見傍人騎馬，皆不得渡也。」

磬石，出浮丘溪。又有流金澗，多金沙。出火齊，狀如雲母重疊，似黄金。

鳥王，如鵲，頭上有毛冠，尾長一尺五寸，純黑色。若欲取諸鳥，先選高樹，斫除枝柯，惟留上兩枝，以膠插著，取鳥王置其下，鳥王鳴呼，衆鳥聞聲，皆爭集其處，或銜果實，或送蟲蟻，皆與鳥王，諸鳥著膠，獠子之徒下收之也。

蟻漆，吴録云：「居風縣有蟻絮，藤人視土中知有蟻，因墾發，有木枝插其上，則蟻出，緣如生漆堅凝。」

潮雞。輿地志云：「愛州移風縣有潮雞，鳴長且清如吹角，潮至則鳴。一名林雞，其冠四開如芙蓉。」

趙嫗。昔九真有女子趙嫗，乳長五尺，不嫁，常在山中聚盜結黨，攻掠郡縣。常著金塌齒屐，〔一四〕居象頭戰鬬，以少男十餘爲侍。後刺史陸允平之。〔一五〕

鴈隨棺。會稽虞詔爲日南太守，即翻之父也，身死歸鄉，有隻鴈隨棺至會稽，棲于墓上，十三年乃去。〔一六〕

野女。日南有野女羣行，不見其狀，時見皛白袒衣襦也。

猓然，土人號曰「歌然」，似獮猴而大，手面目與人無異，皮毛軟毳細滑，堪作褥。此獸有仁義，行則大者前，小者後；如得果實，則小者先送與大者，然後自食。夷人古堂拾獠藥箭射之，〔一七〕中一必獲其二，未傷者拔死者之箭自刺而死。拾獠多變爲虎，其家相承有虎鬼，代代事之，若變成生虎，巫即殺雞向林祭之，打竹弩弦作聲咒咀云云。皛，胡了切。〔一八〕

驩州

驩州，日南郡。今理九德縣。古越裳氏國，九譯所通。秦屬象郡。二漢屬九真郡。吴又置九德郡。晉、宋、齊因之。隋置驩州，後爲日南郡。唐武德五年置南德州總管府，領德、明、智、驩、林、源、景、海八州，〔一九〕南德州領六縣，八年改爲德州。貞觀初改爲驩州，又改爲演州；二年置驩州都督府，領驩、演、源、明、智、林、景、海八州；十三年廢明、源、海三州。天寶元年改爲日南郡。乾元元年復爲驩州。「放驩兜于崇山」，即此也。

元領縣四：〔二〇〕九德，浦陽，越裳，懷驩。

四至八到：東北至東京。缺。東北至西京陸路一萬四千里。北至長安陸路一萬三千六百里。東沿海至福禄州一百二里。南至大海一百五十里。西至羈縻暑州二百四十里。北至演州一百五十里，又至愛州六百三里。西南至文單國十五日程，約七百五十里。東南至環王國十日程，約五百里。〔二一〕西北至化州五百二十里。〔二二〕西北至靈跋江四百七十里。西南至羈縻裳州三百里。〔二三〕

户：唐開元户九千六百一十九。

風俗：郡國志云：「龐山洞人去其兩齒爲飾，刻胸作花紋。山中立市，十日一會。鑄銅爲器，大如盤，名旁旁，以爲財布。朱吾以南又有狼野人，居無屋舍，依樹止宿，食生肉，採香爲業，與人交易，若上皇之人。又有狼𦝫人，倮身，猶恥，無蔽衣。夜與賈人交易，暗中嗅金，便知好惡。

土産：象牙，藥犀角，金箔，黄屑，沈香，斑竹。已上舊貢。

九德縣，十一鄉。州所治。古越裳氏國，秦開百越，此爲象郡。漢武元鼎六年開交趾以南，置日南郡，治于朱吾，領北景、〔二四〕盧容、西捲、象林五縣。吴分日南置九德郡，晉、宋、齊因之。隋改爲驩州，廢九德郡爲縣，今州治也。後漢遣馬援討林邑蠻，援自交趾循海隅，開側道以避海難，從蕩昌縣南至九真郡，自九真已南隨山刊木，開陸路，至日南郡，又南行四百餘里，至林邑國。又南行二千餘里，有西屠夷國，援至其國，鑄二銅柱于象林南界，與西屠夷分境，以紀漢德之盛。其時，以不能還者數十人，留于銅柱之下。至隋乃有三百餘家，南蠻呼爲「馬留人」。其水路，自安南府南海行三千餘里至林邑，計交州至銅柱五千里。

鎮龍山。〔二五〕

曝布山。

交州記云：「陶横築城，于土穴中得一物白色，形如蠶蛹，無頭，長數丈，大十圍，輭輭能動，割腹肉如猪脂，遂以爲臛，香美，横啖一杯，于是三軍皆食焉。」

浦陽縣，東南五里。四鄉。晉舊縣。

上里山。

安龍山。

越裳縣，東北七十里。〔二六〕元二鄉。吴置。唐武德五年于縣置明州，析置萬安、明弘、明定三縣隸之；又分日南郡文谷縣置智州，領文谷、新鎮、闍員、〔二七〕金寧四縣。貞觀十三年廢明州，越裳屬智州。後又廢智州，以越裳屬驩州。

懷驩縣，未詳里數。三鄉。隋爲咸驩縣，屬九真郡。唐武德五年于縣置驩州，領安人、扶演、相景、西源四縣，治安人。貞觀元年改爲演州，十三年省相景縣入扶演，十六年廢演州，〔二八〕其所管四縣，廢入咸驩。後改爲懷驩。真元録：「此縣廢。」

長山。

長江水。

鉤蛇。其蛇食人腹，欲殺此蛇，則當令死，〔二九〕如不死，則追尋報人終不已也，雖衆人中往取害之者，萬不一失。又曰鉤蛇數丈，〔三〇〕尾末有鉤，取岸上人及牛馬食之。

居風母。交州記云：「居風母似猿，見人若慙屈頭，打殺，得風便還活。」

果下牛。九德出果下牛，高三尺。漢時，樂浪郡亦有果下馬，並高三尺。

他綸木，堪爲衣裳及褥。

象。孕則五年一生，被傷則羣黨相扶，將去死，則向南跪拜，鳴三匝，以木覆之。雄死，雌則泥土著身，不飲食，輒流涕也。

搪牛。形如牛而大，頭白身黑，角長二丈，堪爲酒器。

䮕牛。異物志：「日南多䮕牛，日行數百里。」

又出香木，名曰蜜香，即沈香也。

木斯香花、草花，外國以爲首飾。

陸州

陸州，玉山郡。今理烏雷縣。秦象郡地，漢以來屬交趾郡。梁分置黄州及寧海郡。隋平陳，郡廢，改黄州爲玉州。煬帝初州廢，併其地入寧越郡之玉山縣。唐武德五年置玉山州，領安海、海平二縣。貞觀二年廢玉山州。上元二年復置，改爲陸州，以州界山爲名。天寶元年改爲玉山郡。乾元元年復爲陸州。

元領縣三：〔三〕烏雷，華清，寧海。

四至八到：西北至東京。缺。西北至西京七千六百里。西北至長安七千九百里。東至廉州界三百里。南至大海不知里數。西至武安界三百七十里。〔三二〕北至恩平郡七百五十二里。〔三三〕東南至海。西南至當郡寧海縣二百四十里。西北至蘇茂郡一百三十里。〔三四〕東北至寧越郡六百里。

户：唐開元户四百九十四。

風俗：人採珠煮海爲業，皆蠻獠、烏滸諸夷所居，不爲編户，率以封頭爲名，大封者數百口，以一户税布五匹、米百斛爲恒賦。笙號舞絃，鍾鳴彤琶，三絃名爲登。

土産：珠，玳瑁，鼊皮，鼊音壁。〔三五〕翡翠毛，甲香。

烏雷縣，南四十里。〔三六〕一鄉。州所治也。

華清縣，郭下。〔三七〕一鄉。舊玉山縣，唐天寶年中改。

寧海縣，在烏雷縣西三百里。〔三八〕一鄉。舊安海縣，唐至德二年改爲寧海。

越王石。

牂柯山。

福禄州

福禄州，福禄郡。今理柔遠縣。土俗同九真郡之地，後爲生獠所據。唐龍朔三年，智州刺史謝法成招慰生獠、昆明、北樓等七千餘落。總章三年置福禄州以處之。天寶元年改爲福禄郡。至德二年改爲唐林郡。乾元元年復爲福禄州。

領縣三：〔三九〕柔遠，唐林，福禄。

土産：白蠟，紫鉚，騏驎竭，驎，音鱗。〔四〇〕無名異。已上俱貢。

柔遠縣，一鄉。州理。本名安遠，唐至德二年改爲柔遠。

唐林縣，一鄉。

福禄縣，一鄉。

已上三縣，與州同置。

長州

長州，文陽郡。今理文陽縣。土地與九真郡同。唐初置長州。天寶元年改爲文陽郡。乾元元年復爲長州。

領縣四，各一鄉。文陽，銅蔡，長山，其常。

已上四縣，與州同置。

四至：北至東京。缺。北至西京九千九百里。北至長安一萬二千里。

户：唐户六百四十八。

土産：金。貢。

武峩州

武峩州，武峩郡。今理武峩縣。土地與安南府同。唐置武峩州。天寶元年改爲武峩郡。乾元元年復爲武峩州。

領縣四：武峩，武勞，武緣，梁山。〔四二〕

已上四縣，並與州同置，都管户八百五十。

粤州

粤州，龍水郡。今理龍水縣。土地與安南府同。唐置爲粤州。天寶元年改爲龍水郡。乾元元年復爲粤州。

領縣四：龍水，崖山，東璽，天河。

已上四縣，與州同置。

芝州

芝州，忻城郡。今理忻城縣。土地與交州同。唐置芝州。天寶元年改爲忻城郡，乾元元年復爲芝州。最遠惡之處。

元領縣一：〔四二〕忻城。

已上五州，獨見通典，按開元、貞元及郡國郡縣、嶺南海圖志記略，並無此郡。

湯州

湯州，温泉郡。〔四三〕今理湯泉縣。秦屬象郡地，唐置湯州。天寶元年改爲温泉郡。乾元元年復爲湯州。

領縣三，各一鄉。湯泉，緑水，羅韶。

已上三縣，與州同置。

演州

演州，演水郡。今理忠義縣。唐武德五年于驩州懷驩縣置驩州。貞觀元年改爲演州，十六

年廢演州入咸驩縣。〔四四〕

元領縣三：〔四五〕忠義，一鄉。懷驩，西二十五里。〔四六〕三鄉。龍池。共二百二十里。三鄉。〔四七〕

四至：北至東京。缺。北至西京一萬一千四百里。北至長安一萬二千里。北至愛州二百五十里。南至驩州一百五十里。東北至海六百里。

林州

林州，隋爲林邑郡。唐貞觀九年，綏懷林邑，置林州，寄治驩州南界。今廢，無州名。

領縣三，無户口。去長安一萬二千里。林邑，金龍，海界。

林邑縣，州所治。漢武帝開百越，于交趾郡南三千里置日南郡，領縣四，治于朱吾。其林邑，即日南郡之象林縣，在日南郡南界四百里。後漢靈帝時，中原喪亂，象林縣人區連殺象林縣令，自稱林邑王。後有范熊者，代區連，相傳累世，遂爲林邑國。其地皆開北户以向日。晉武帝時，范氏入貢。東晉末，攻陷日南郡，告交州刺史吉蕃，〔四八〕求以日南郡北界横山爲界。其後，又陷九真郡。自是，屢寇交趾南界。至唐貞觀中，其王修職貢，乃于驩州南僑置林邑郡以羈縻之，非正林邑國也。

金龍縣，隋文帝時，遣大將劉方率兵萬人，自交趾南伐林邑，敗之。其王梵志遁走，方收其廟主一十八人，皆鑄金爲之，盡虜其人，空其地，乃班師。因方得金龍，乃爲縣名。

海界縣。

已上三縣，並貞觀九年置。

景州

景州，北景郡。隋北景郡。〔四九〕唐貞觀二年置南景州，寄治驩州南界，八年改爲景州。亦廢，無其名。

元領縣三，〔五〇〕無户口。北景，〔五一〕由文，朱吾。

北景縣，漢縣名，屬日南郡，在安南府三千里。北景者，以日在表北，景在表南。晉將灌邃攻林邑王范佛，破其國，遂于其國五月五日立表，日在表北，影在表南，九寸一分，故自北景以南，皆北户以向日也。「北」字或單爲「匕」。

由文縣，唐貞觀二年置。

朱吾縣，漢日南郡所治之縣也。前志云：「朱吾人不粒食，邑多魚，資魚爲生。」朱吾，在日南郡，此僑立名也。

籠州

籠州，扶南郡。今理武勒縣。唐貞觀十二年，清平公李弘節遣龔州大同縣人龔固興招慰生蠻，置籠州。天寶元年改爲扶南郡。乾元元年復爲籠州。

扶南國，在日南郡之南大海西大島中，去日南郡約七千里，在林邑國西南三千里。其王，貞觀中遣使朝貢，故立籠州招致之，遥取其名，非正扶南國也。

元領縣七：武勒，〔五二〕武禮，羅龍，扶南，龍額，〔五三〕武觀，武江。

已上七縣，與州同置。

四至：東至邕州八百里。

户：都管户三千六百六十七。

環州

環州，正平郡。今理正平縣。唐貞觀十二年，清平公李弘節開拓生蠻，置環州，以環王國爲名。天寶元年改爲正平郡。乾元元年復爲環州。

領縣八：正平，一鄉。福零，一鄉。龍源，思恩，二鄉。〔五四〕歌良，武石，二鄉。饒勉，二鄉。蒙都。

已上八縣，與州同置。

四至：正南微南至宜州二百里。〔五五〕

德化州

德化州，唐永泰二年于安南府西界、牂柯南界置。

元領縣二：德化，歸義。

已上二縣，與州同置。

郎茫州

郎茫州，唐永泰二年于安南府西界置。

元領縣二：郎茫，古勇。

已上二縣，與州同置。

龍武州

龍武州，唐永泰二年于安南西界置。〔五六〕

元領縣二：龍丘，福宇。已上二縣，與州同置。

已上七州，原屬安南都護。

卷一百七十一校勘記

〔一〕安預　庫本同，萬本作「安順」。按舊唐書卷四一地理志四愛州總序作「安順」，新唐書卷四三地理志七上愛州九真縣序作「安預」，貞觀元年廢入九真縣。又本書卷下文及隋書卷三一地理志下九真郡、通典卷一八四州郡一四、元和郡縣圖志卷三八、舊唐書地理志四、新唐書地理志七上皆載愛州領有安順縣，隋置，唐武德五年於縣設順州，並析置東河、建昌、邊河三縣，貞觀元年廢州，省三縣入安順縣，屬愛州；與唐武德五年愛州所領、貞觀初廢入九真縣之安預縣，明爲二縣，萬本誤爲一縣。

〔二〕又廢楊山安預二縣入九真　「又」，底本作「州」，據舊唐書地理志四改。

〔三〕元領縣六　「元」，底本脱，據萬本、庫本及傅校補。

〔四〕東至演州陸路二百五十里　「東」，元和郡縣圖志愛州作「南」。按愛州治九真縣，即今越南人民共和國清化；演州治忠義縣，即今越南演州，在愛州之南，此「東」蓋爲「南」字之誤。

〔五〕隋分置九真縣　「分置」，庫本同，萬本作「改爲」。按元和郡縣圖志愛州九真縣序云「隋開皇十七年分移風置縣」，舊唐書地理志四愛州九真縣序云「隋改爲九真」，記載不同。

〔六〕建初　「初」，底本作「功」，萬本、庫本同，據中大本及舊唐書地理志四、新唐書地理志七上改。

〔七〕先天元年　「元」，底本作「九」，按先天只一年，據舊唐書地理志四、新唐書地理志七上改。

〔八〕古縵山　「古」，庫本同，萬本作「路」，蓋誤。

〔九〕丹畫山　「畫」，萬本、庫本皆作「晝」。

〔一〇〕思柳水　「思」，底本作「恩」，據萬本、庫本及傅校改。

〔一一〕夜静恒聞射聲　「恒」，底本作「嘗」，據萬本、庫本及傅校改同。又萬本「射」下有「風」字。

〔一二〕公幹利其財　「財」，底本作「銅」，據萬本、庫本及永樂大典卷一一九八〇引本書改。

〔一三〕又有一牛出湖中　「一」，底本脱，據萬本、庫本及傅校補。

〔一四〕常著金塌齒屐　「常」，萬本、庫本作「皆」，傅校改同。

〔一五〕陸允　萬本、庫本皆作「陸允平」。

〔一六〕栖于墓上十三年乃去　萬本、庫本皆無「上十」二字，傅校删，蓋衍。

〔一七〕夷人古堂拾獠藥箭射之　「拾」，萬本、庫本皆作「狢」，傅校改同。下同。

〔一八〕畠胡了切　萬本、庫本皆無此四字。

〔一九〕智驩林源景　「智」、「林」、「景」，底本作「知」、「北」、「七」，並據萬本及舊唐書地理志四改。

〔二〇〕元領縣四　「元」，底本無，據萬本、庫本及傅校補。

〔二一〕東南至環王國十日程約五百里　按通典州郡一四：日南郡驩州，「西至環王國界八百里。」舊唐書地理志四同，與此別。

〔二二〕西北至化州五百二十里　「西北」，萬本、庫本皆作「北」。

〔二三〕西南至羈縻裳州三百里　原校：「按新唐書地理志『裳』作『棠』。」

〔二四〕北景　「北」，萬本、庫本同，按漢書卷二八地理志下、舊唐書地理志四皆作「比」。參見本卷校勘記〔五二〕。

〔二五〕鎮龍山　「鎮」，底本作「金」，據萬本、中大本、庫本及傅校改。

〔二六〕東北七十里　按元和郡縣圖志卷三八驩州越裳縣：「西至州七十里。」讀史方輿紀要卷一一二乂安府：「越裳廢縣，在故驩州東南四里。」皆與此別。

〔二七〕闔員　「闔」，底本作「闖」，萬本、中大本、庫本作「闞」，據舊唐書地理志四、新唐書地理志七上改。

〔二八〕十六年廢演州　「十六年」，底本作「二十六年」，萬本、庫本同，按貞觀止二十三年，據新唐書地理志七上改。「演」，底本作「驩」，萬本、庫本同，據中大本及舊唐書地理志四、新唐書地理志七上改。

〔二九〕則當令死　「則」，萬本、庫本皆作「必」，蓋是。

〔三〇〕鉤蛇數丈　萬本、庫本「數」上皆有「長」字，蓋是。

〔三一〕元領縣三　「元」，底本無，據萬本、庫本及傅校補。

〔三二〕西至武安界三百七十里　「界」，萬本、庫本皆作「州」，傅校改同。通典州郡一四亦作「州」。按陸州治烏雷縣，在今廣西欽州市東南；武安州治武安縣，在今越南人民共和國海防西北，東距陸州約七、八百里，則作「界」是，作「州」誤。

〔三三〕北至恩平郡七百五十二里　按恩平郡恩州治恩平縣，在今廣東恩平縣北，西至陸州甚遠，且中隔春州、高州、潘州、辯州、羅州、廉州等，不合四至八到文例。舊唐書地理志四陸州總序云「北至思州七百六十二里」，此「恩平郡」蓋爲「思州」之誤。

〔三四〕西北至蘇茂郡一百三十里　同通典州郡一四。按通典及本書皆無「蘇茂郡」，中國歷史地圖集第五册唐陸州之西有蘇茂州，屬安南都護府之羈縻州，此「郡」當作「州」。

〔三五〕䶂音壁　萬本、庫本皆無此三字。

〔三六〕南四十里　按本書下文云「州所治也」，同舊唐書地理志四，既云烏雷縣爲陸州治，何以又在州南四十里？元和郡縣圖志卷三八陸州華清縣：「西北至州一里。本名玉山縣，天寶元年改爲華清。本在烏雷縣北四十里，大曆三年與州同移於安海縣理，南枕大海。」則華清縣原在陸州北四十里，大曆三年後移治海邊，此「南四十里」爲「北四十里」之誤，實指下列華清縣而言，而下文華清縣云「郭下」二字，應移屬於此，二者因錯簡而誤。

〔三七〕郭下　據本書烏雷縣序云「州所治」，則「郭下」二字乃錯簡，應移屬於上列烏雷縣下，而烏雷縣下「南（爲「北」字之誤）四十里」應移屬於此，參見上條校勘記。

〔三八〕在烏雷縣西三百里　「三百」，萬本、庫本皆作「三百一十」。

〔三九〕領縣三　萬本、庫本「領」上皆有「元」字。

〔四〇〕鱗音鱗　萬本、庫本皆無此三字，傅校删，蓋非樂史原文。

〔四一〕梁山　「山」，底本脱，萬本同，據中大本、傅校及通典州郡一四、舊唐書地理志四、新唐書地理志七上補。

〔四二〕元領縣一　「元」，底本無，據萬本、庫本及傅校補。

〔四三〕温泉郡　原校：「按通典、新唐書地理志皆作『湯泉郡』，惟舊唐書及今記作『温泉』，未知孰是。」按太平御覽卷一七二引方輿志亦作「湯泉」。

〔四四〕十六年　底本作「二十六年」，萬本、庫本同。按貞觀止二十三年，新唐書地理志七上云「貞觀中廢」，則此「二」爲衍字，據删。

〔四五〕元領縣三　「元」，底本無，據萬本、庫本及傅校補。

〔四六〕西二十五里　「西」，底本作「南」，萬本、庫本皆作「西」。按元和郡縣圖志卷三八演州懷驩縣：「東至州二十四里。」則此「南」爲「西」字之誤，據改。

〔四七〕共二百二十里三鄉　「共」，庫本同，萬本無。按元和郡縣圖志演州龍池縣：「南至州二百五十里。」此「共」疑爲「北」字之誤。「三」，萬本、庫本皆作「二」。

〔四八〕吉蕃　「吉」，舊唐書地理志四作「朱」，此「吉」蓋爲「朱」字之誤。

〔四九〕隋北景郡　「北」，萬本、庫本同，傅校作「比」。按隋書地理志下、舊唐書地理志四、新唐書地理志七上皆作「比」。參見本卷校勘記〔五一〕。

〔五〇〕元領縣三　「元」，底本無，據萬本、庫本及傅校補。以下籠州、環州、德化州、郎茫州、龍武州同補。

〔五一〕北景　「北」，萬本、庫本同，傅校作「比」。按漢書地理志下、續漢書郡國志五、晉書卷一五地理志下、南齊書卷一四州郡志上、水經温水注、隋書地理志下、新唐書地理志七上皆作「比景」。水經温水注：比景縣，「日中，頭上影當身下，與影爲比。如淳曰：『故以比影名縣。』闞駰曰：

『比讀蔭庇之庇，影在己下，言爲身所庇也。』」但宋書卷三八州郡志四、舊唐書地理志四作「北景」，吳仁傑考古編云：「舊唐志景州北景縣，晉將灌邃破林邑，五月五日，即其地立表，表在北，日景在南，故郡名日南，縣爲北景。」全祖望云：「斗南以『比景』爲『北景』，豈所見前後漢志有別本歟？熊會貞云：『按文選吳都賦注，漢武置北景縣；後漢紀，梁冀更封北景都鄉侯，乃兩漢又作『北景』之據。』」（見楊守敬水經注疏）

〔五二〕武勒　原校：「按新唐書地理志作『武勤』，今記與舊唐志同。」按通典州郡一四亦作「武勤」。

〔五三〕龍額　通典州郡一四、新唐書地理志七上同，舊唐書地理志四作「龍賴」。

〔五四〕二鄉　「二」，萬本、庫本皆作「一」。

〔五五〕正南微南至宜州二百里　「微南」，庫本同，萬本作「微西」，據中國歷史地圖集第五册唐環州在宜州西北，則此「微南」爲「微東」之誤。

〔五六〕唐永泰二年于安南西界置　按新唐書地理志七下云：「大曆中以潘歸國部落置。」建置年代與此別。